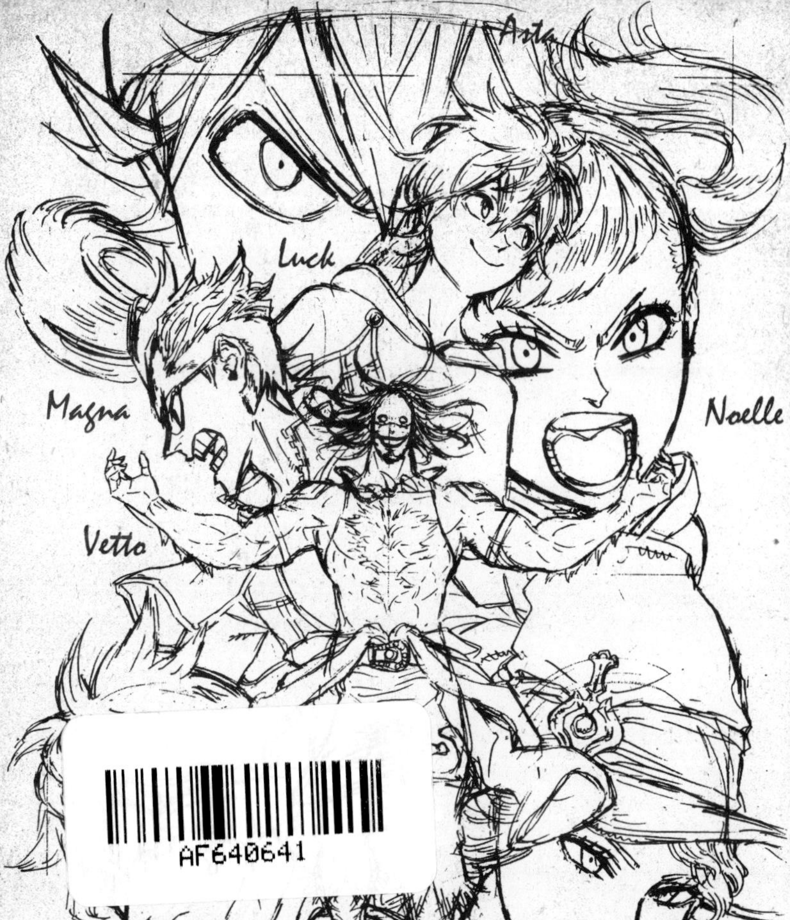

BLACK CLOVER

Verzweiflung vs. Hoffnung

8

Yûki Tabata

TOKYOPOP

Charaktere

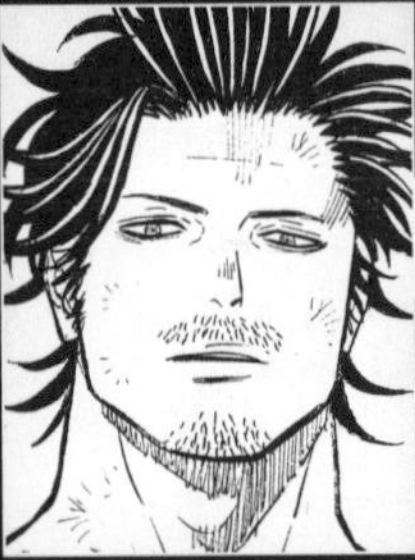

Yami Sukehiro

Gruppe:
Schwarzer Stier
Magietypus: Dunkelheit

Er sieht grimmig aus und ist ein ziemlicher Haudegen, wird von seinen Ordensmitgliedern aber geliebt.

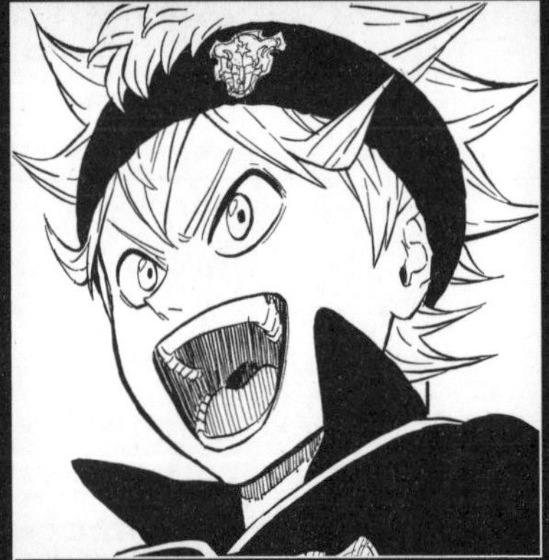

Asta

Gruppe:
Schwarzer Stier
Magietypus: Nicht vorhanden (Antimagie)

Er hat zwar keinerlei magische Kraft, versucht aber mit seinem durchtrainierten Körper und seiner Beharrlichkeit König der Magier zu werden.

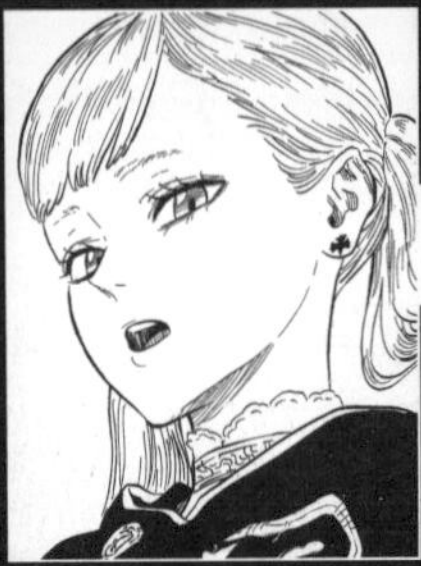

Noelle Silva

Gruppe:
Schwarzer Stier
Magietypus: Wasser

Stammt aus der königlichen Familie. Sie ist vorlaut, hat aber auch eine liebe Seite.

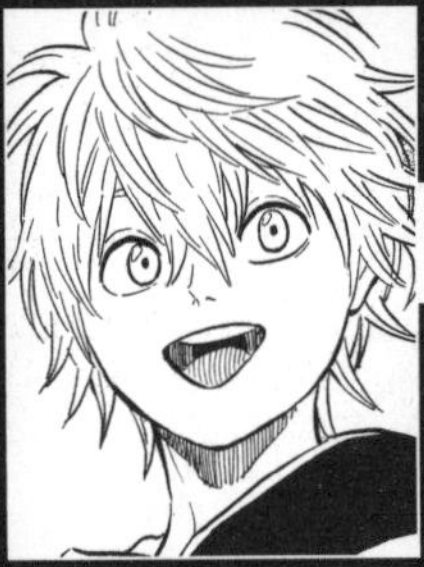

Luck Voltia

Gruppe:
Schwarzer Stier
Magietypus: Gewitter

Ein immerzu lächelnder Kampffanatiker mit schwierigem Charakter.

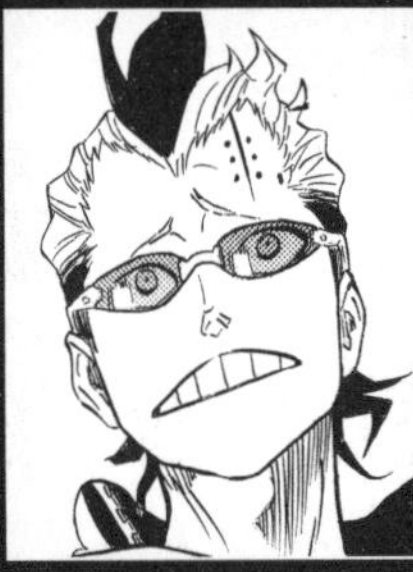

Magna Swing

Gruppe:
Schwarzer Stier
Magietypus: Feuer

Er ist ein rebellischer Rowdy, der aber stets seinen Kameraden hilft.

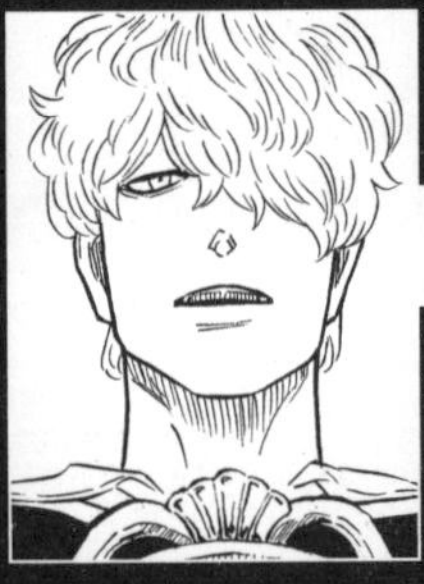

Gauche Adlai

Gruppe:
Schwarzer Stier
Magietypus: Spiegel

Ein ehemaliger Häftling mit einem krankhaften Schwesterkomplex.

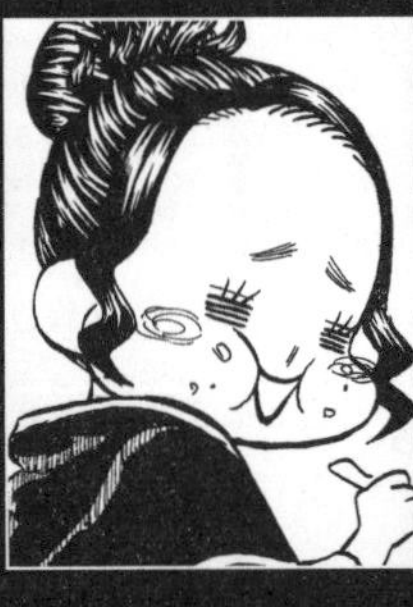

Charmy Pappitson

Gruppe:
Schwarzer Stier
Magietypus: Watte

Obwohl sie sehr zierlich ist, ist Charmy ein unglaublicher Vielfraß.

»GOOD FAITH«, »HOPE«, »LOVE« IS HIDDEN IN THE LEAF OF THE CLOVER EACH.
»GOOD LUCK« DWELLS IN THE FOURTH LEAF. »THE DEVIL« LIVES IN THE FIFTH LEAF.

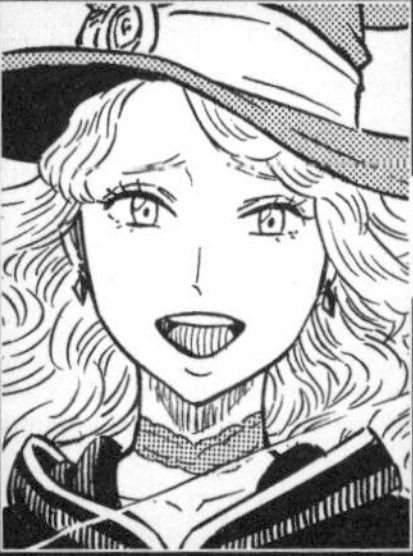

Vanessa Enoteca

Gruppe:
Schwarzer Stier
Magietypus: Fäden

Mitglied im Schwarzen Stier. Stammt aus einer berühmten Familie, aus der sie jedoch verbannt wurde. Unverbesserliche Alkoholliebhaberin.

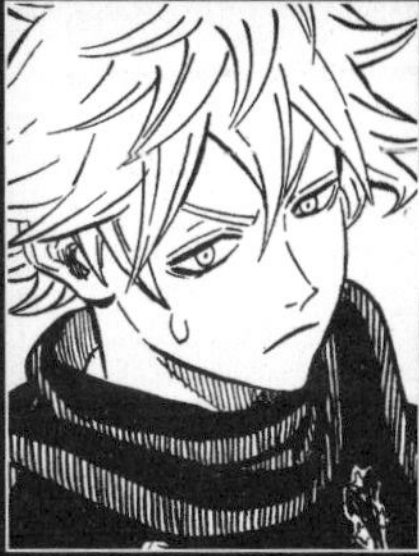

Finral Roulacase

Gruppe:
Schwarzer Stier
Magietypus: Raummagie

Ein Schürzenjäger, dessen Liebe zu schönen Frauen ihm ab und zu bei der Erledigung seiner Pflichten in die Quere kommt.

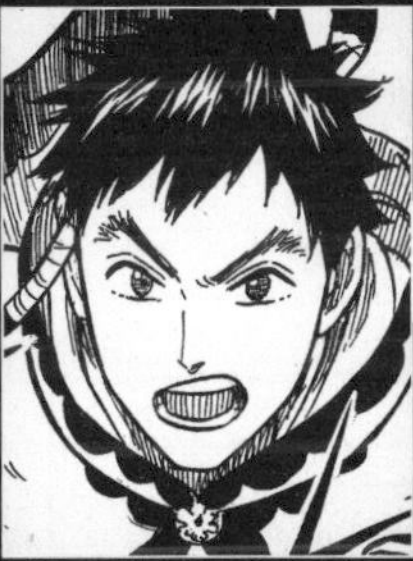

Kiato

Magietypus: Tanz

Priestermagier im Meerestempel. Möchte später einmal Tänzer werden.

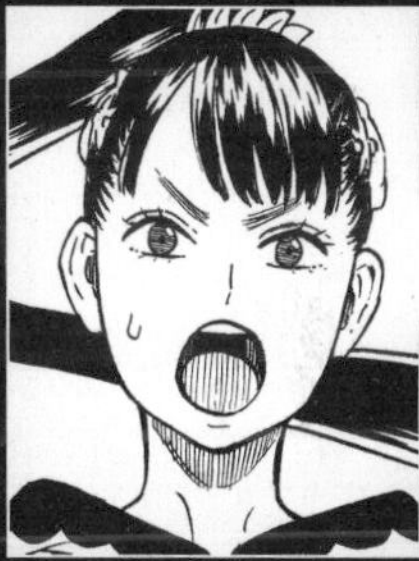

Kahono

Magietypus: Gesang

Priestermagierin im Meerestempel. Möchte später einmal Sängerin werden.

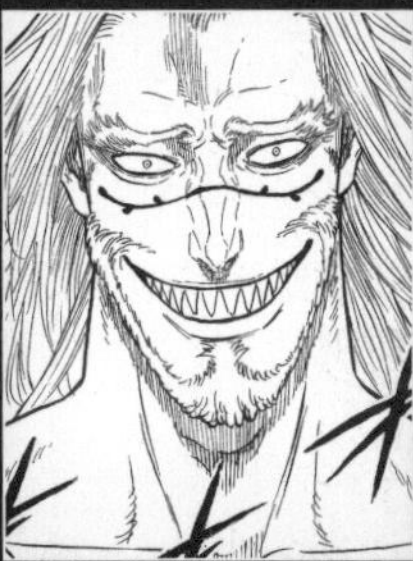

Vetto

Gruppe: Kaltes Auge der weißen Nacht
Magietypus: Bestien

Teil der »Drei Augen« und damit Mitglied der Führungsriege. Rühmt sich einer unbändigen Kampfkraft.

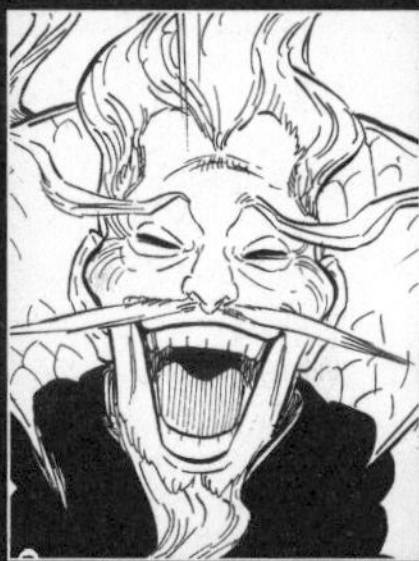

Der Hohepriester

Magietypus: Spiele

Oberhaupt des Meerestempels. Ein Opa mit viel Energie.

Was bisher geschah:

Eine Welt, in der nur Magie zählt …
Die Waisenkinder Asta und Yuno, die am selben Tag vor der Kirche des Dorfes Hage ausgesetzt wurden, möchten das höchste Ziel eines jeden Magiers erreichen und König der Magier werden. Dafür trainieren sie tagein, tagaus. Nachdem sie mit 15 Jahren endlich ihre Grimoires, Zauberbücher, die die magische Kraft erhöhen, erhalten haben, nehmen sie an der Eignungsprüfung für die Ritterorden teil. Die neun Ritterorden sind dem König der Magier unterstellt. Yuno, der eine große magische Kraft besitzt, wird im elitären Orden »Goldene Morgendämmerung« aufgenommen, wohingegen Asta, der keinerlei magische Kraft besitzt, im »Schwarzen Stier« landet, einer berüchtigten Chaostruppe. Beide haben also den ersten Schritt gemacht, um ihrem Ziel, König der Magier zu werden, ein wenig näher zu kommen.
Um der Gruppe »Kaltes Auge der weißen Nacht« zuvorzukommen und einen magischen Stein sicherzustellen, machen sich Asta und seine Freunde auf den Weg zum Tempel am Meeresgrund. Der Tempel liegt jedoch in einer stark magischen Zone und birgt viele Gefahren. Während die Ordensritter in einem Battle Royale gegen die Priestermagier des Tempels antreten, taucht plötzlich Vetto vom Kalten Auge der weißen Nacht auf …!

INHALT

BLACK ♣ CLOVER

8

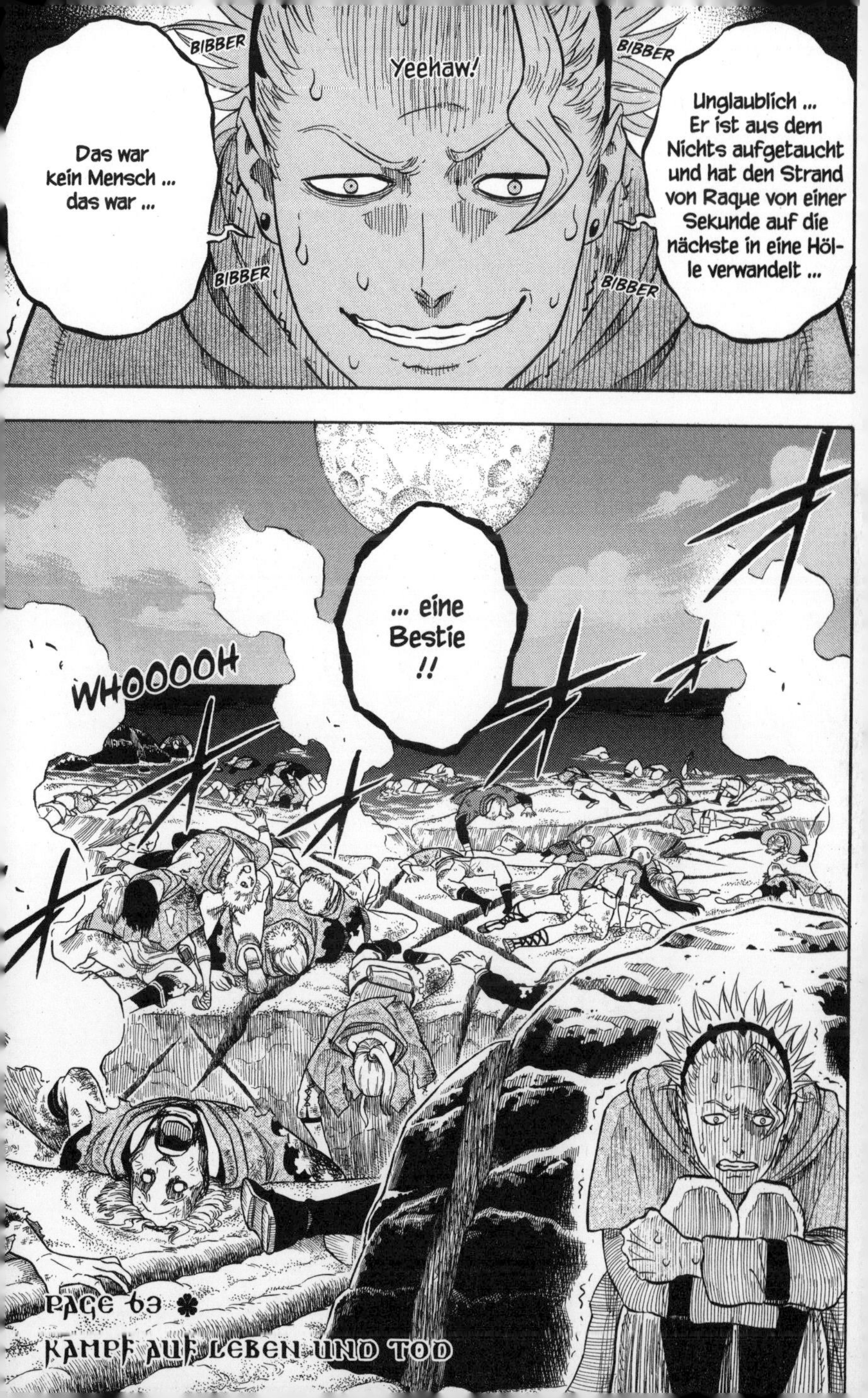
BIBBER
BIBBER
Yeehaw!
Unglaublich … Er ist aus dem Nichts aufgetaucht und hat den Strand von Raque von einer Sekunde auf die nächste in eine Hölle verwandelt …
BIBBER
BIBBER
Das war kein Mensch … das war …
… eine Bestie !!
WHOOOOH
PAGE 63
KAMPF AUF LEBEN UND TOD

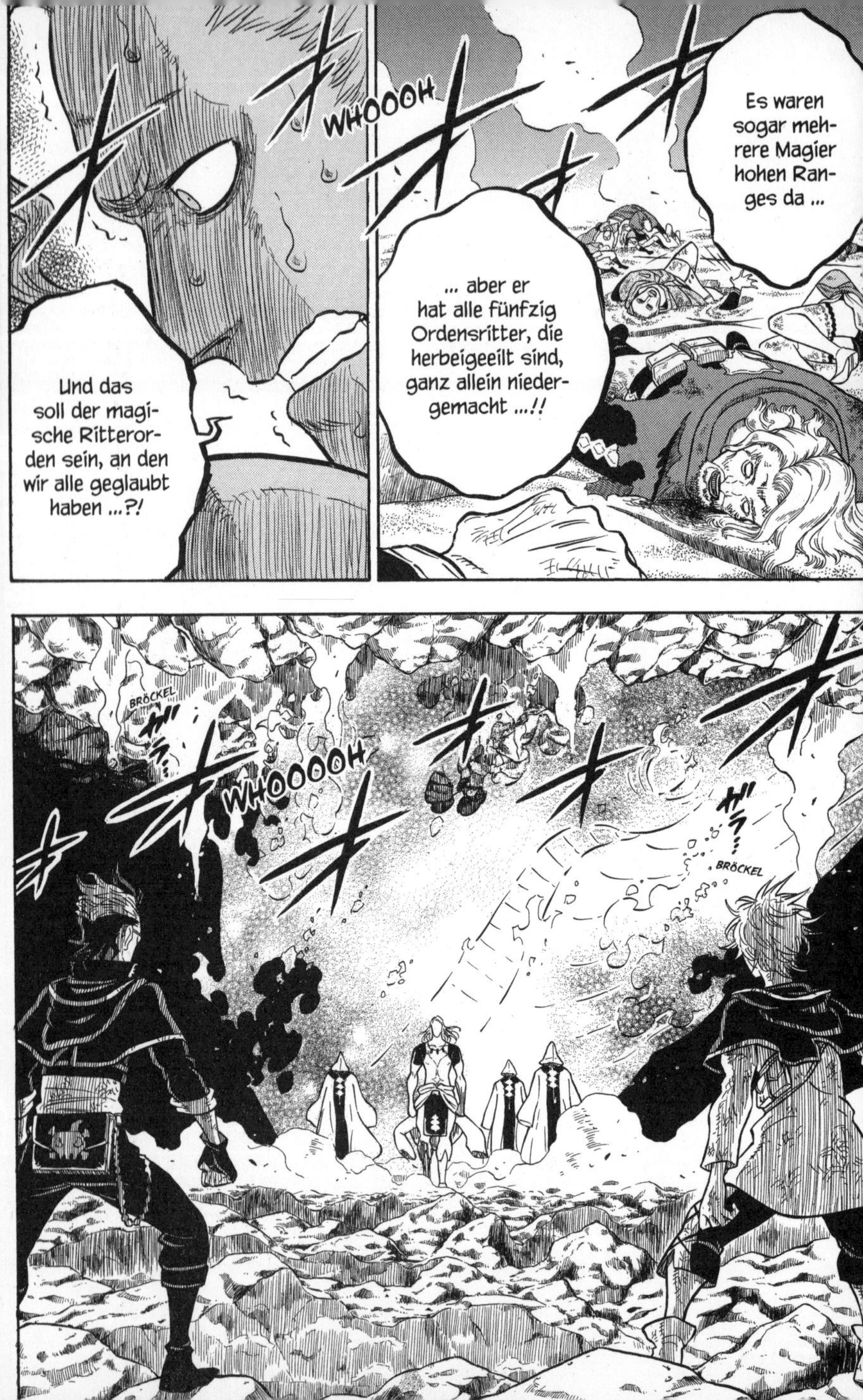
Es waren sogar mehrere Magier hohen Ranges da ...
... aber er hat alle fünfzig Ordensritter, die herbeigeeilt sind, ganz allein niedergemacht ...!!
WHOOOH
Und das soll der magische Ritterorden sein, an den wir alle geglaubt haben ...?!
BRÖCKEL
WHOOOOH
BRÖCKEL

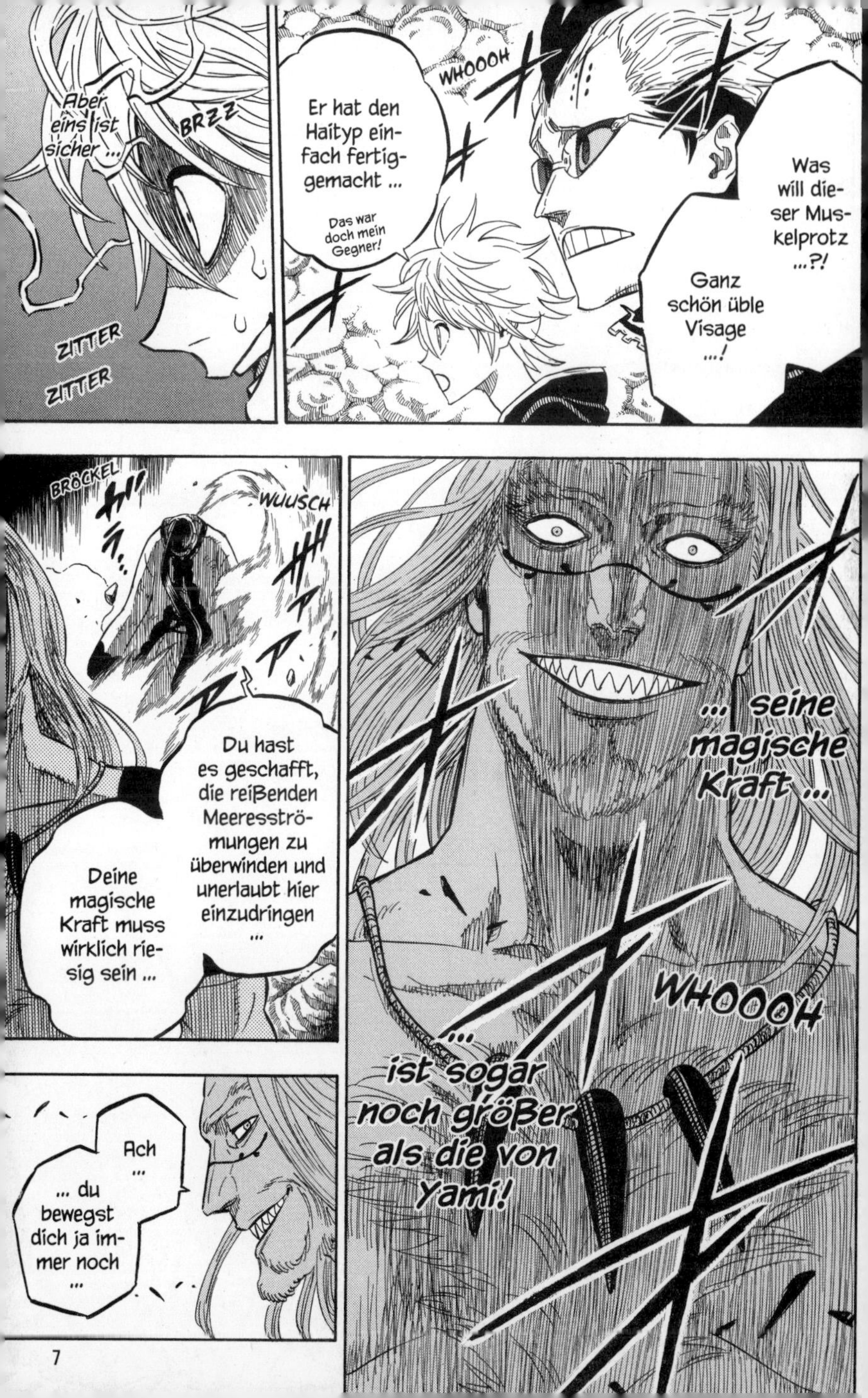

Was will dieser Muskelprotz ...?!
Ganz schön üble Visage ...!
WHOOOH
Er hat den Haityp einfach fertiggemacht ...
Das war doch mein Gegner!
Aber eins ist sicher ...
BRZZ
ZITTER
ZITTER
... seine magische Kraft ...
WHOOOH
... ist sogar noch größer als die von Yami!
BRÖCKEL
WUUSCH
Du hast es geschafft, die reißenden Meeresströmungen zu überwinden und unerlaubt hier einzudringen ...
Deine magische Kraft muss wirklich riesig sein ...
Ach ...
... du bewegst dich ja immer noch ...

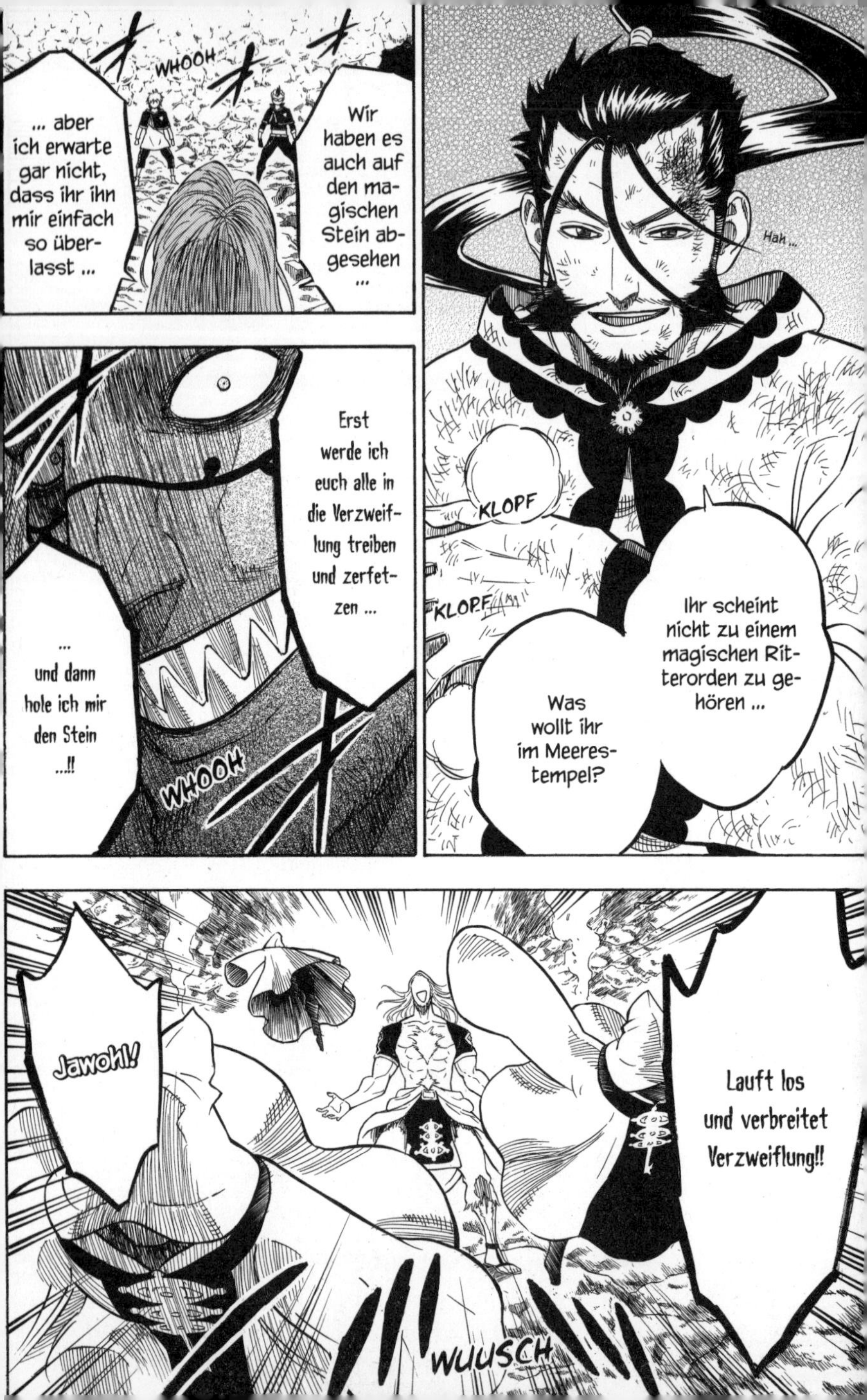
Hah ...
KLOPF
KLOPF
Ihr scheint nicht zu einem magischen Ritterorden zu gehören ...
Was wollt ihr im Meerestempel?
WHOOH
Wir haben es auch auf den magischen Stein abgesehen ...
... aber ich erwarte gar nicht, dass ihr ihn mir einfach so überlasst ...
Erst werde ich euch alle in die Verzweiflung treiben und zerfetzen ...
... und dann hole ich mir den Stein ...!!
WHOOH
Lauft los und verbreitet Verzweiflung!!
Jawohl!
WUUSCH

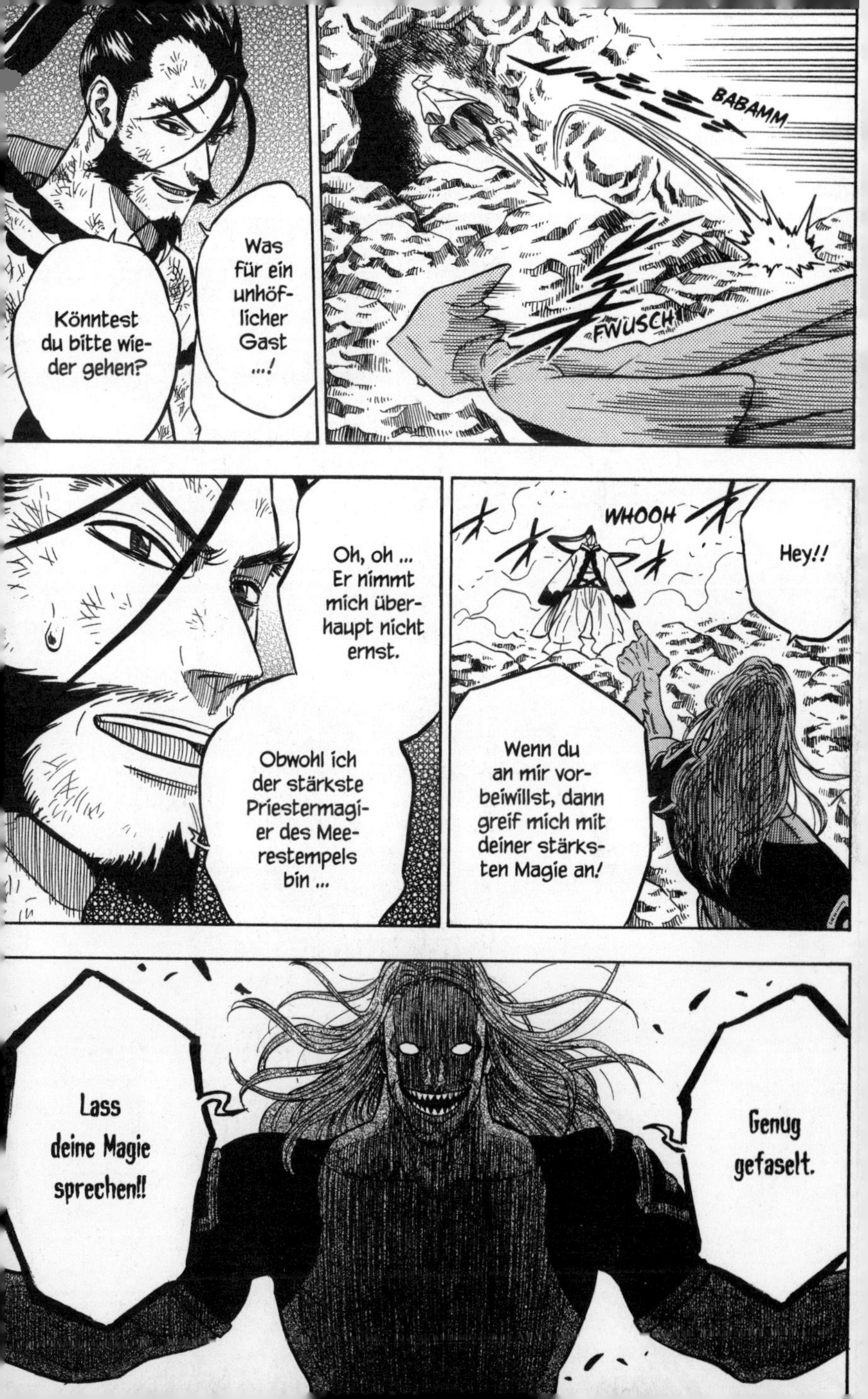
BABAMM
FWUSCH
Was für ein unhöflicher Gast ...!
Könntest du bitte wieder gehen?
WHOOH
Hey!!
Wenn du an mir vorbeiwillst, dann greif mich mit deiner stärksten Magie an!
Oh, oh ... Er nimmt mich überhaupt nicht ernst.
Obwohl ich der stärkste Priestermagier des Meerestempels bin ...
Genug gefaselt.
Lass deine Magie sprechen!!

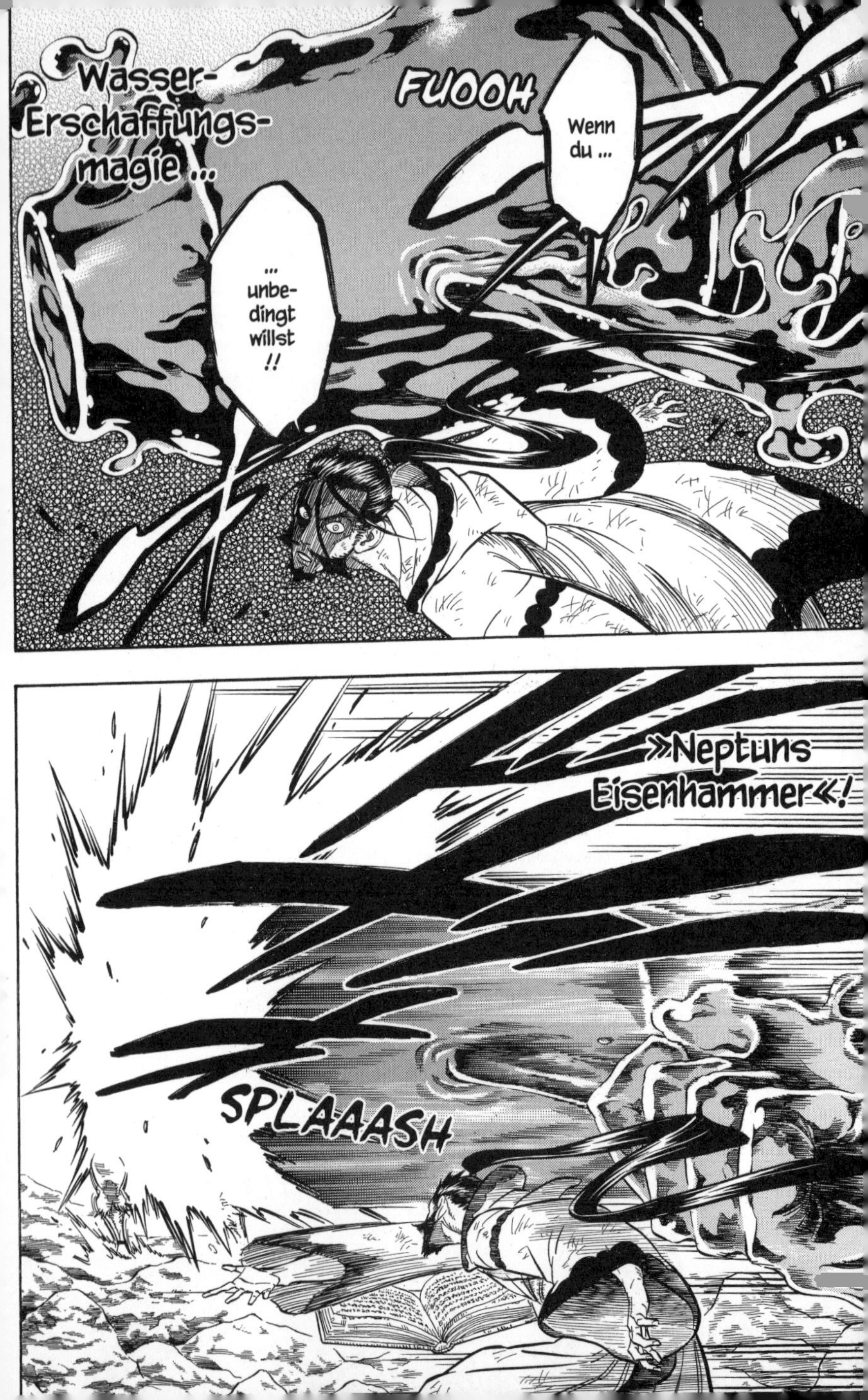
Wenn du ...
FUOOH
... unbedingt willst !!
Wasser-Erschaffungsmagie ...
»Neptuns Eisenhammer«!
SPLAAASH

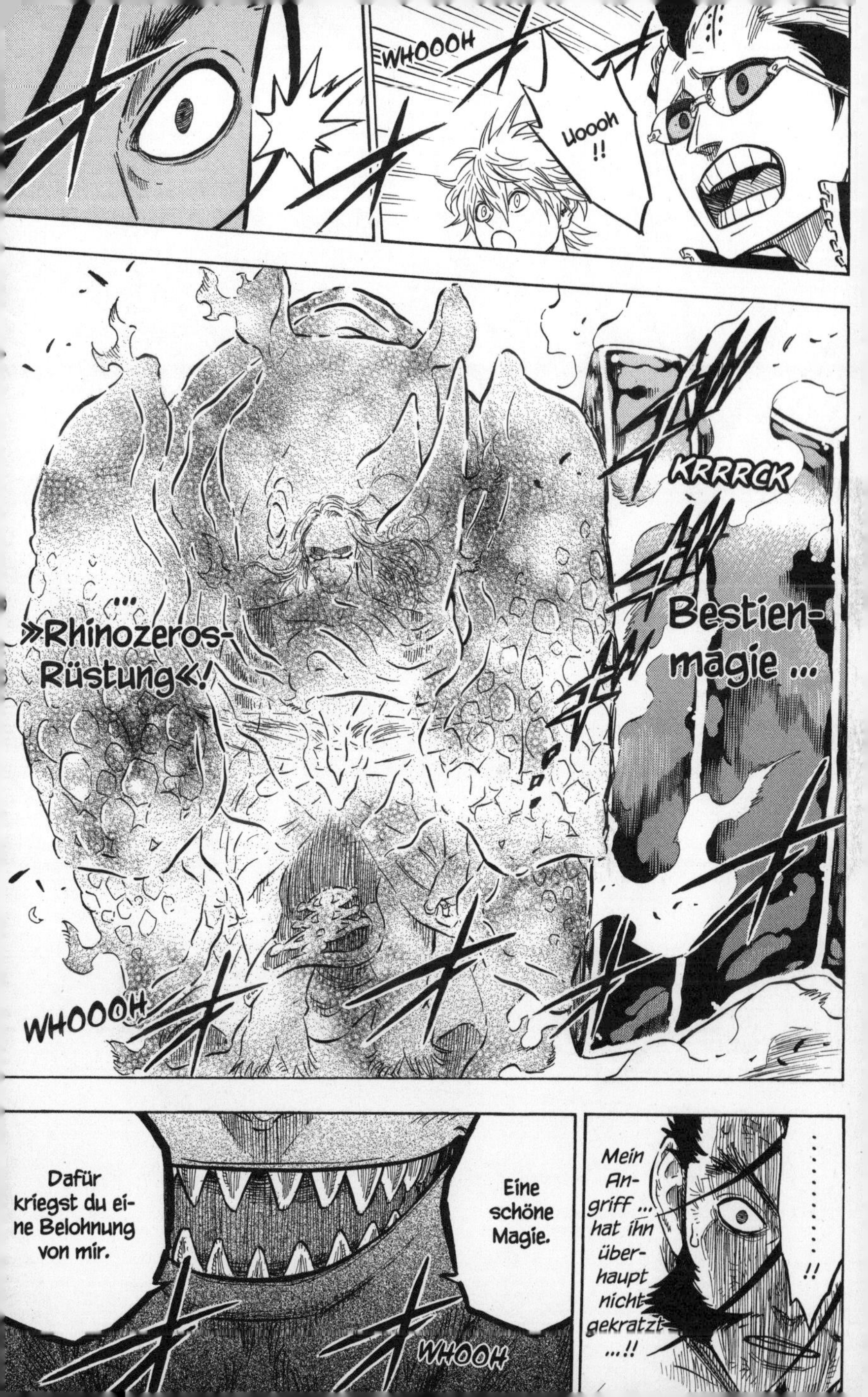
WHOOOH
Uoooh !!
Bestien-
magie ...
KRRRCK
...
»Rhinozeros-
Rüstung«!
WHOOOH
......!!
Mein
An-
griff ...
hat ihn
über-
haupt
nicht
gekratzt
...!!
Eine
schöne
Magie.
Dafür
kriegst du ei-
ne Belohnung
von mir.
WHOOH

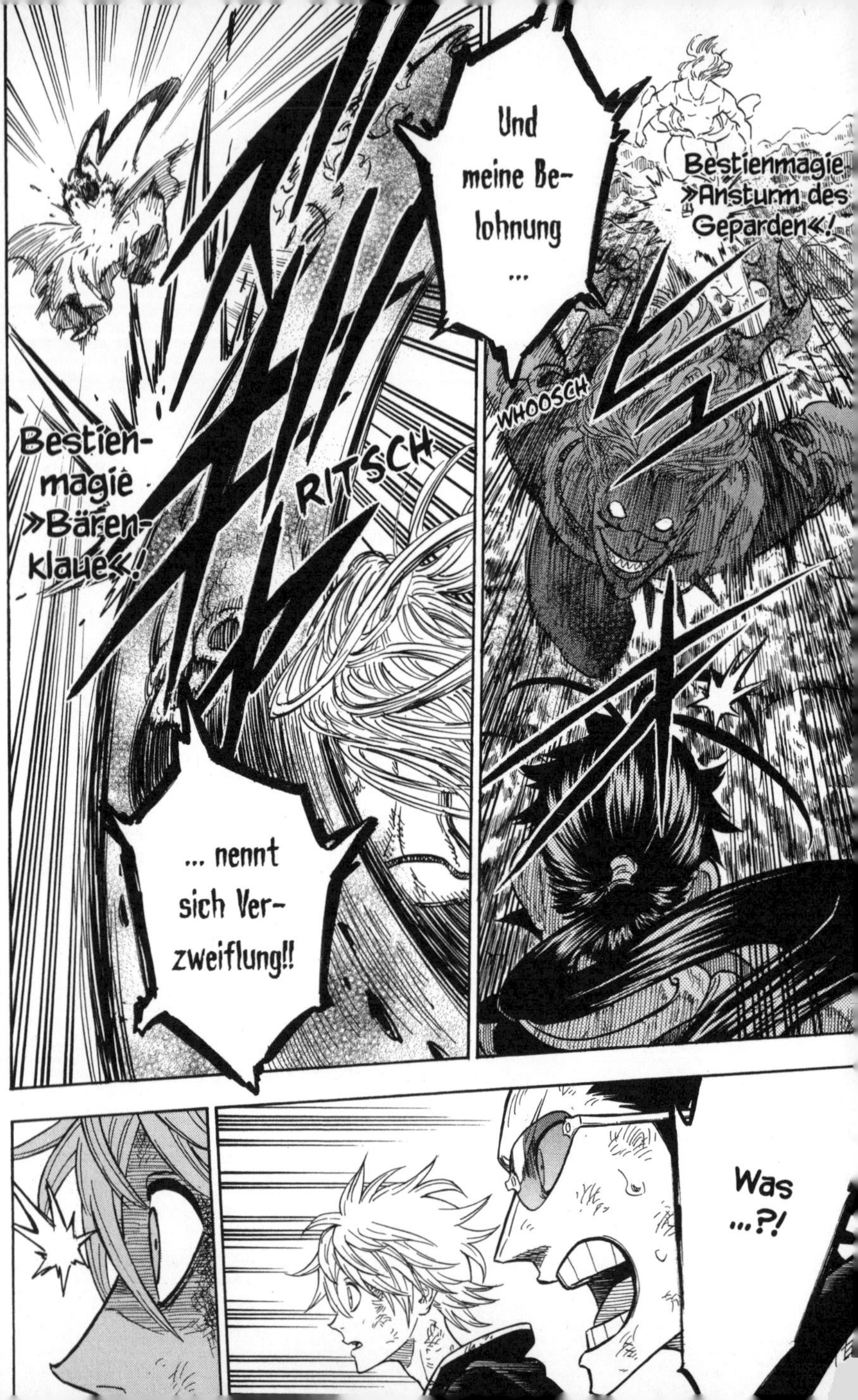
Bestienmagie »Ansturm des Geparden«!
WHOOSCH
Und meine Belohnung …
Bestienmagie »Bärenklaue«!
RITSCH
… nennt sich Verzweiflung!!
Was …?!

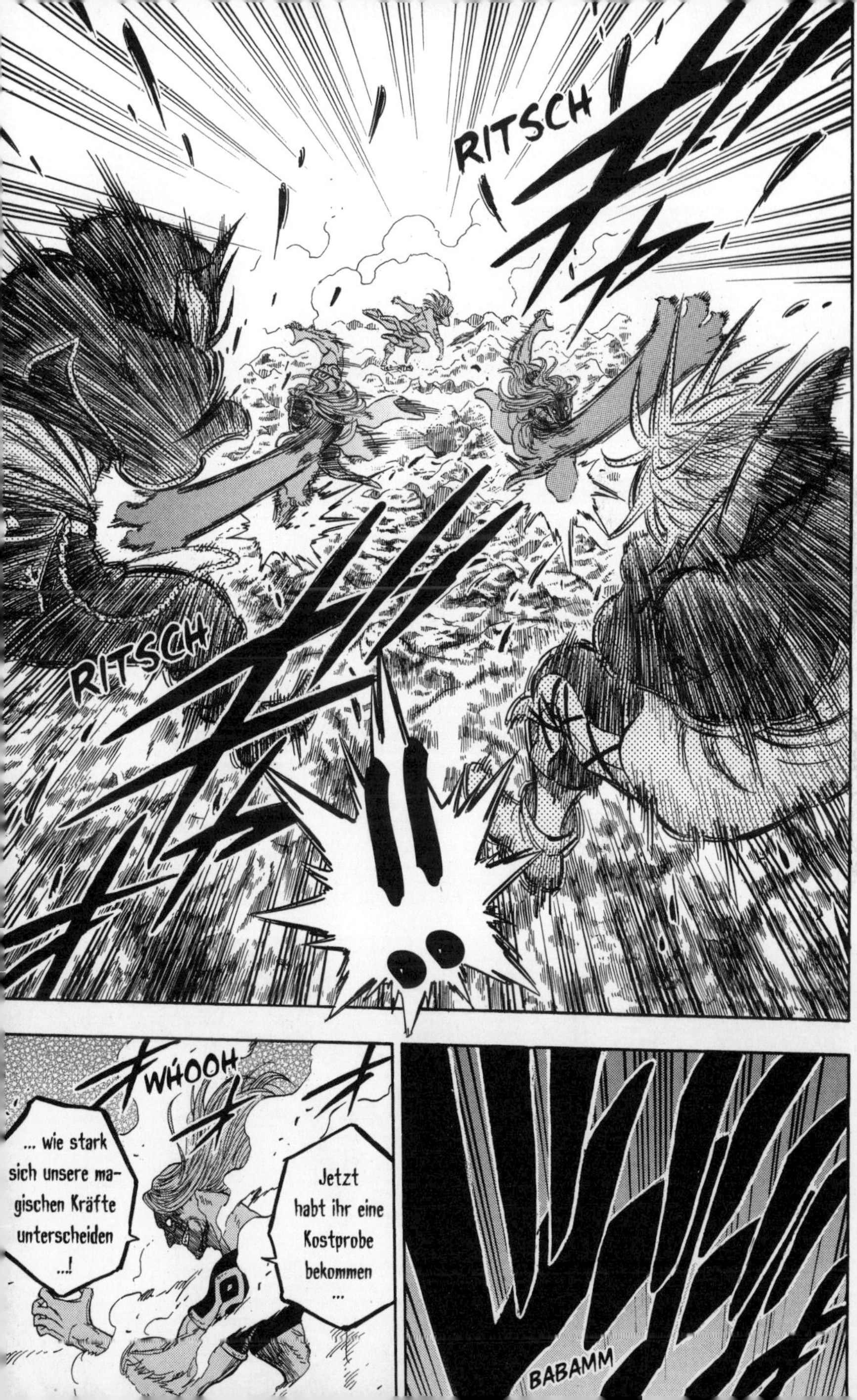
RITSCH
RITSCH
WHOOH
Jetzt habt ihr eine Kostprobe bekommen ...
... wie stark sich unsere magischen Kräfte unterscheiden ...!
BABAMM

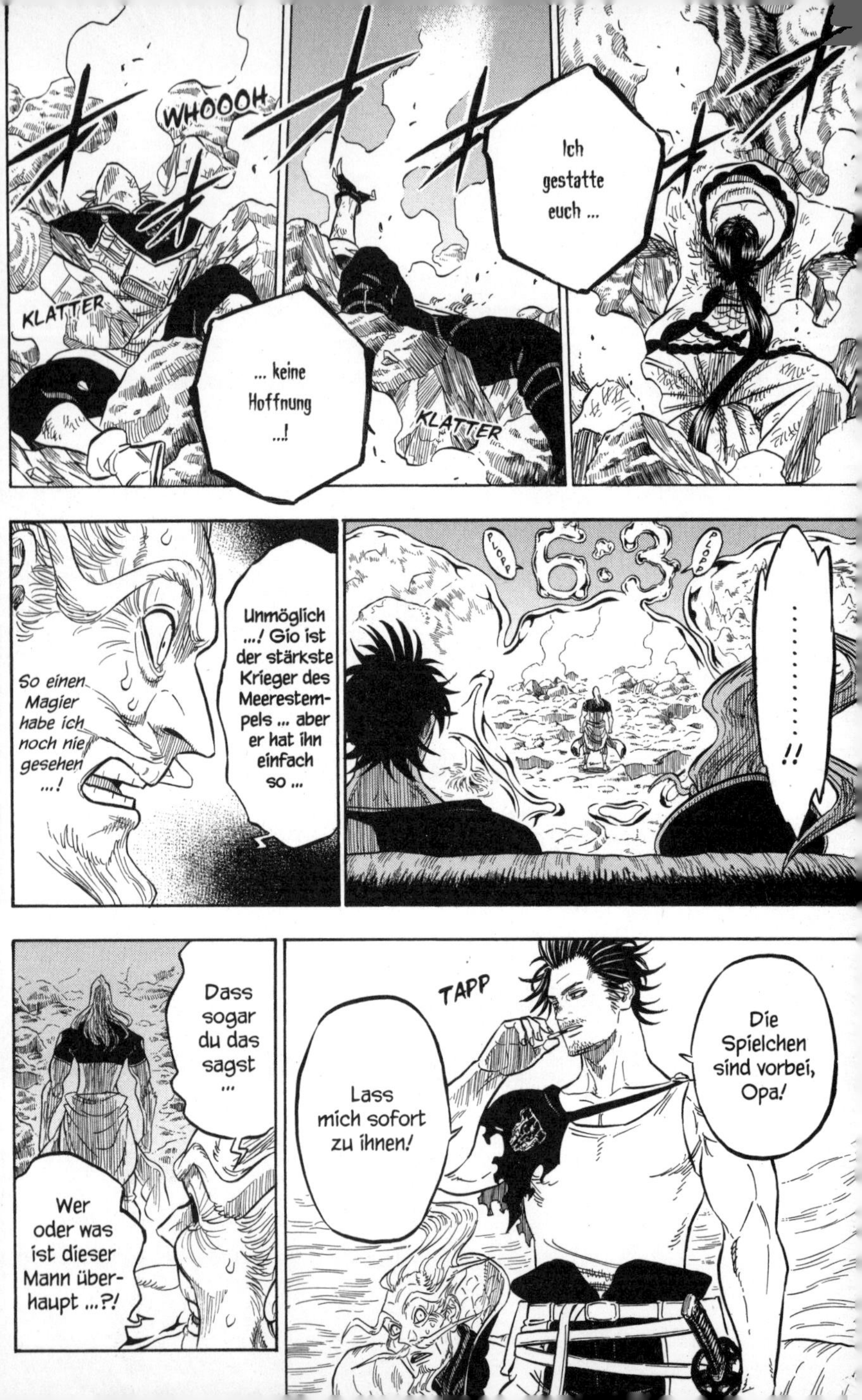

WHOOOH
KLATTER
Ich gestatte euch ...
... keine Hoffnung ...!
KLATTER
PLOPP
6:3
PLOPP
..........!!
Unmöglich ...! Gio ist der stärkste Krieger des Meerestempels ... aber er hat ihn einfach so ...
So einen Magier habe ich noch nie gesehen ...!
TAPP
Die Spielchen sind vorbei, Opa!
Lass mich sofort zu ihnen!
Dass sogar du das sagst ...
Wer oder was ist dieser Mann überhaupt ...?!

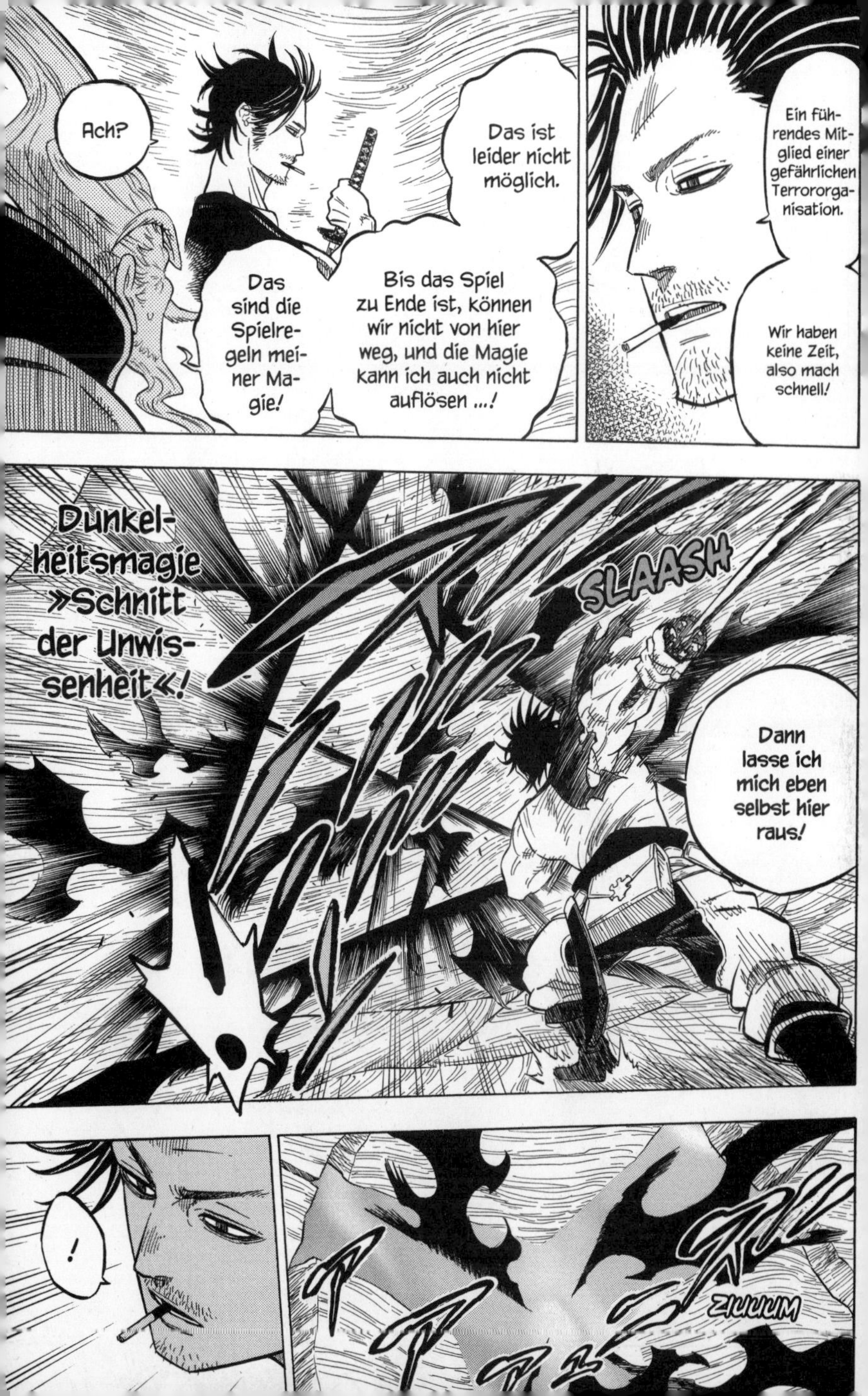
Ein führendes Mitglied einer gefährlichen Terrororganisation.
Wir haben keine Zeit, also mach schnell!
Das ist leider nicht möglich.
Bis das Spiel zu Ende ist, können wir nicht von hier weg, und die Magie kann ich auch nicht auflösen ...!
Das sind die Spielregeln meiner Magie!
Ach?
Dann lasse ich mich eben selbst hier raus!
SLAASH
Dunkelheitsmagie »Schnitt der Unwissenheit«!
ZIUUUM
!

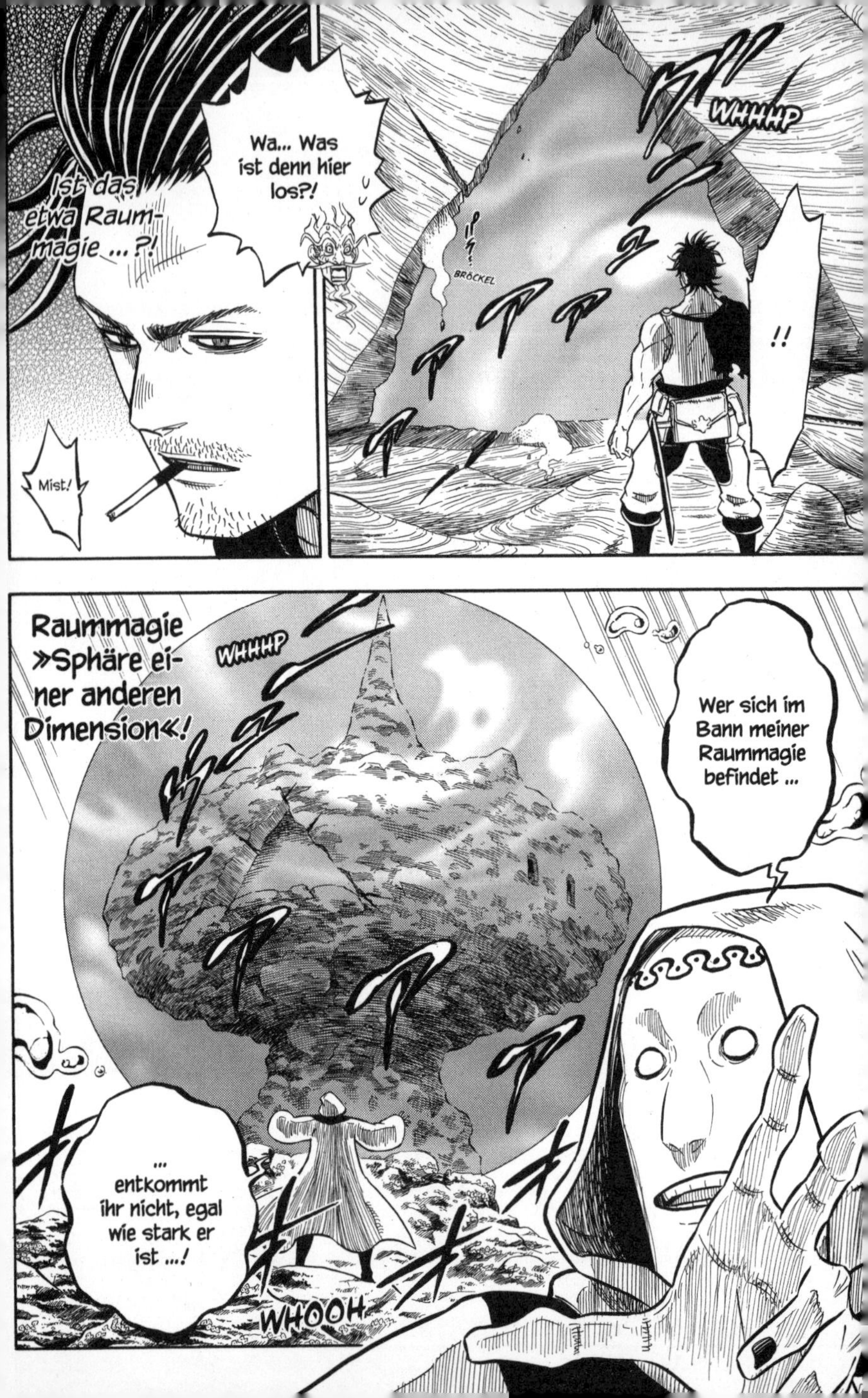
WHHHP
BRÖCKEL
!!
Wa... Was ist denn hier los?!
Ist das etwa Raum-magie ...?!
Mist!
Wer sich im Bann meiner Raummagie befindet ...
Raummagie »Sphäre ei-ner anderen Dimension«!
WHHHP
... entkommt ihr nicht, egal wie stark er ist ...!
WHOOH

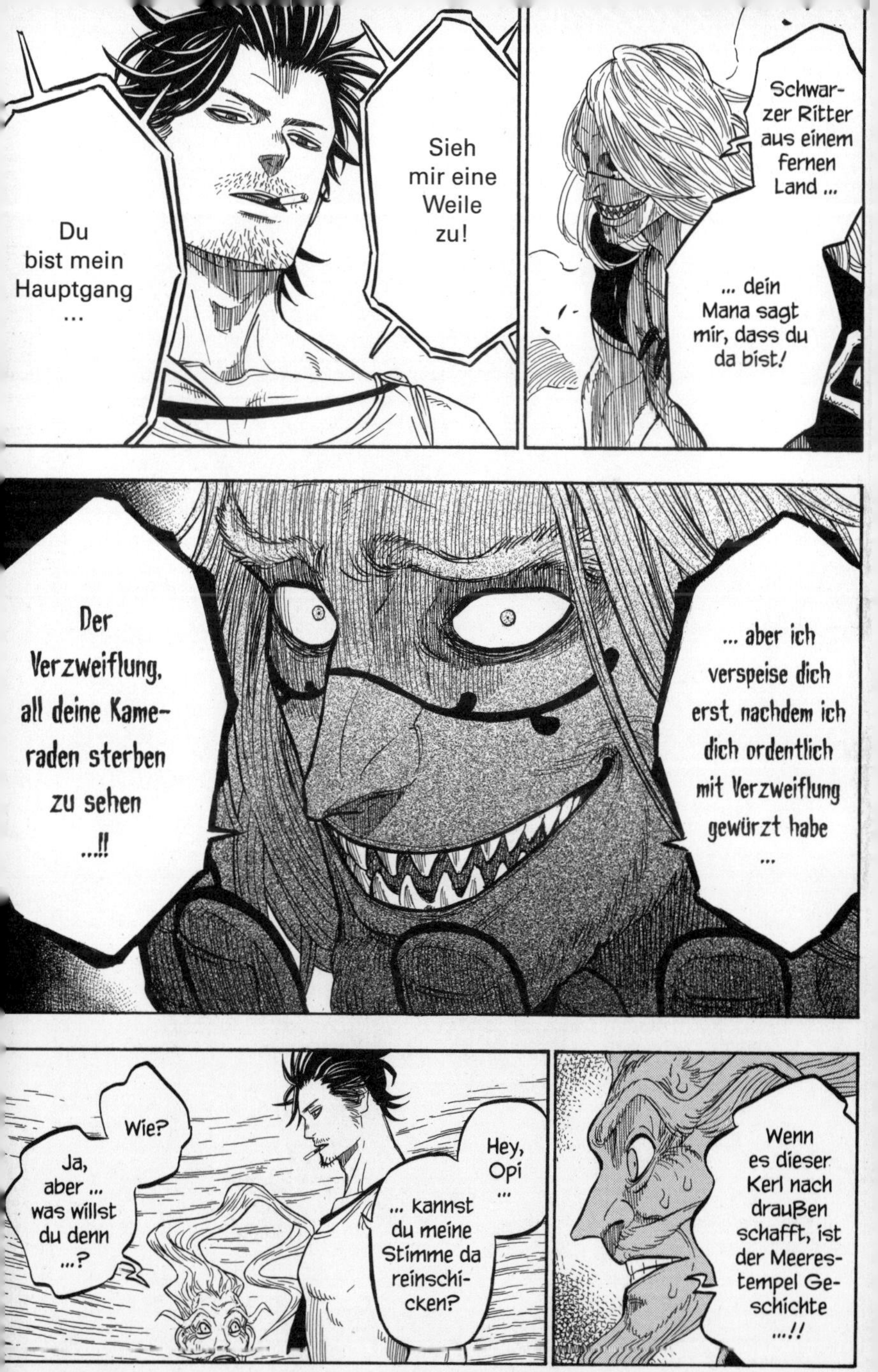
Du bist mein Hauptgang ...
Sieh mir eine Weile zu!
Schwarzer Ritter aus einem fernen Land ...
... dein Mana sagt mir, dass du da bist!
Der Verzweiflung, all deine Kameraden sterben zu sehen ...!!
... aber ich verspeise dich erst, nachdem ich dich ordentlich mit Verzweiflung gewürzt habe ...
Wie?
Ja, aber ... was willst du denn ...?
Hey, Opi ...
... kannst du meine Stimme da reinschicken?
Wenn es dieser Kerl nach draußen schafft, ist der Meerestempel Geschichte ...!!

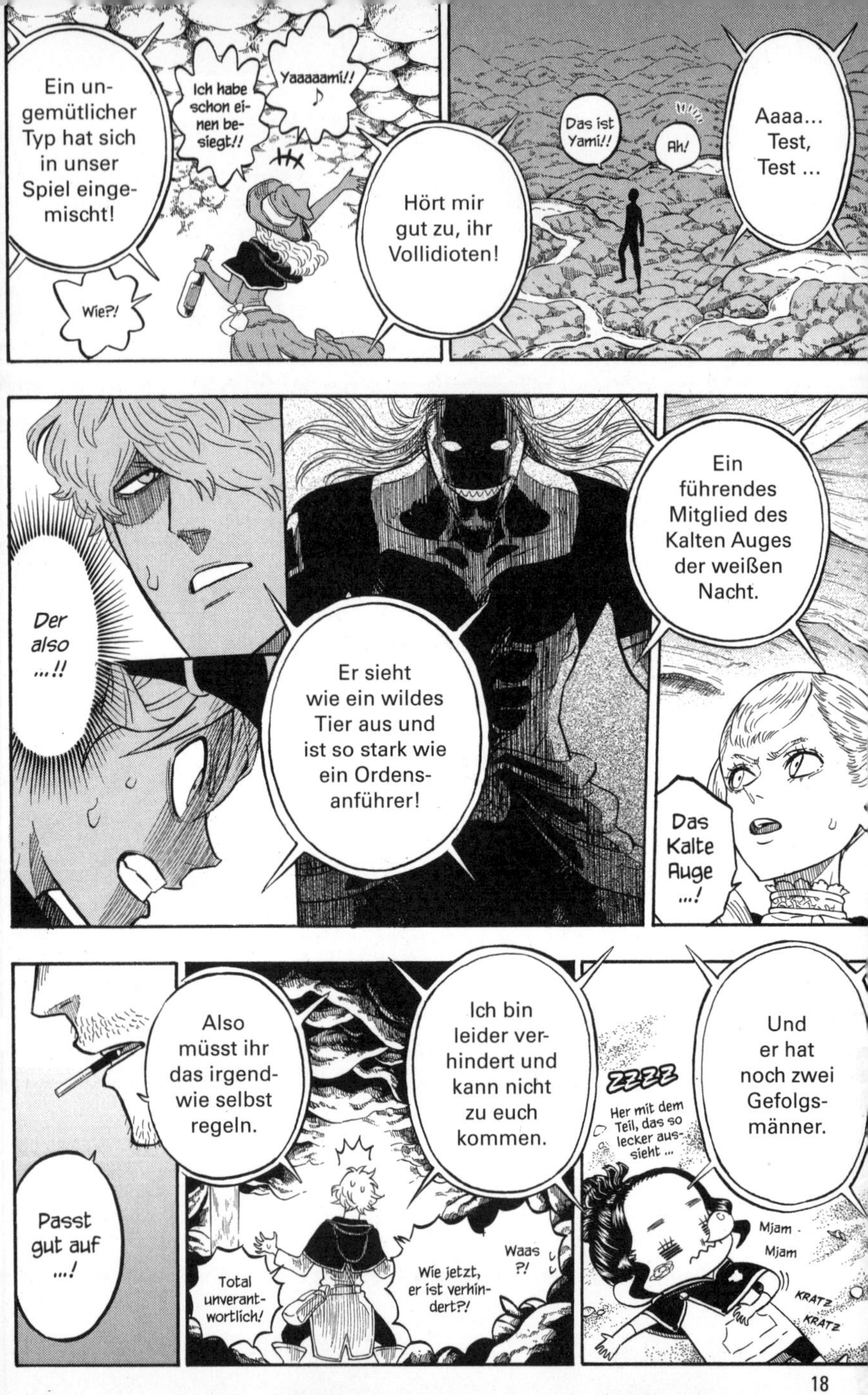

Aaaa... Test, Test ...
Ah!
Das ist Yami!!
Hört mir gut zu, ihr Vollidioten!
Yaaaaami!! ♪
Ich habe schon einen besiegt!!
Ein ungemütlicher Typ hat sich in unser Spiel eingemischt!
Wie?!
Ein führendes Mitglied des Kalten Auges der weißen Nacht.
Das Kalte Auge ...!
Er sieht wie ein wildes Tier aus und ist so stark wie ein Ordensanführer!
Der also ...!!
Und er hat noch zwei Gefolgsmänner.
ZZZZ
Her mit dem Teil, das so lecker aussieht ...
Mjam Mjam
KRATZ KRATZ
Ich bin leider verhindert und kann nicht zu euch kommen.
Waas ?!
Wie jetzt, er ist verhindert?!
Total unverantwortlich!
Also müsst ihr das irgendwie selbst regeln.
Passt gut auf ...!

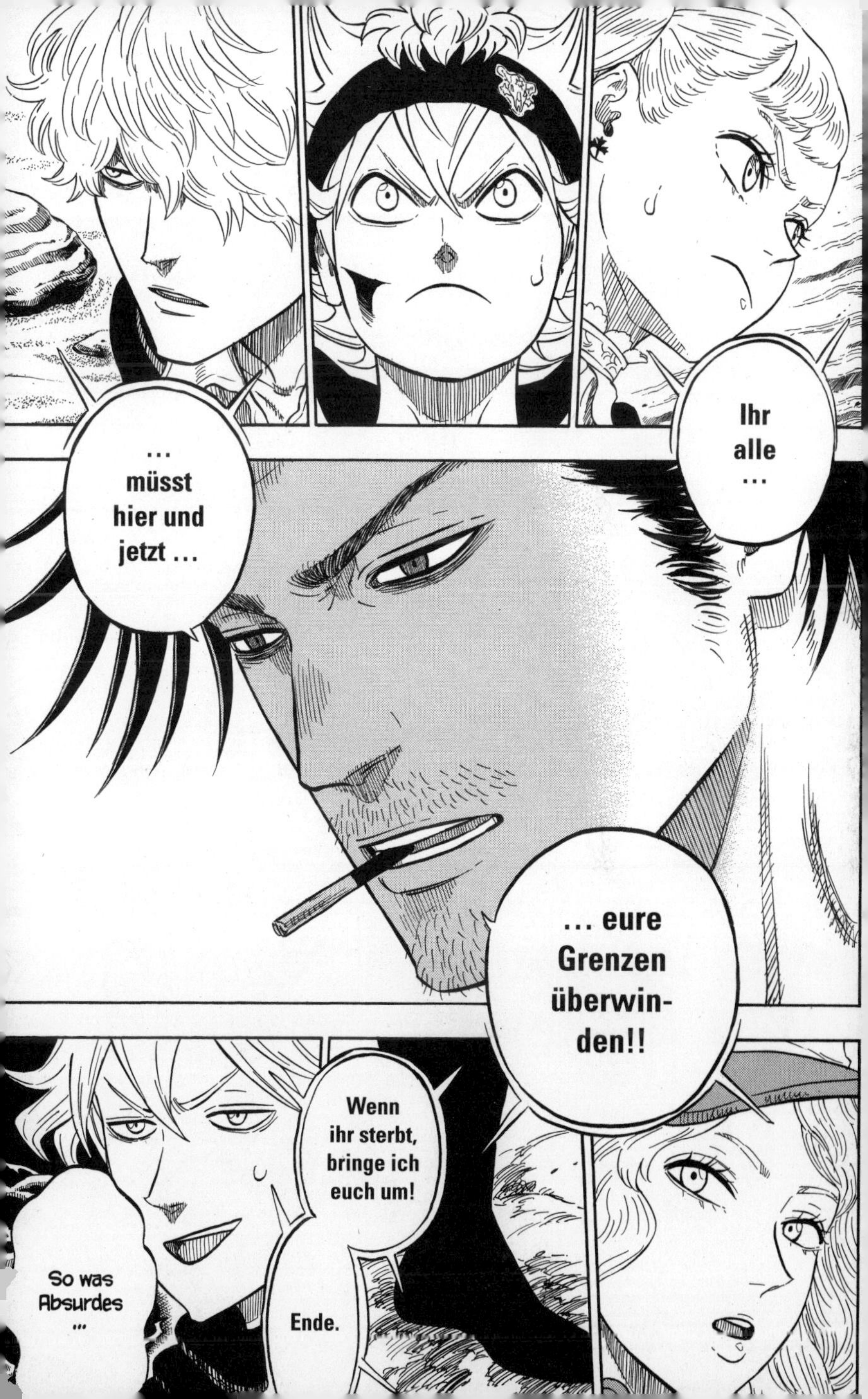
Ihr alle …
… müsst hier und jetzt …
… eure Grenzen überwin-den!!
Wenn ihr sterbt, bringe ich euch um!
So was Absurdes …
Ende.

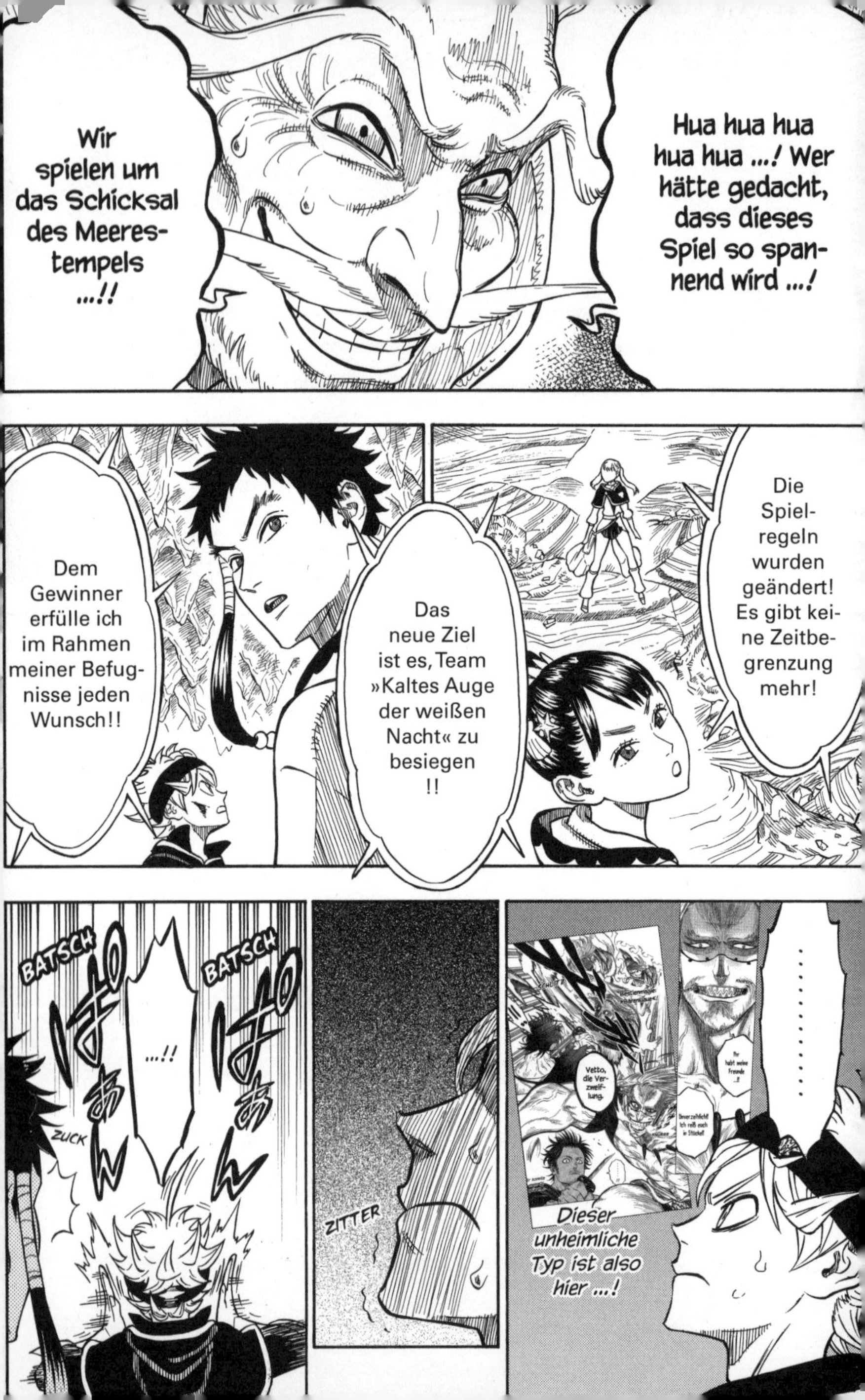
Hua hua hua hua hua ...! Wer hätte gedacht, dass dieses Spiel so spannend wird ...!
Wir spielen um das Schicksal des Meerestempels ...!!
Die Spielregeln wurden geändert! Es gibt keine Zeitbegrenzung mehr!
Das neue Ziel ist es, Team »Kaltes Auge der weißen Nacht« zu besiegen !!
Dem Gewinner erfülle ich im Rahmen meiner Befugnisse jeden Wunsch!!
....
Ihr habt meine Freunde ...!!
Unverzeihlich! Ich reiß euch in Stücke!
SCHLITZ
Vetto, die Verzweiflung.
Dieser unheimliche Typ ist also hier ...!
ZITTER
BATSCH
BATSCH
...!!
ZUCK

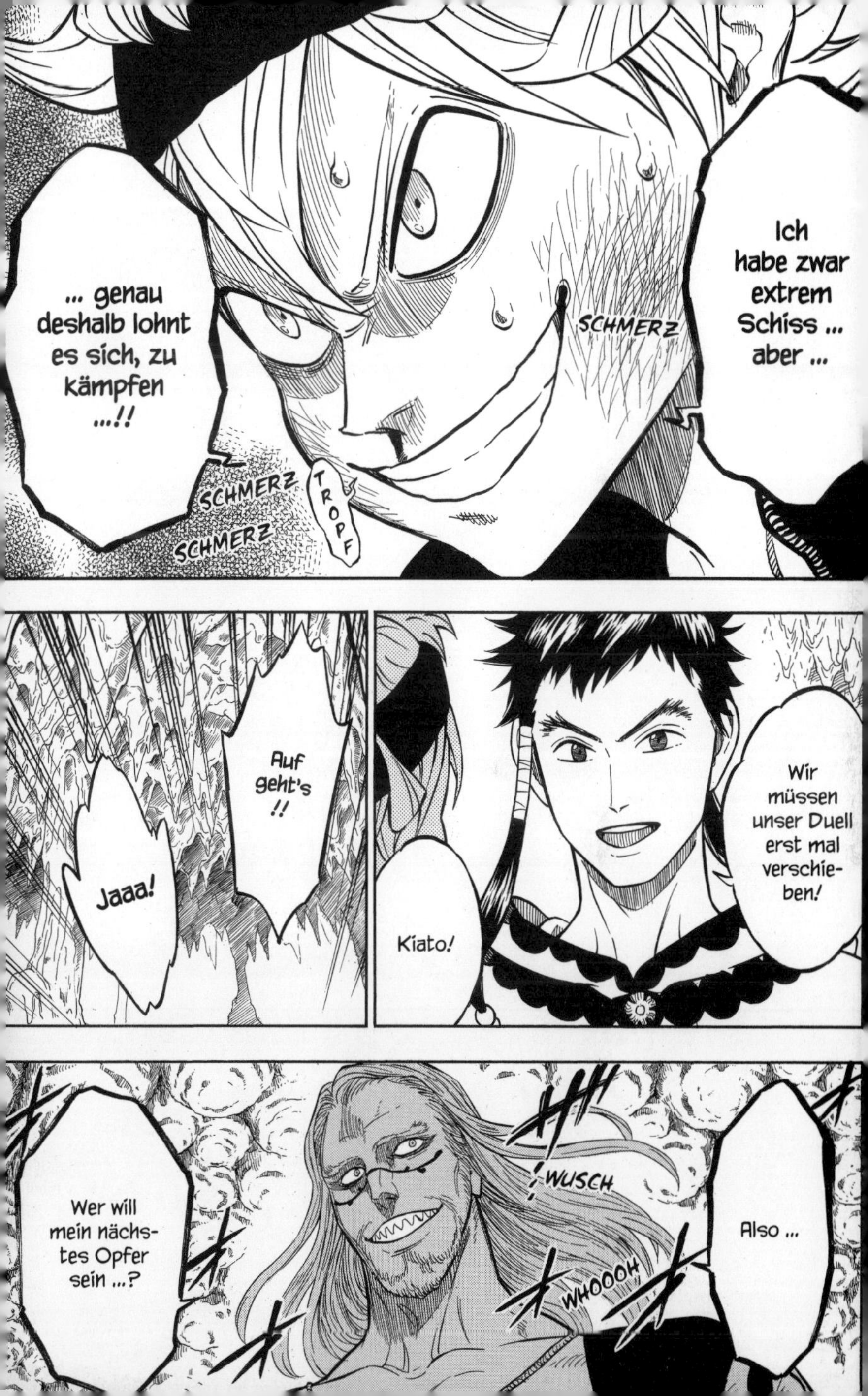

Ich habe zwar extrem Schiss ... aber ...
SCHMERZ
... genau deshalb lohnt es sich, zu kämpfen ...!!
TROPF
SCHMERZ
SCHMERZ
Wir müssen unser Duell erst mal verschieben!
Kiato!
Auf geht's !!
Jaaa!
Also ...
WUSCH
WHOOOH
Wer will mein nächstes Opfer sein ...?

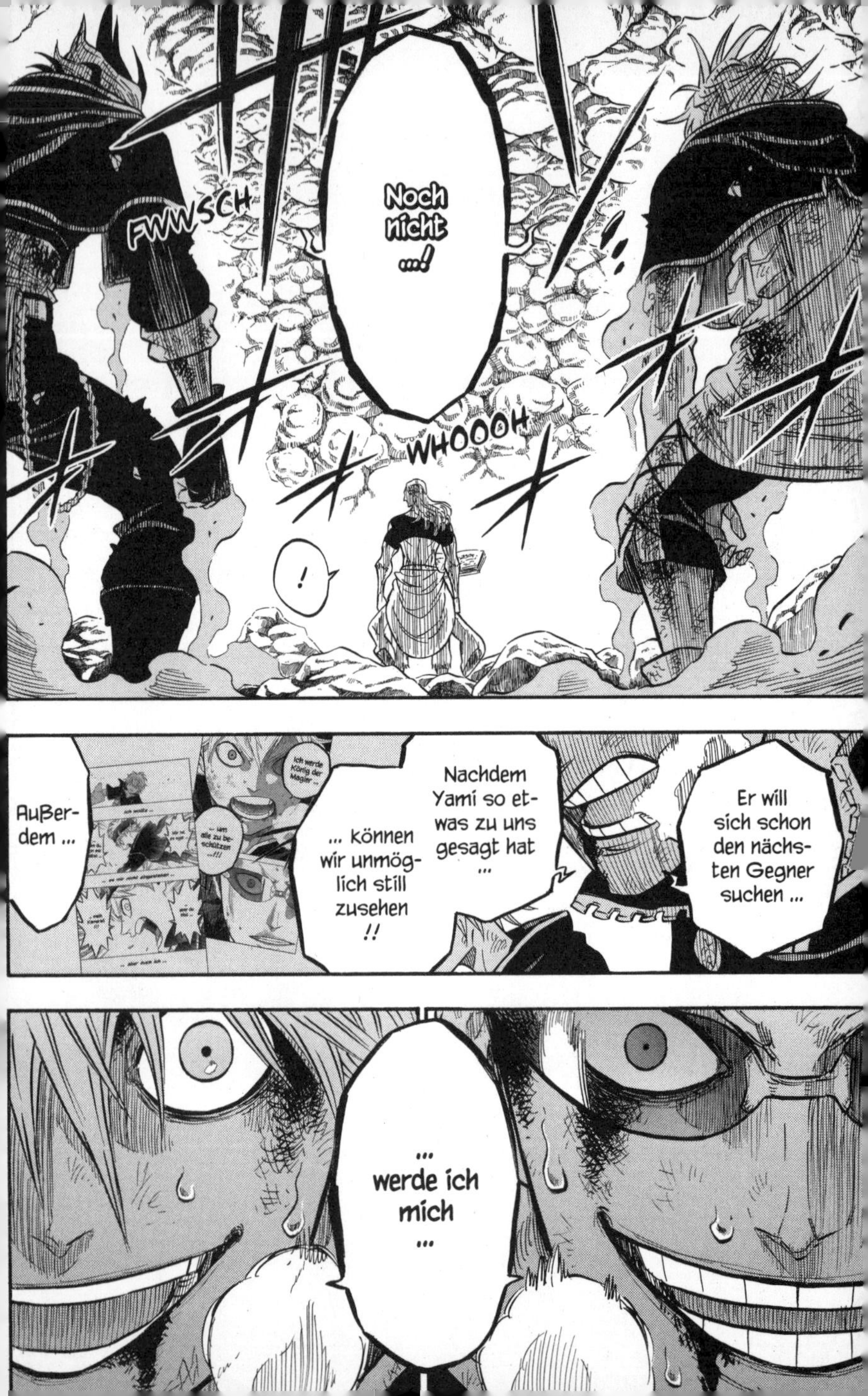
Noch nicht ...!
FWWSCH
WHOOOH
!
Er will sich schon den nächsten Gegner suchen ...
Nachdem Yami so etwas zu uns gesagt hat ...
... können wir unmöglich still zusehen !!
Außerdem ...
... werde ich mich ...

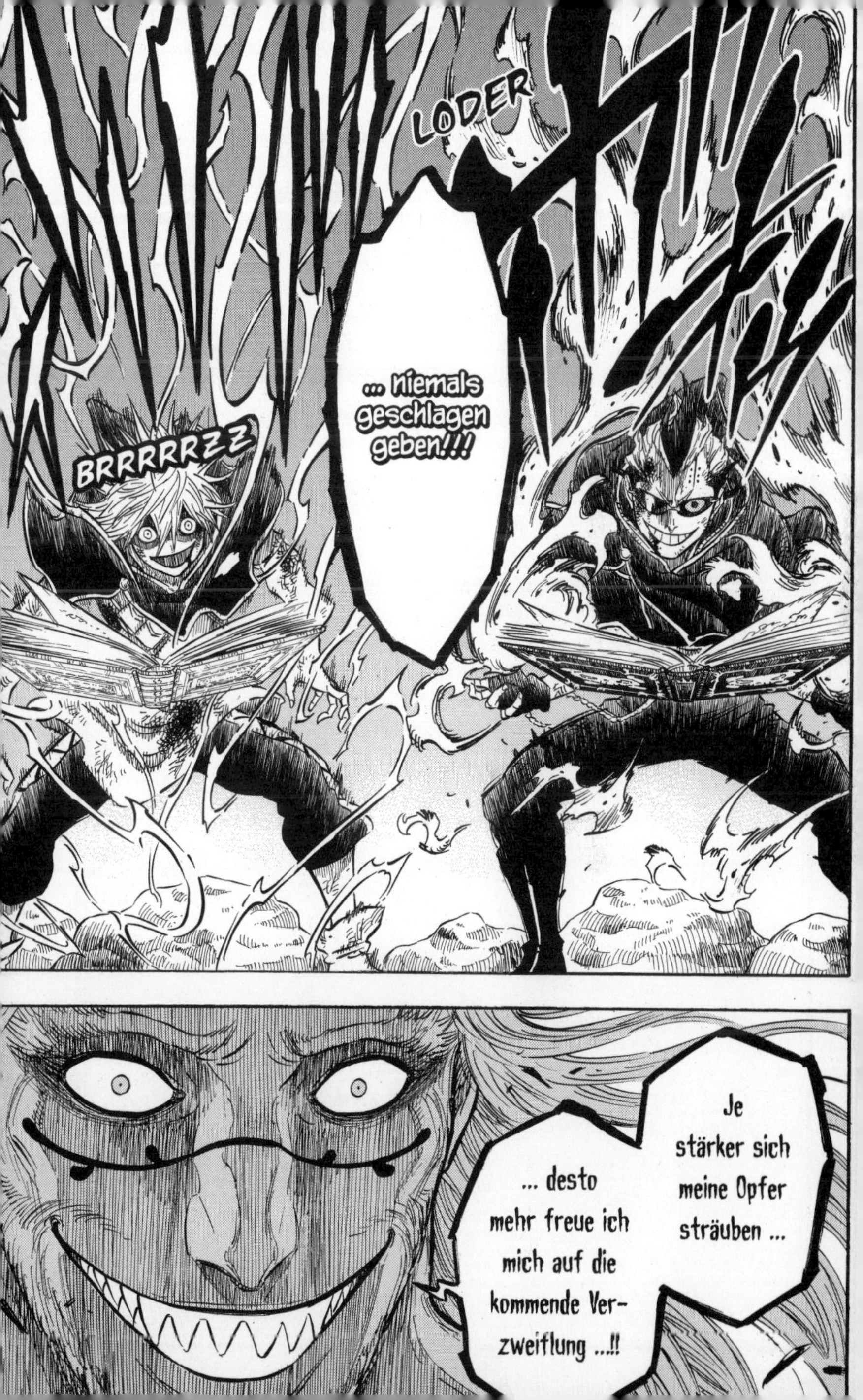
LODER
... niemals geschlagen geben!!!
BRRRRRRZZ
Je stärker sich meine Opfer sträuben ...
... desto mehr freue ich mich auf die kommende Verzweiflung ...!!

DER FRAGEORDEN

Liebe Leser, guten Tag! Guten Abend! Guten Morgen! Hier ist wieder der Bereich mit Leserfragen. Dieses Mal habe ich einige sehr ausgefallene Fragen erhalten, auf die ich euch gern ausführlich antworten möchte!

Frage: Ich habe einige Fragen zu Revchi!

1. Zu welchem Orden hat er einmal gehört?
2. Vor ungefähr wie vielen Jahren ist er aus dem Orden ausgetreten?
3. Wann hat er sich die Narben in seinem Gesicht zugezogen? Und haben sie etwas mit dem Austritt aus dem Orden zu tun?
4. Was ist mit ihm passiert, nachdem Asta ihn besiegt hat? Und was macht er jetzt?

Wer hätte gedacht, dass sich jemand so sehr für Revchi interessiert …!

Antwort:

1. Zum Lila Schwertwal.
2. Er wurde vor zwei Jahren aus dem Orden ausgestoßen.
3. Die Wunden im Gesicht hat er sich kurz vor seinem Austritt aus dem Orden bei seiner letzten Mission zugezogen.
4. Er ist in den Knast gewandert. Zurzeit wartet er auf die passende Gelegenheit, um auszubrechen …

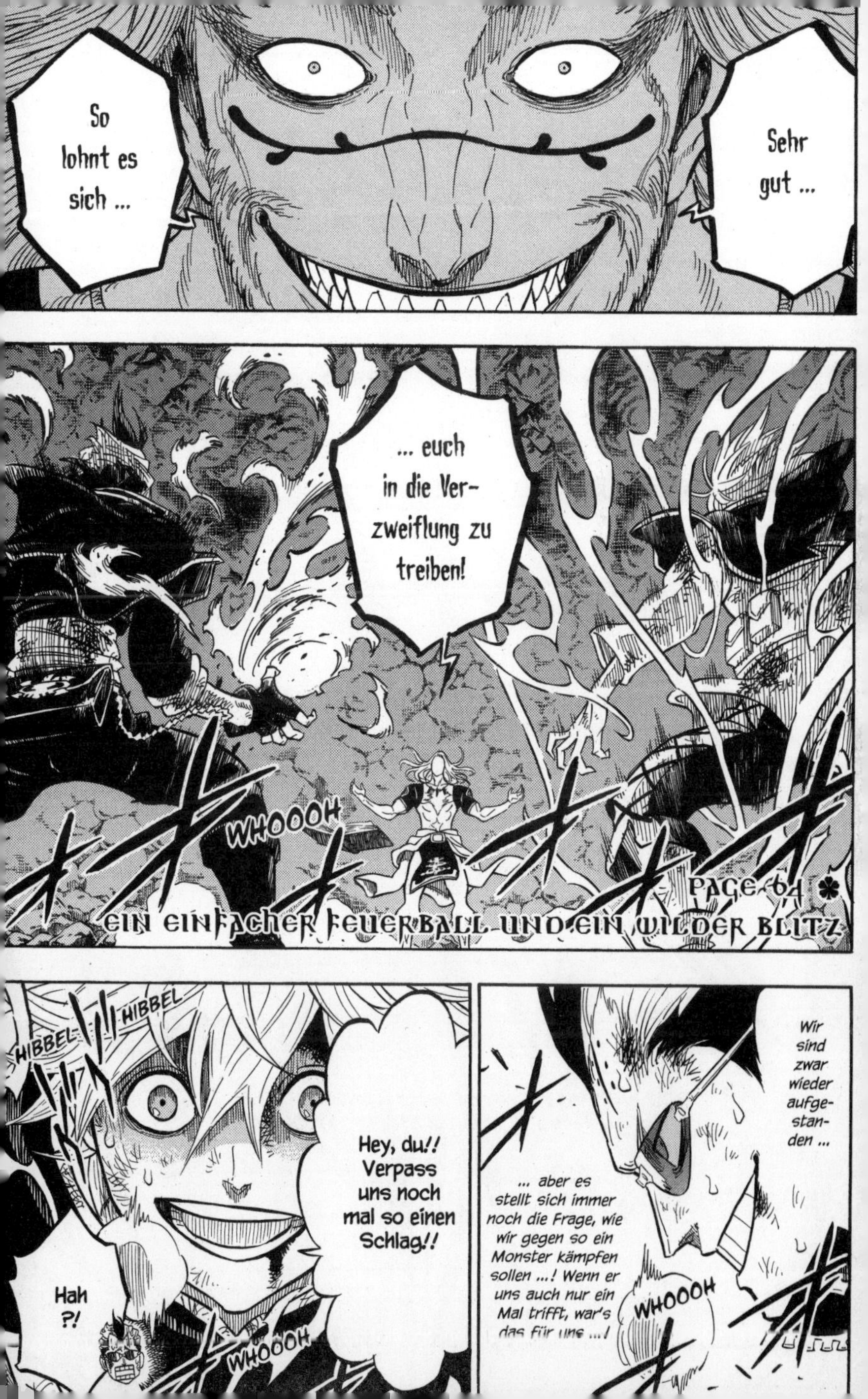

Sehr gut ...
So lohnt es sich ...
... euch in die Verzweiflung zu treiben!
WHOOOH
PAGE 64
Ein einfacher Feuerball und ein wilder Blitz
Wir sind zwar wieder aufgestanden ...
... aber es stellt sich immer noch die Frage, wie wir gegen so ein Monster kämpfen sollen ...! Wenn er uns auch nur ein Mal trifft, war's das für uns ...!
WHOOOH
HIBBEL HIBBEL
Hey, du!! Verpass uns noch mal so einen Schlag!!
Hah ?!
WHOOOH

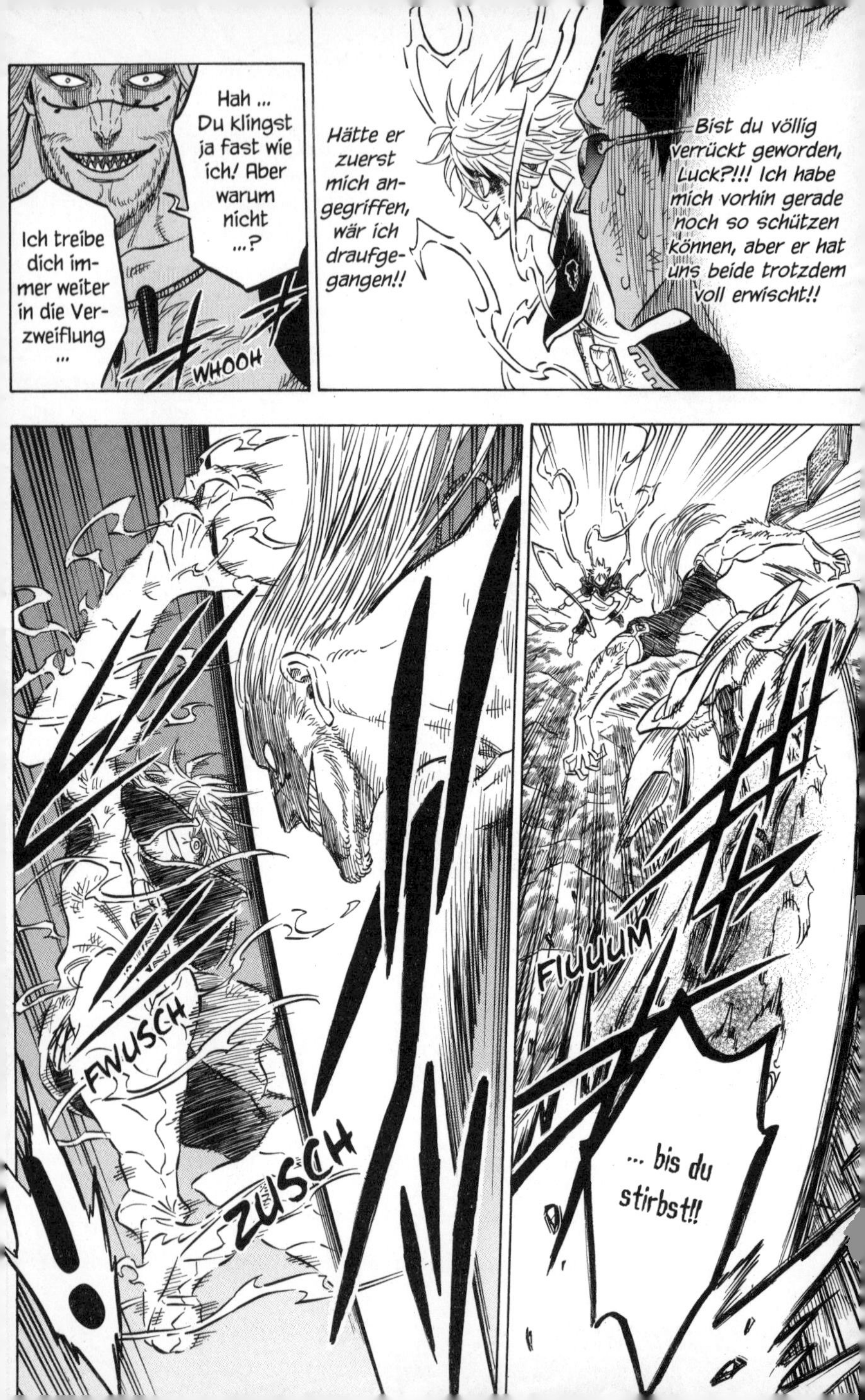

Bist du völlig verrückt geworden, Luck?!!! Ich habe mich vorhin gerade noch so schützen können, aber er hat uns beide trotzdem voll erwischt!!
Hätte er zuerst mich angegriffen, wär ich draufgegangen!!
Hah ... Du klingst ja fast wie ich! Aber warum nicht ...?
Ich treibe dich immer weiter in die Verzweiflung ...
WHOOH
FIUUUM
... bis du stirbst!!
FWUSCH
ZUSCH

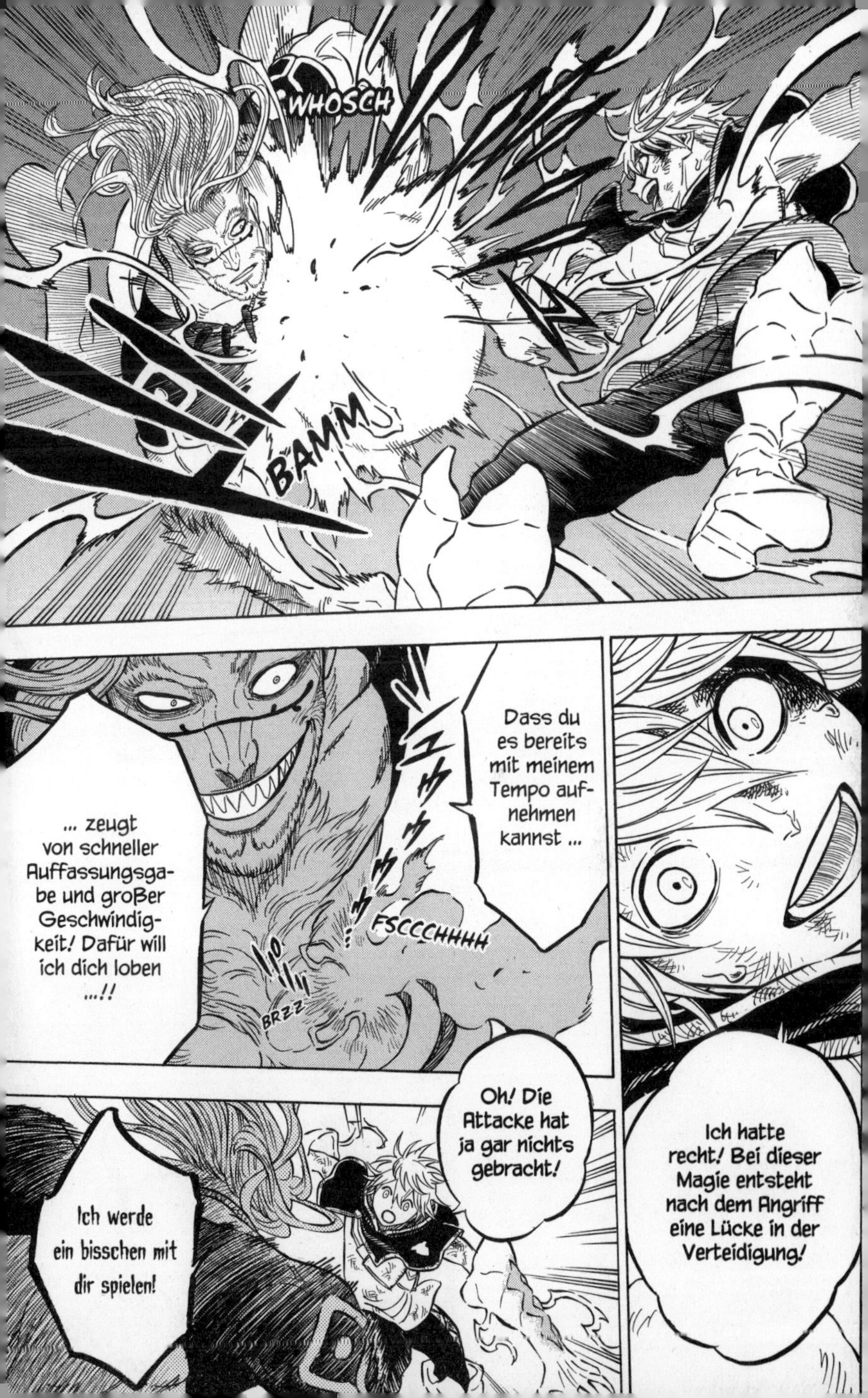
WHOSCH
BAMM
Dass du es bereits mit meinem Tempo aufnehmen kannst ...
... zeugt von schneller Auffassungsgabe und großer Geschwindigkeit! Dafür will ich dich loben ...!!
FSCCCHHHH
BRZZ
Ich hatte recht! Bei dieser Magie entsteht nach dem Angriff eine Lücke in der Verteidigung!
Oh! Die Attacke hat ja gar nichts gebracht!
Ich werde ein bisschen mit dir spielen!

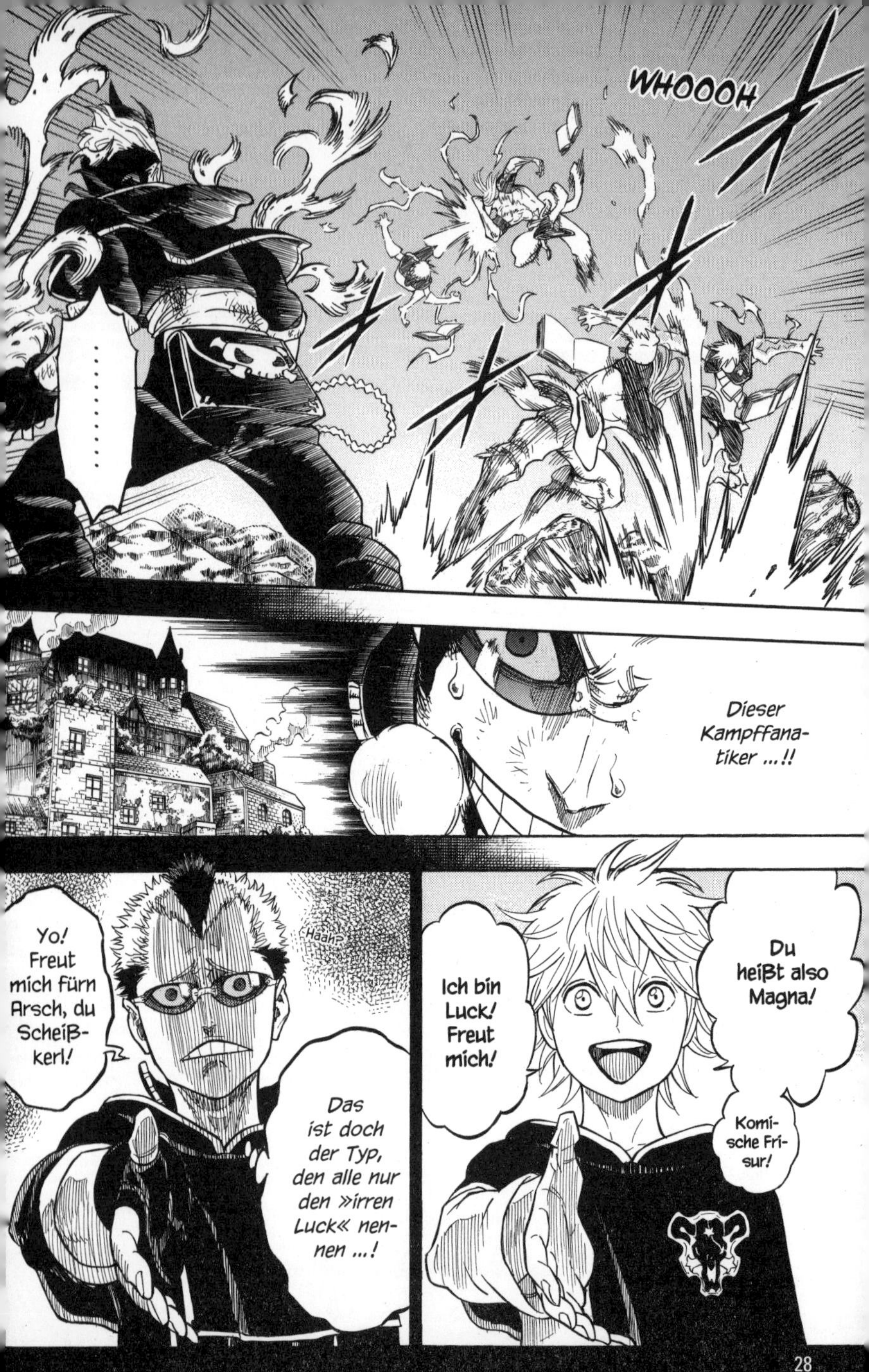
WHOOOH
…
Dieser Kampffana-tiker …!!
Du heißt also Magna!
Ich bin Luck! Freut mich!
Komi-sche Fri-sur!
Yo! Freut mich fürn Arsch, du Scheiß-kerl!
Häääh?
Das ist doch der Typ, den alle nur den »irren Luck« nen-nen …!

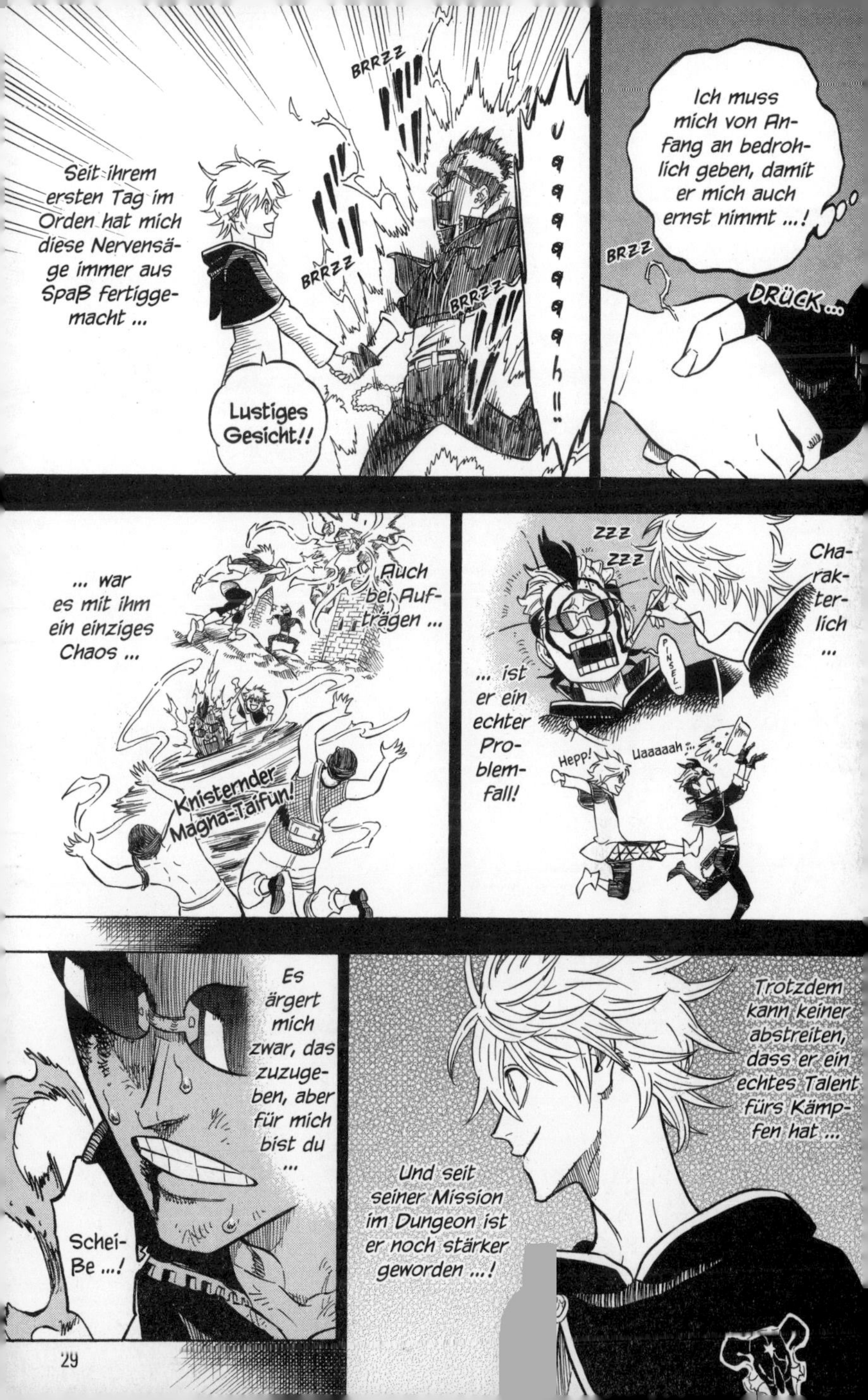

Ich muss mich von Anfang an bedrohlich geben, damit er mich auch ernst nimmt ...!
BRZZ
DRÜCK ...
BRRZZ
BRRZZ
BRRZZ
Uaaaaaaaaaaaah!!
Lustiges Gesicht!!
Seit ihrem ersten Tag im Orden hat mich diese Nervensäge immer aus Spaß fertiggemacht ...
Charakterlich ...
ZZZ
ZZZ
PINSEL
... ist er ein echter Problemfall!
Uaaaaah ...
Hepp!
Auch bei Aufträgen ...
... war es mit ihm ein einziges Chaos ...
Knisternder Magna-Taifun!
Trotzdem kann keiner abstreiten, dass er ein echtes Talent fürs Kämpfen hat ...
Und seit seiner Mission im Dungeon ist er noch stärker geworden ...!
Es ärgert mich zwar, das zuzugeben, aber für mich bist du ...
Schei-ße ...!

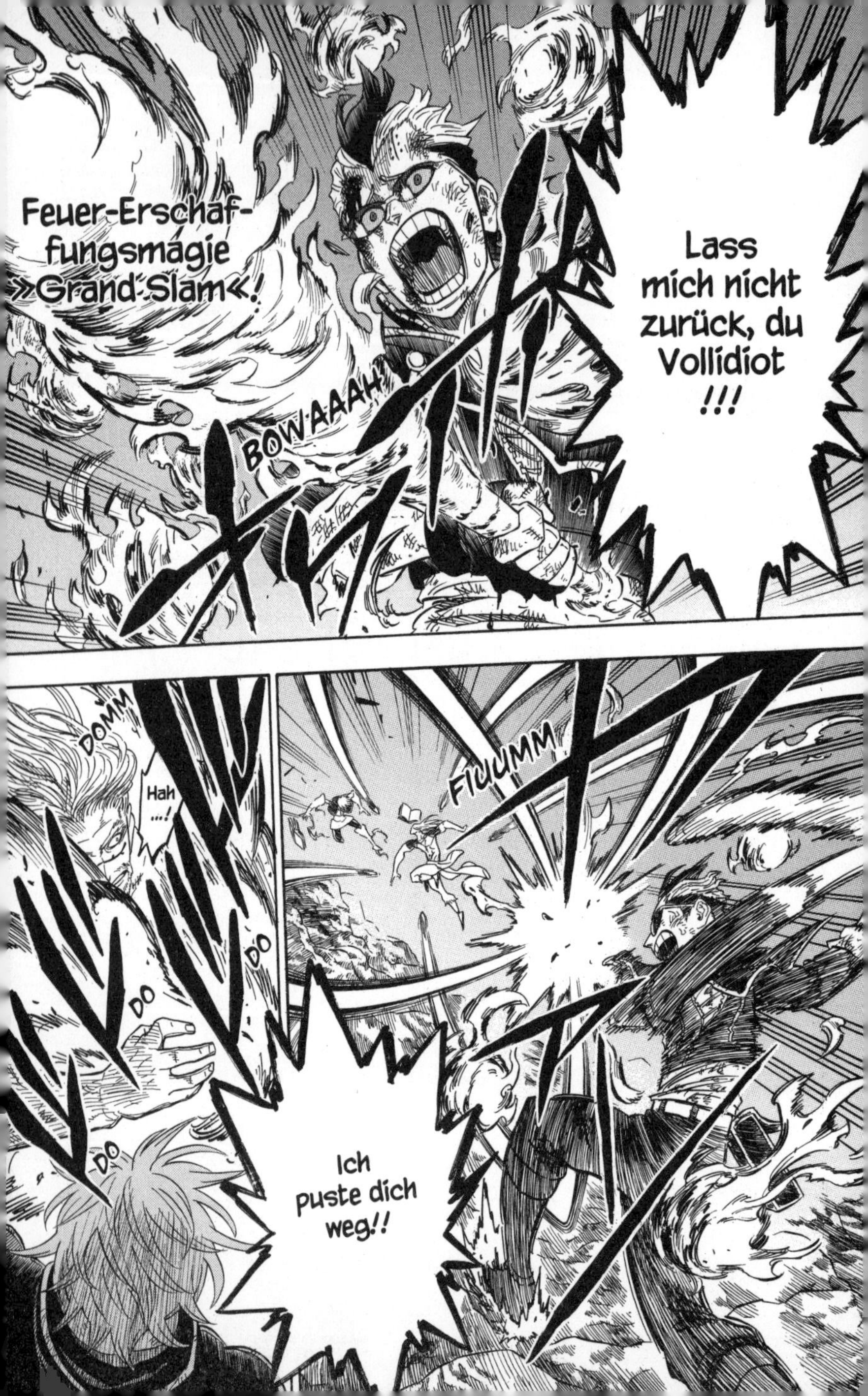
Lass mich nicht zurück, du Vollidiot !!!
Feuer-Erschaffungsmagie »Grand Slam«!
BOWAAAH
FIUUMM
DOMM
Hah ...!
DO
DO
DO
Ich puste dich weg!!

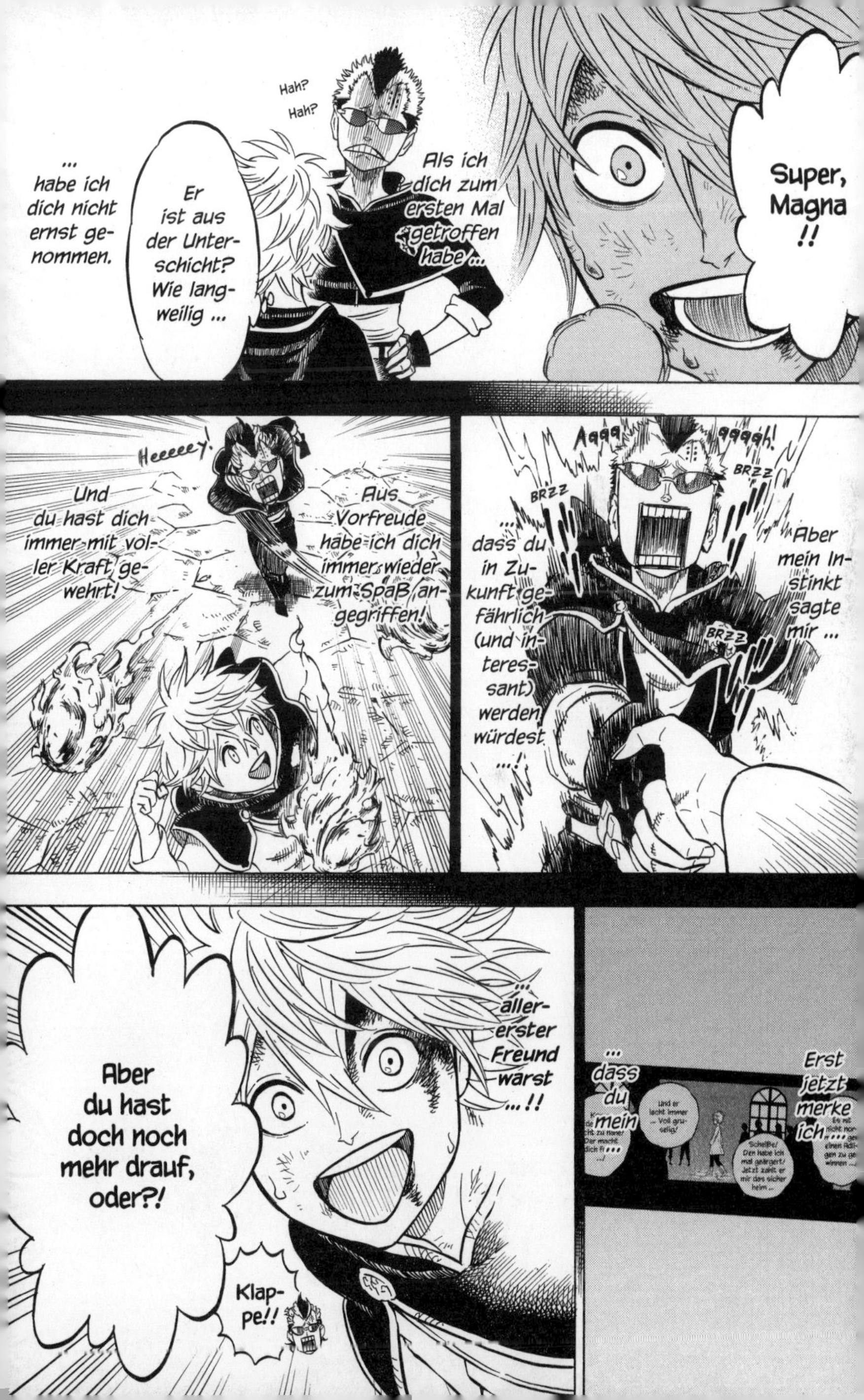
Super, Magna !!
Als ich dich zum ersten Mal getroffen habe ...
Hah?
Hah?
Er ist aus der Unterschicht? Wie langweilig ...
... habe ich dich nicht ernst genommen.
Aber mein Instinkt sagte mir ...
Aaaaaaah!
BRZZ
BRZZ
BRZZ
... dass du in Zukunft gefährlich (und interessant) werden würdest ...!
Heeeeey!
Aus Vorfreude habe ich dich immer wieder zum Spaß angegriffen!
Und du hast dich immer mit voller Kraft gewehrt!
Erst jetzt merke ich ...
Und er lacht immer ... Voll gruselig!
Scheiße! Den habe ich mal geärgert! Jetzt zahlt er mir das sicher heim ...
... dass du mein
... allererster Freund warst ...!!
Aber du hast doch noch mehr drauf, oder?!
Klappe!!

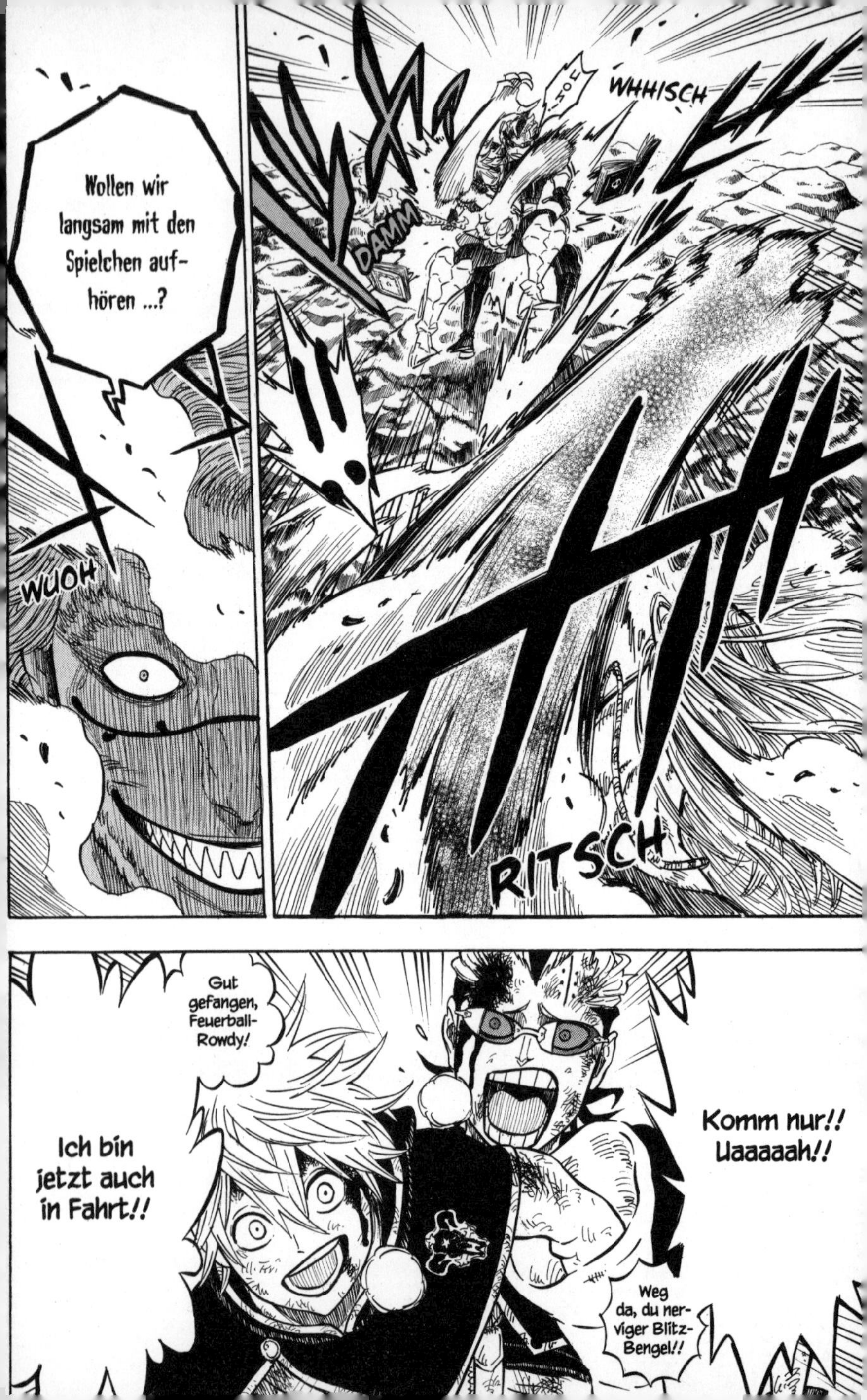
WHHISCH
DAMM
RITSCH
Wollen wir langsam mit den Spielchen auf-hören ...?
WUOH
Komm nur!! Uaaaaah!!
Gut gefangen, Feuerball-Rowdy!
Weg da, du ner-viger Blitz-Bengel!!
Ich bin jetzt auch in Fahrt!!

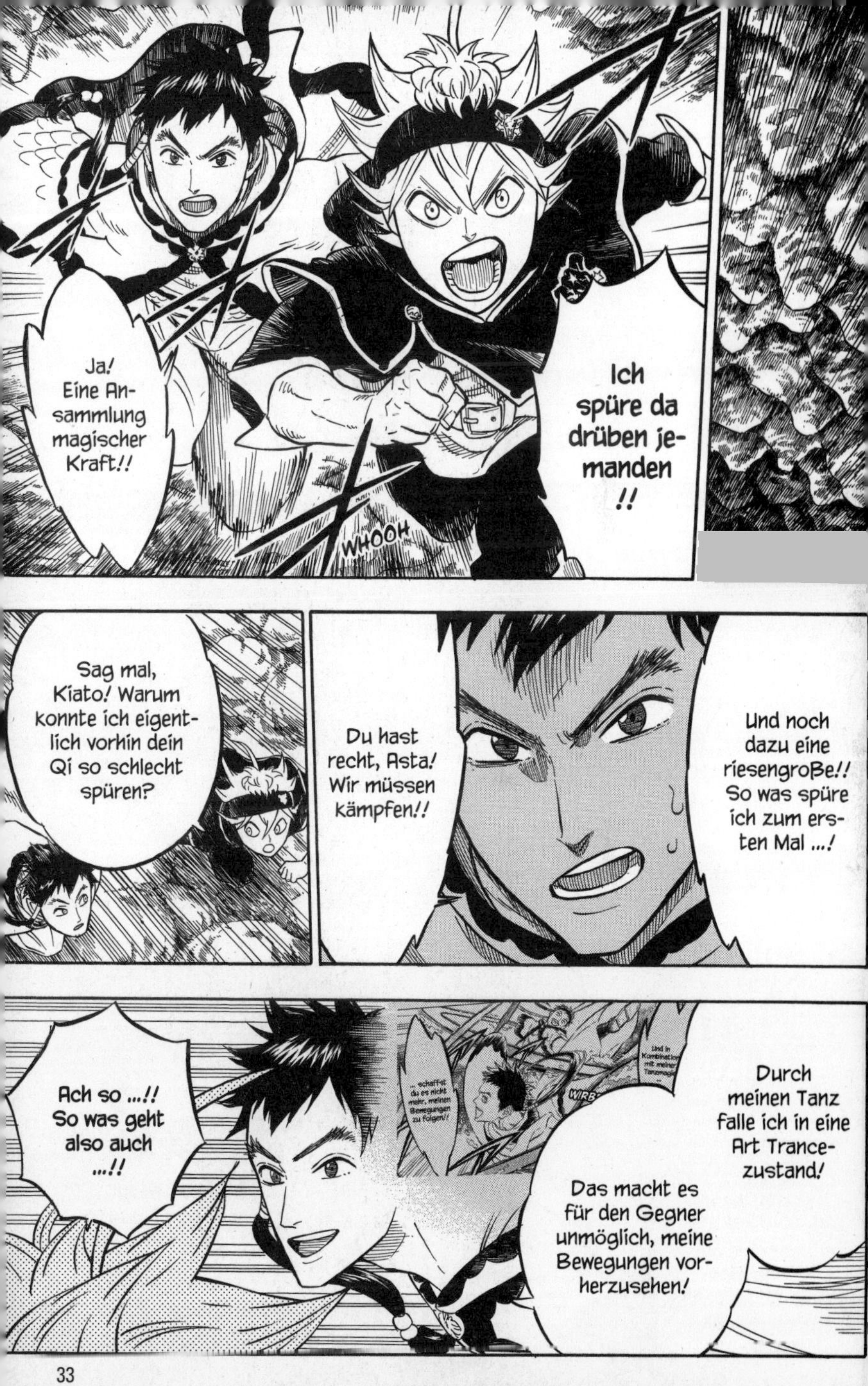
Ich spüre da drüben jemanden !!
Ja! Eine Ansammlung magischer Kraft!!
WHOOH
Und noch dazu eine riesengroße!! So was spüre ich zum ersten Mal ...!
Du hast recht, Asta! Wir müssen kämpfen!!
Sag mal, Kiato! Warum konnte ich eigentlich vorhin dein Qi so schlecht spüren?
Durch meinen Tanz falle ich in eine Art Trancezustand!
Das macht es für den Gegner unmöglich, meine Bewegungen vorherzusehen!
... schaffst du es nicht mehr, meinen Bewegungen zu folgen!!
Ach so ...!! So was geht also auch ...!!

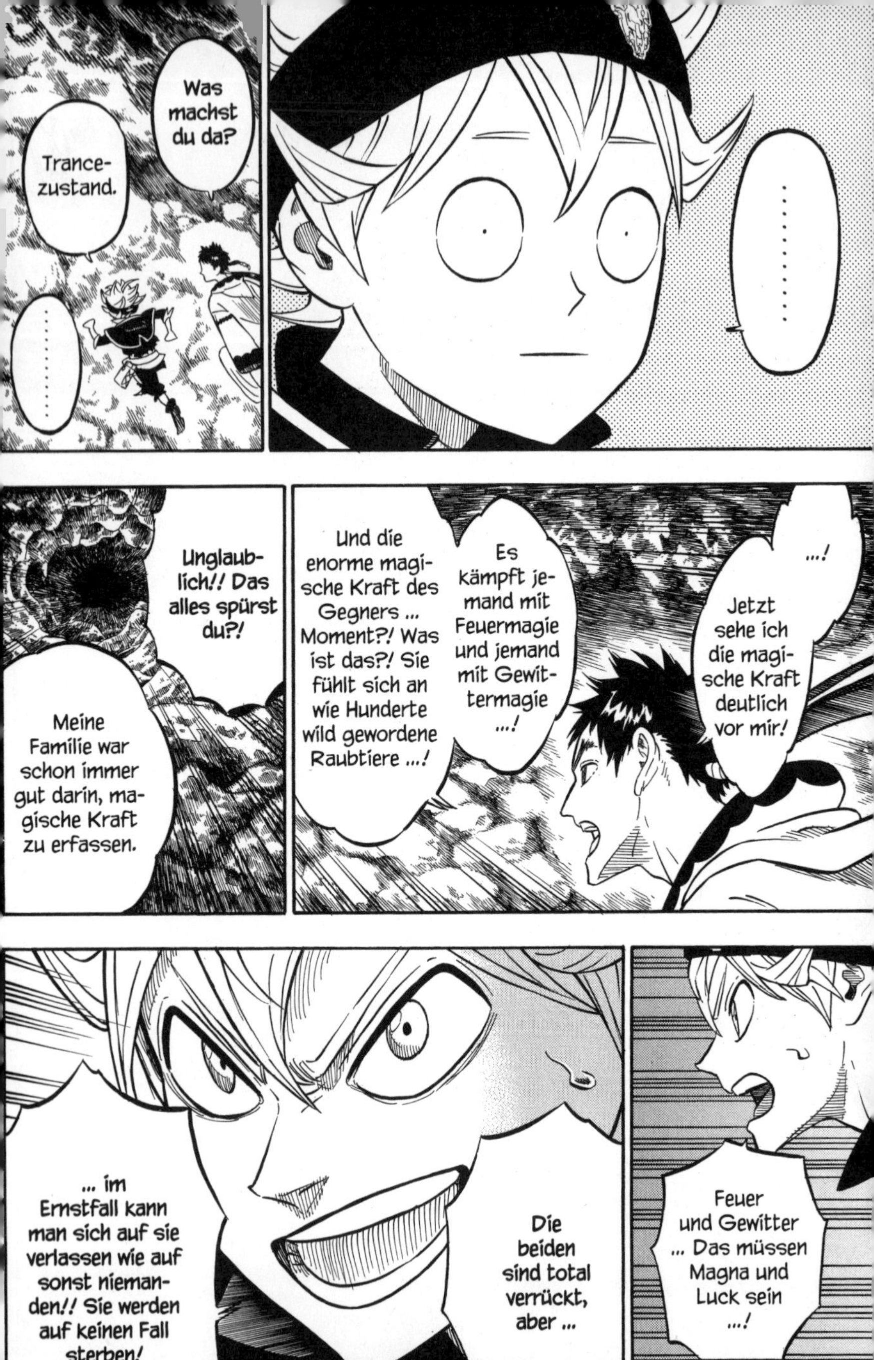
……
Was machst du da?
Trancezustand.
……
...!
Jetzt sehe ich die magische Kraft deutlich vor mir!
Es kämpft jemand mit Feuermagie und jemand mit Gewittermagie ...!
Und die enorme magische Kraft des Gegners ... Moment?! Was ist das?! Sie fühlt sich an wie Hunderte wild gewordene Raubtiere ...!
Unglaublich!! Das alles spürst du?!
Meine Familie war schon immer gut darin, magische Kraft zu erfassen.
Feuer und Gewitter ... Das müssen Magna und Luck sein ...!
Die beiden sind total verrückt, aber ...
... im Ernstfall kann man sich auf sie verlassen wie auf sonst niemanden!! Sie werden auf keinen Fall sterben!

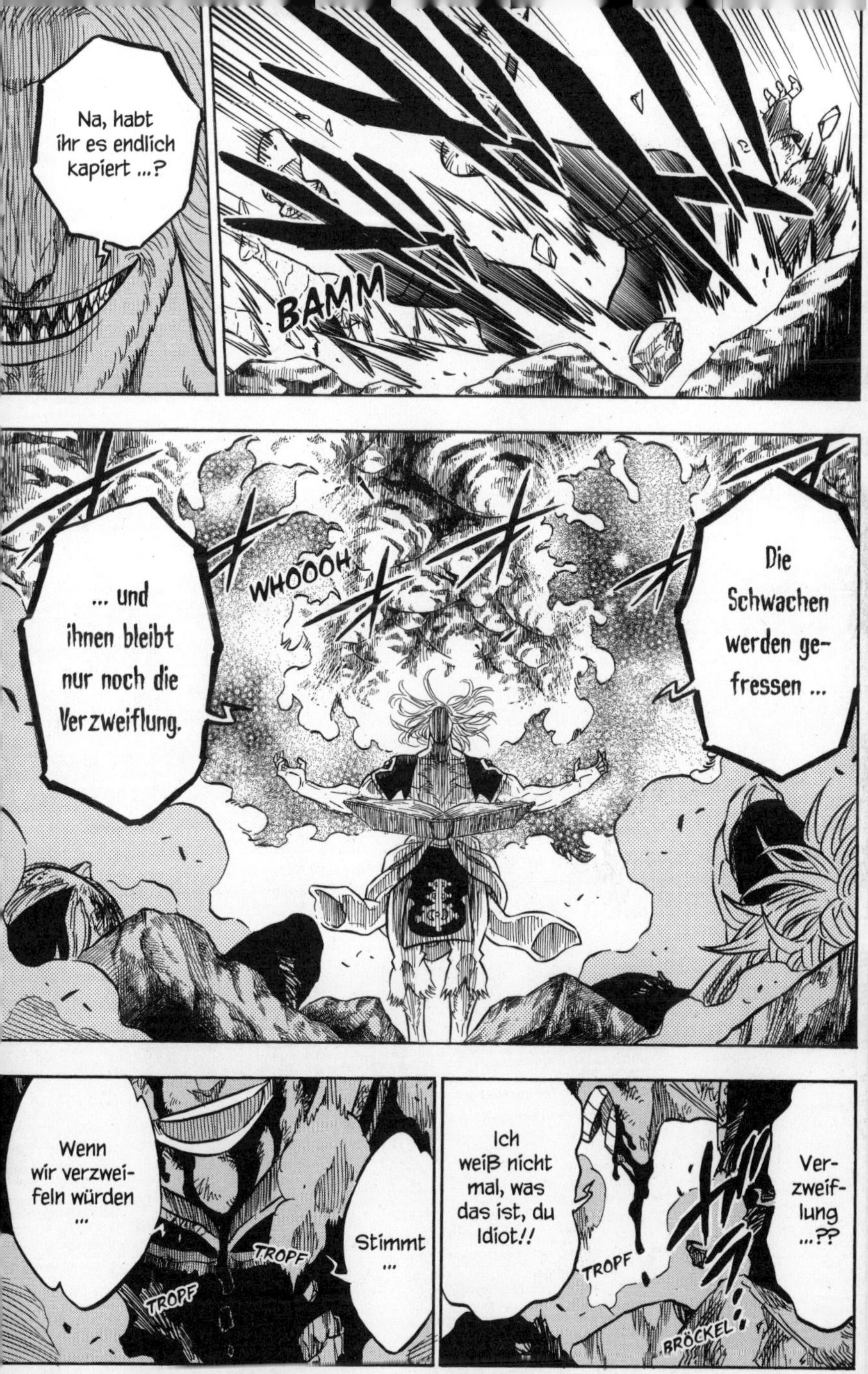

Na, habt ihr es endlich kapiert ...?
BAMM
WHOOOH
... und ihnen bleibt nur noch die Verzweiflung.
Die Schwachen werden gefressen ...
Wenn wir verzweifeln würden ...
TROPF
TROPF
Stimmt ...
Ich weiß nicht mal, was das ist, du Idiot!!
TROPF
Verzweiflung ...??
BRÖCKEL

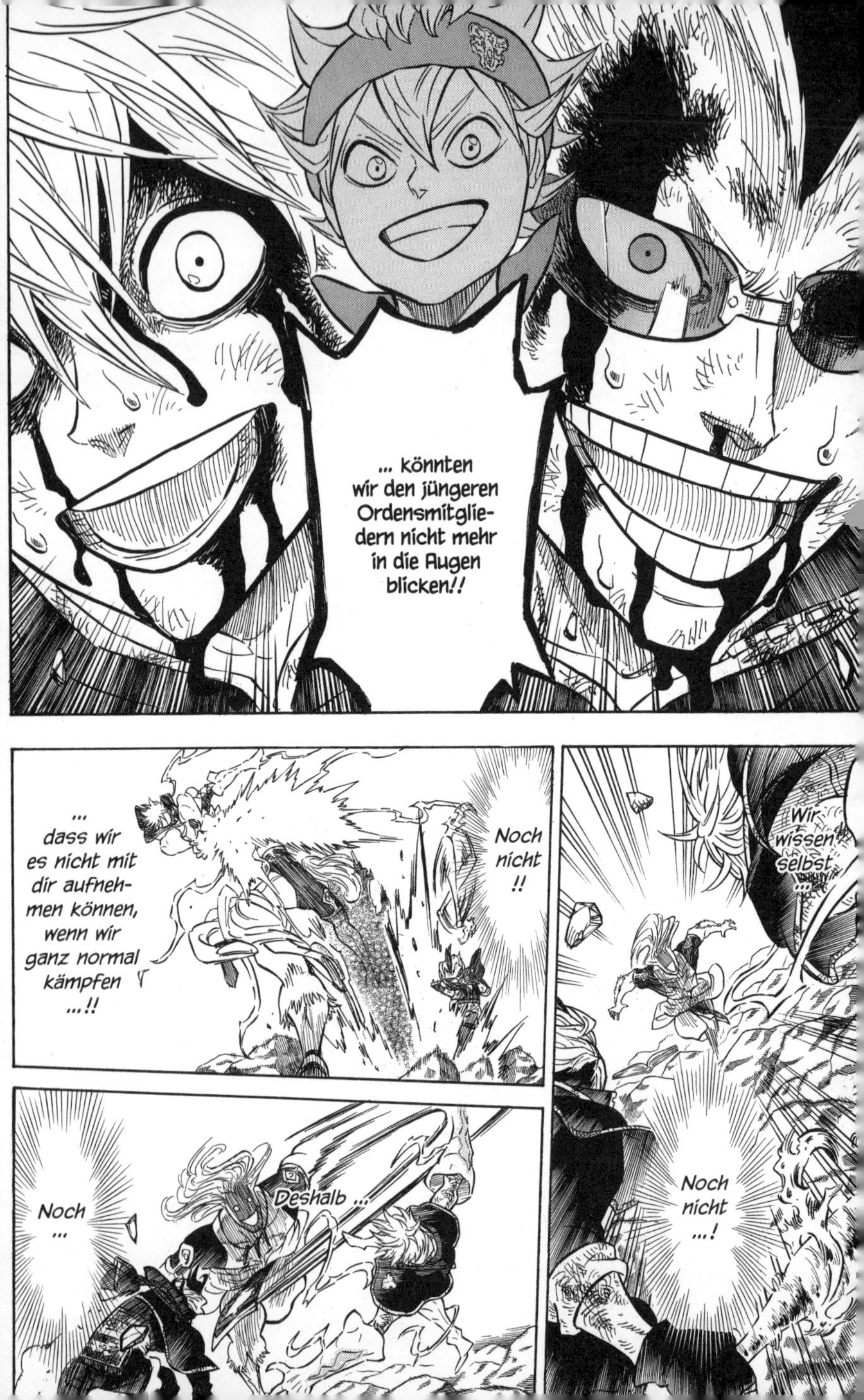
... könnten wir den jüngeren Ordensmitglie-dern nicht mehr in die Augen blicken!!
Wir wissen selbst ...
Noch nicht !!
... dass wir es nicht mit dir aufneh-men können, wenn wir ganz normal kämpfen ...!!
Noch nicht ...!
Deshalb ...
Noch ...

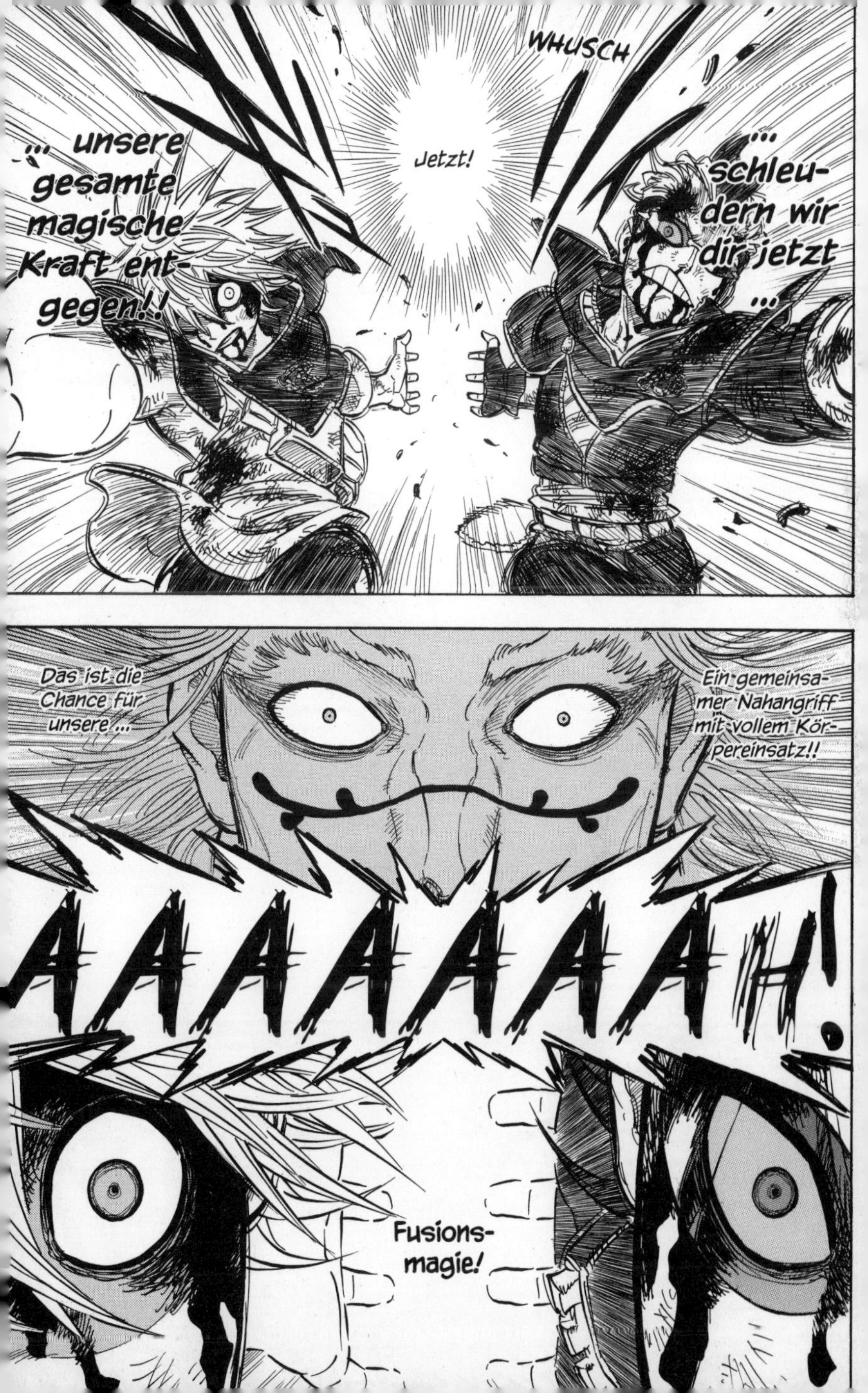
WHUSCH
Jetzt!
... schleudern wir dir jetzt ...
... unsere gesamte magische Kraft entgegen!!
Ein gemeinsamer Nahangriff mit vollem Körpereinsatz!!
Das ist die Chance für unsere ...
AAAAAAAH!
Fusionsmagie!

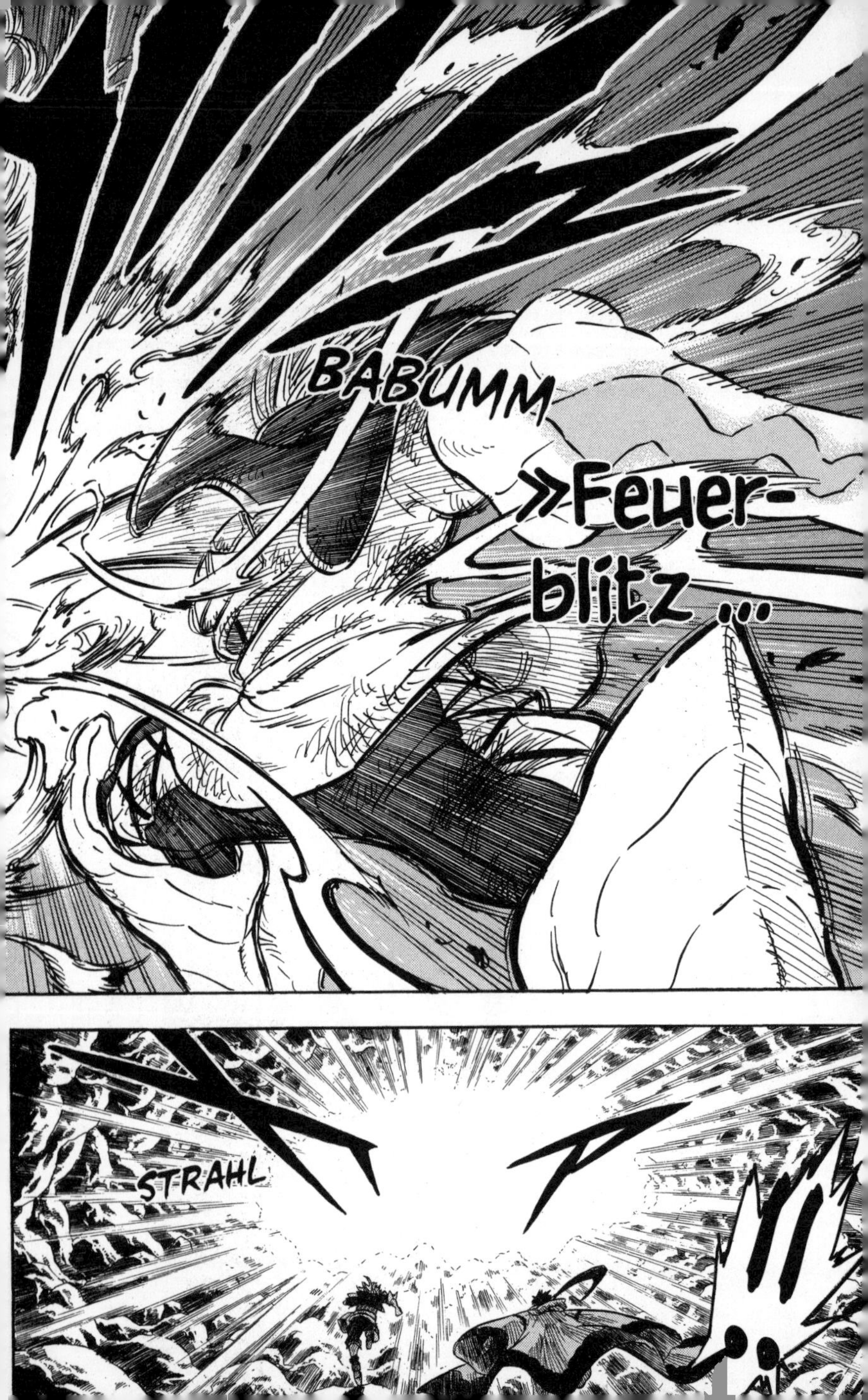
BABUMM
»Feuer-
blitz ...
STRAHL

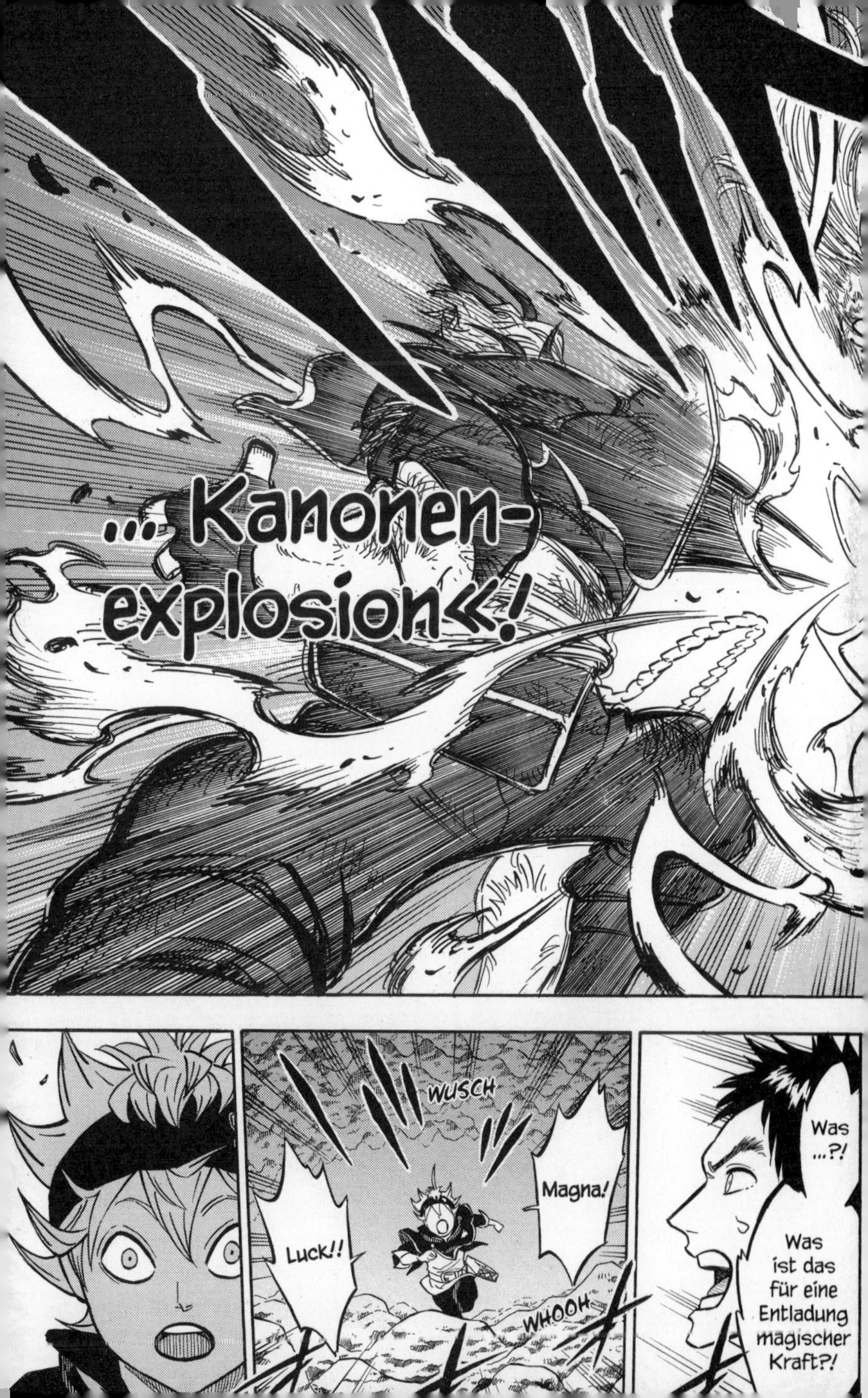
...Kanonen-explosion«!
Was ...?!
Was ist das für eine Entladung magischer Kraft?!
WUSCH
Magna!
Luck!!
WHOOH

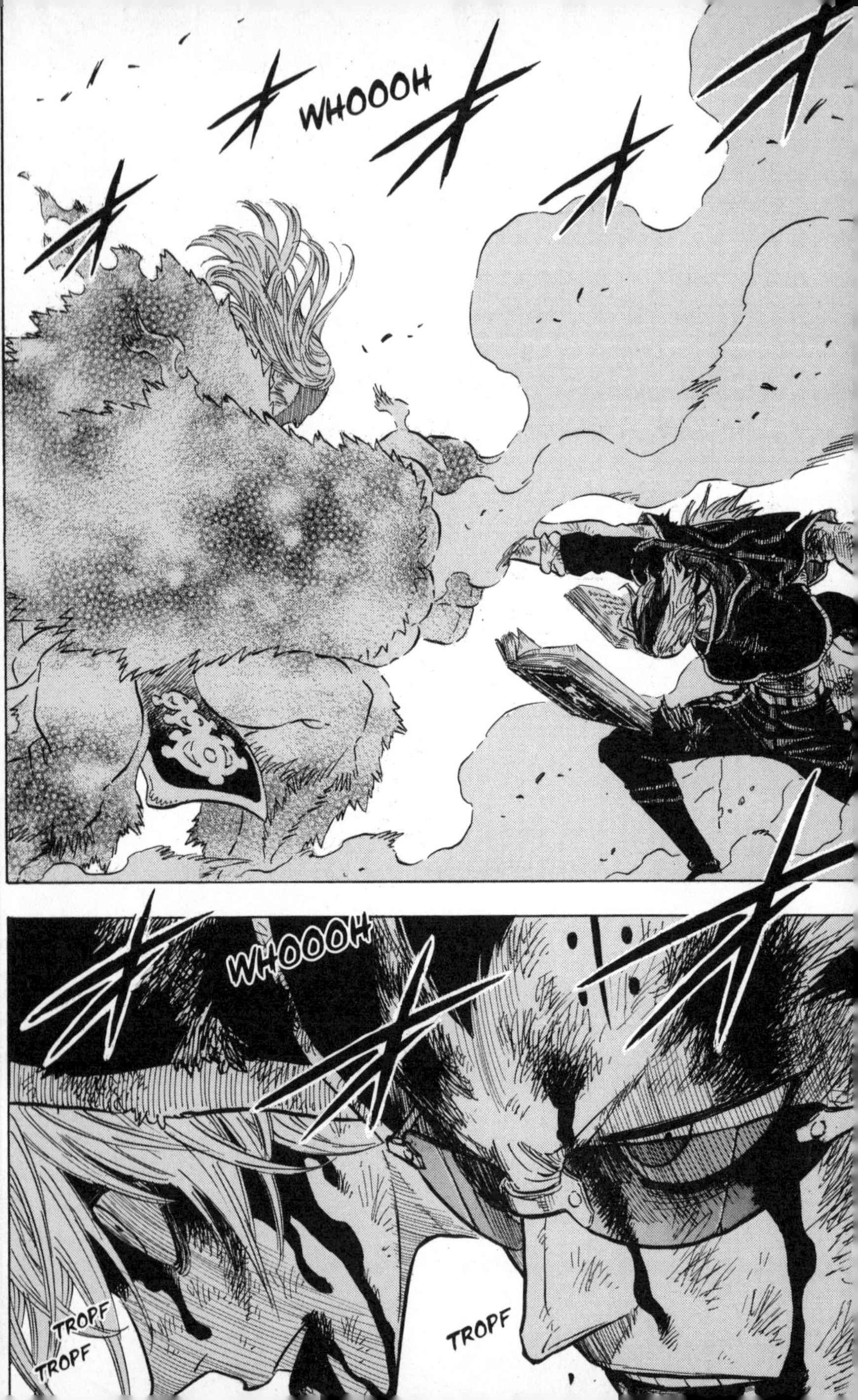
WHOOOH
WHOOOH
TROPF
TROPF
TROPF

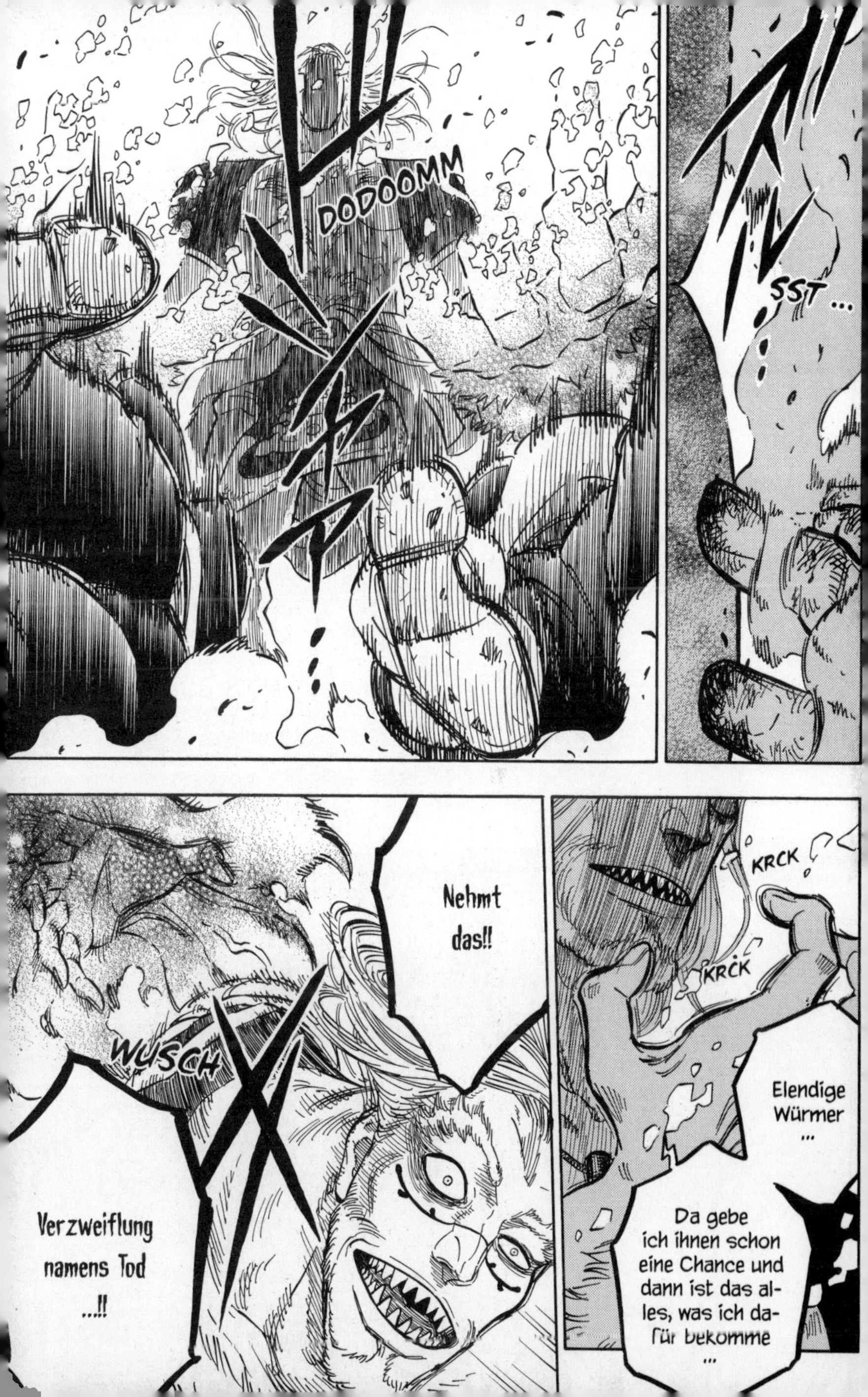
SST ...
DODOOMM
KRCK
KRCK
Elendige Würmer ...
Da gebe ich ihnen schon eine Chance und dann ist das alles, was ich dafür bekomme ...
Nehmt das!!
WUSCH
Verzweiflung namens Tod ...!!

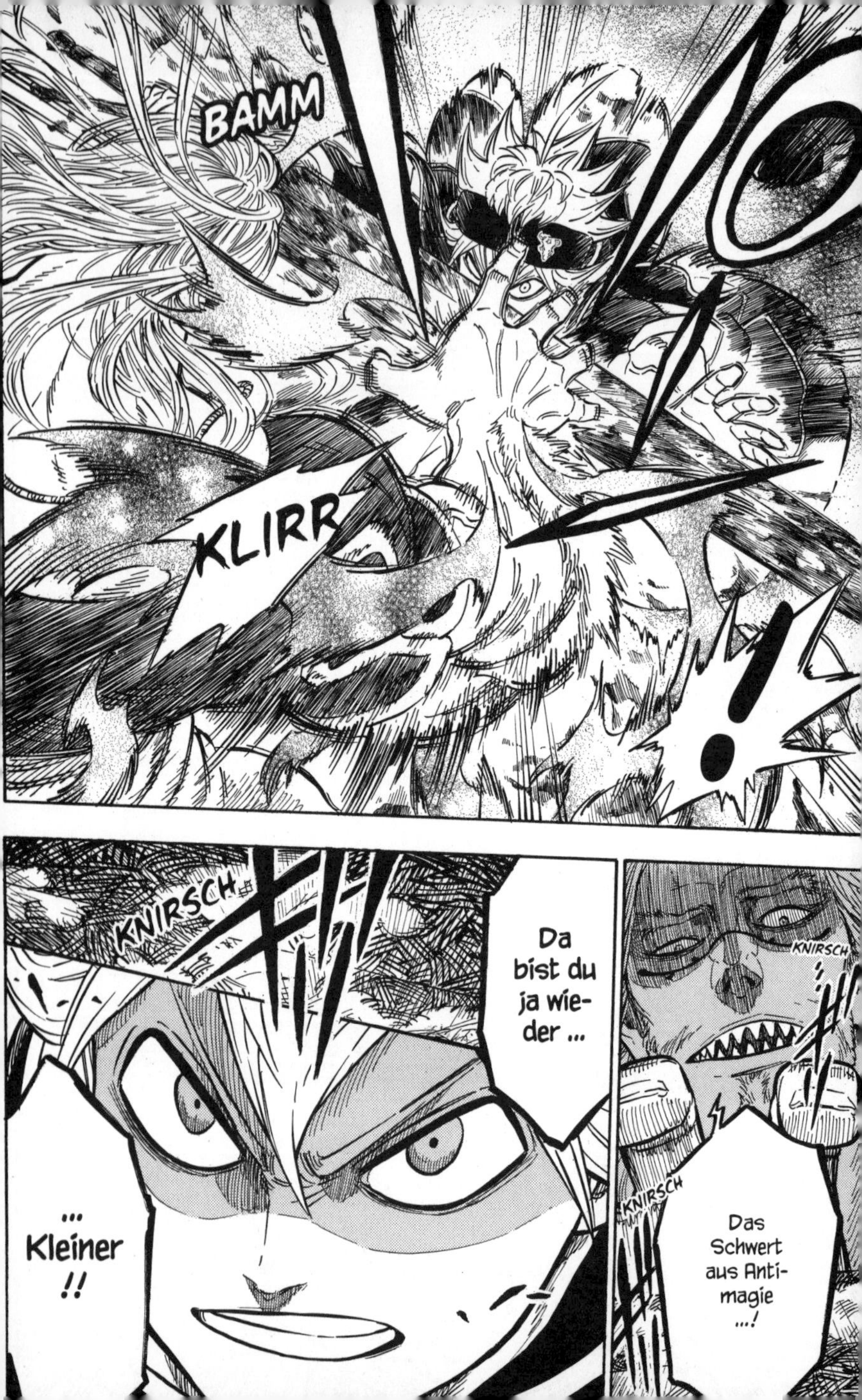
BAMM
KLIRR
KNIRSCH
Da bist du ja wie-der ...
KNIRSCH
KNIRSCH
Das Schwert aus Anti-magie ...!
... Kleiner !!

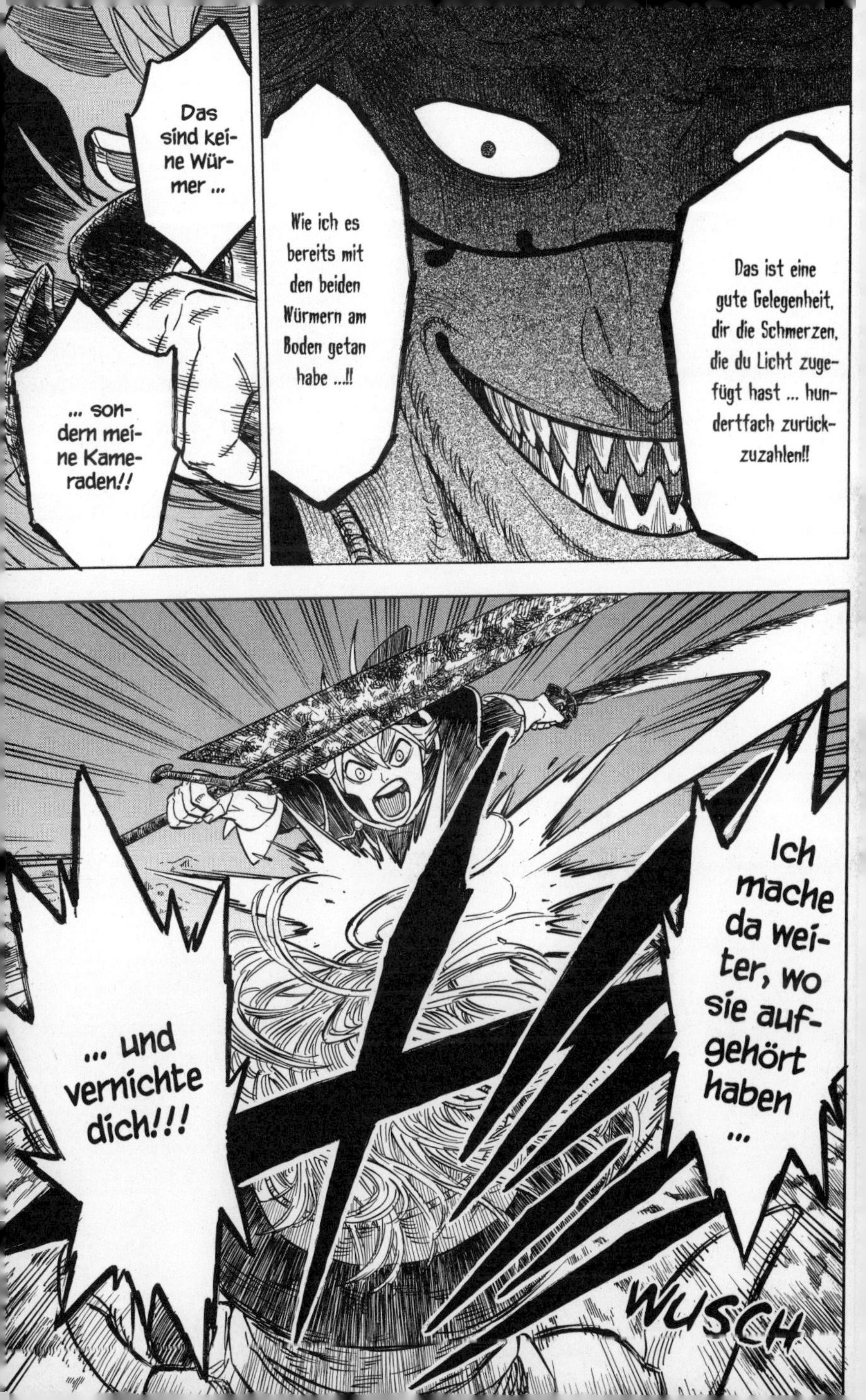
Das ist eine gute Gelegenheit, dir die Schmerzen, die du Licht zugefügt hast ... hundertfach zurückzuzahlen!!
Wie ich es bereits mit den beiden Würmern am Boden getan habe ...!!
Das sind keine Würmer ...
... sondern meine Kameraden!!
Ich mache da weiter, wo sie aufgehört haben ...
... und vernichte dich!!!
WUSCH

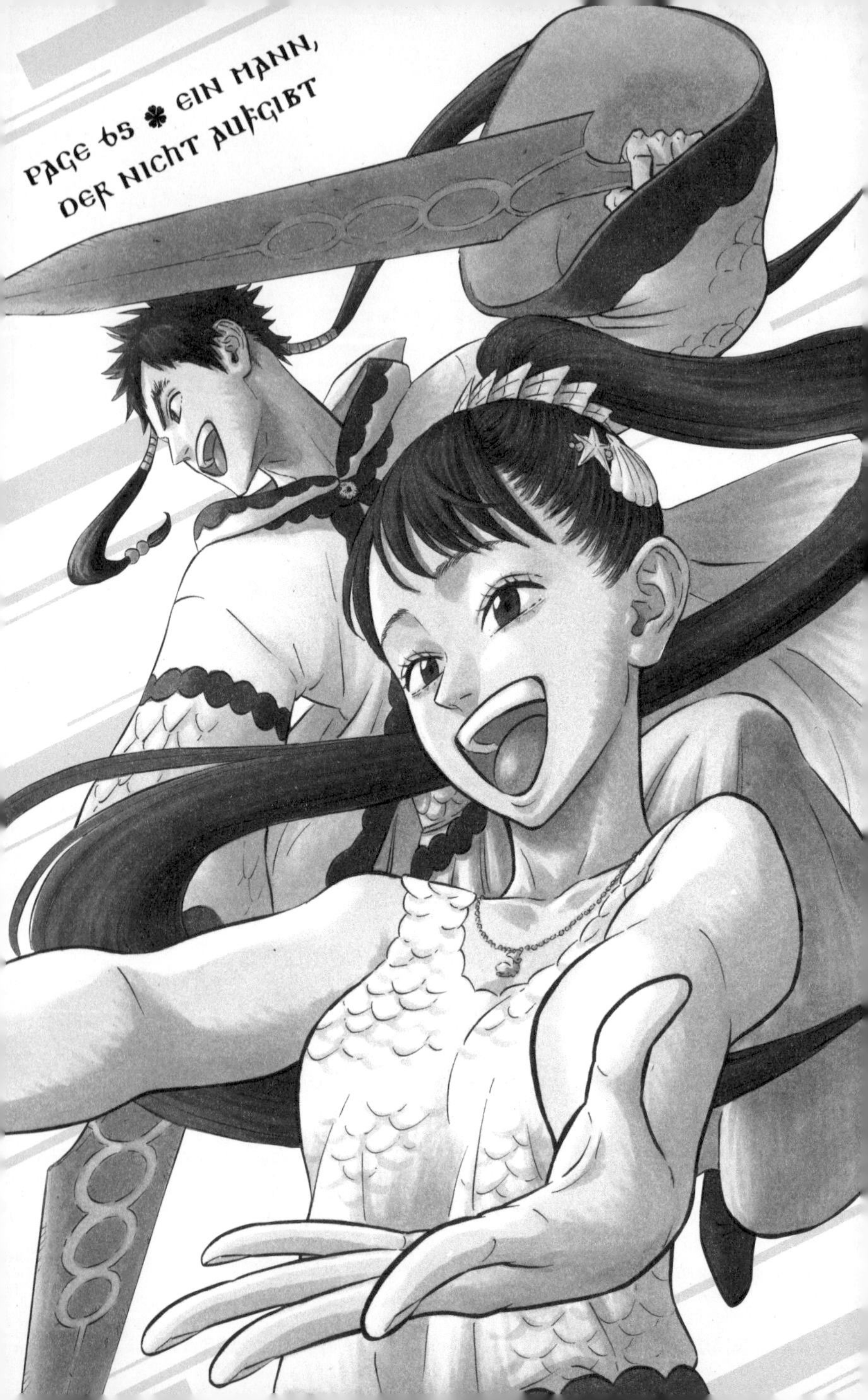
PAGE 65 ✤ EIN MANN, DER NICHT AUFGIBT

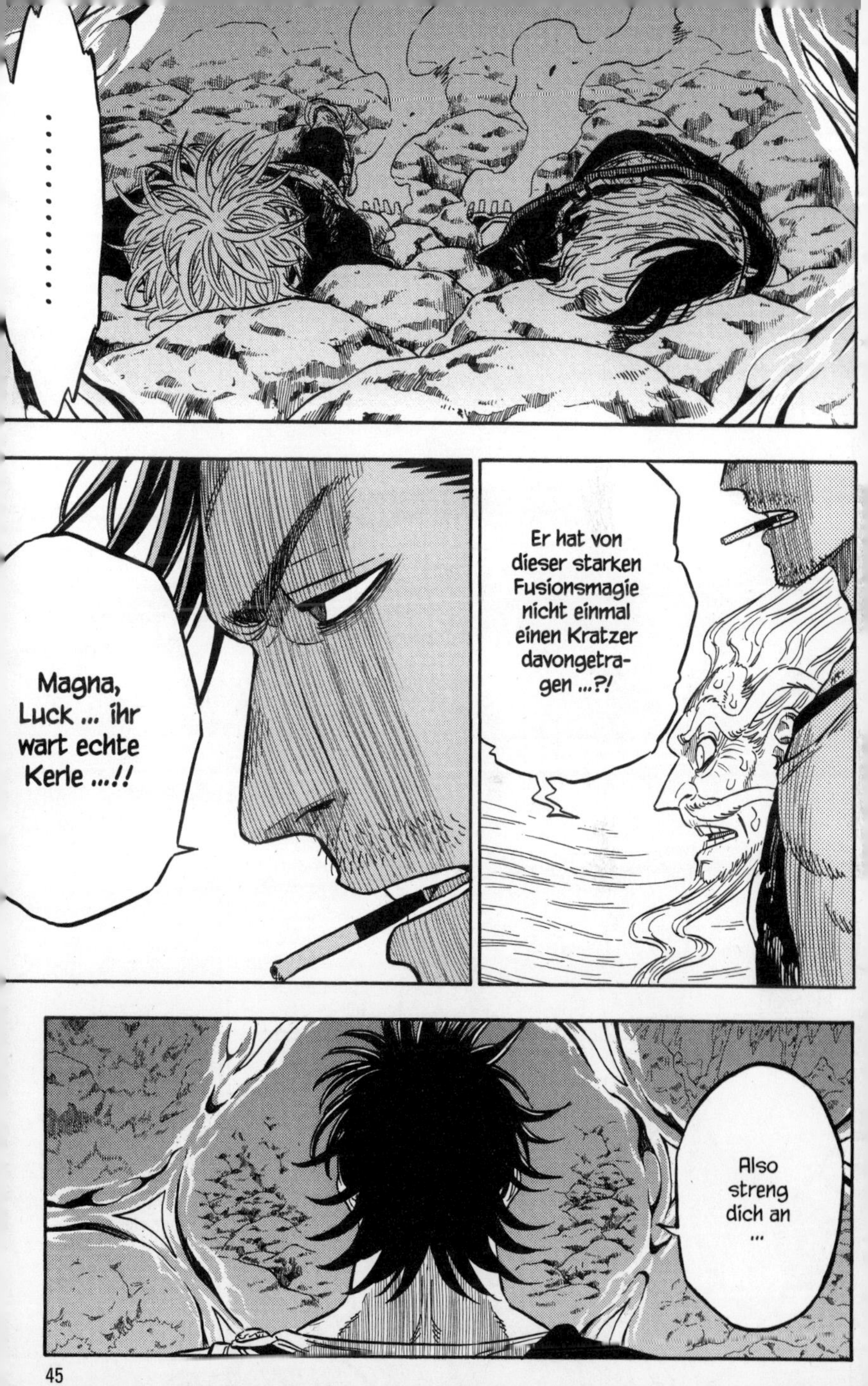
....
Er hat von dieser starken Fusionsmagie nicht einmal einen Kratzer davongetragen ...?!
Magna, Luck ... ihr wart echte Kerle ...!!
Also streng dich an ...

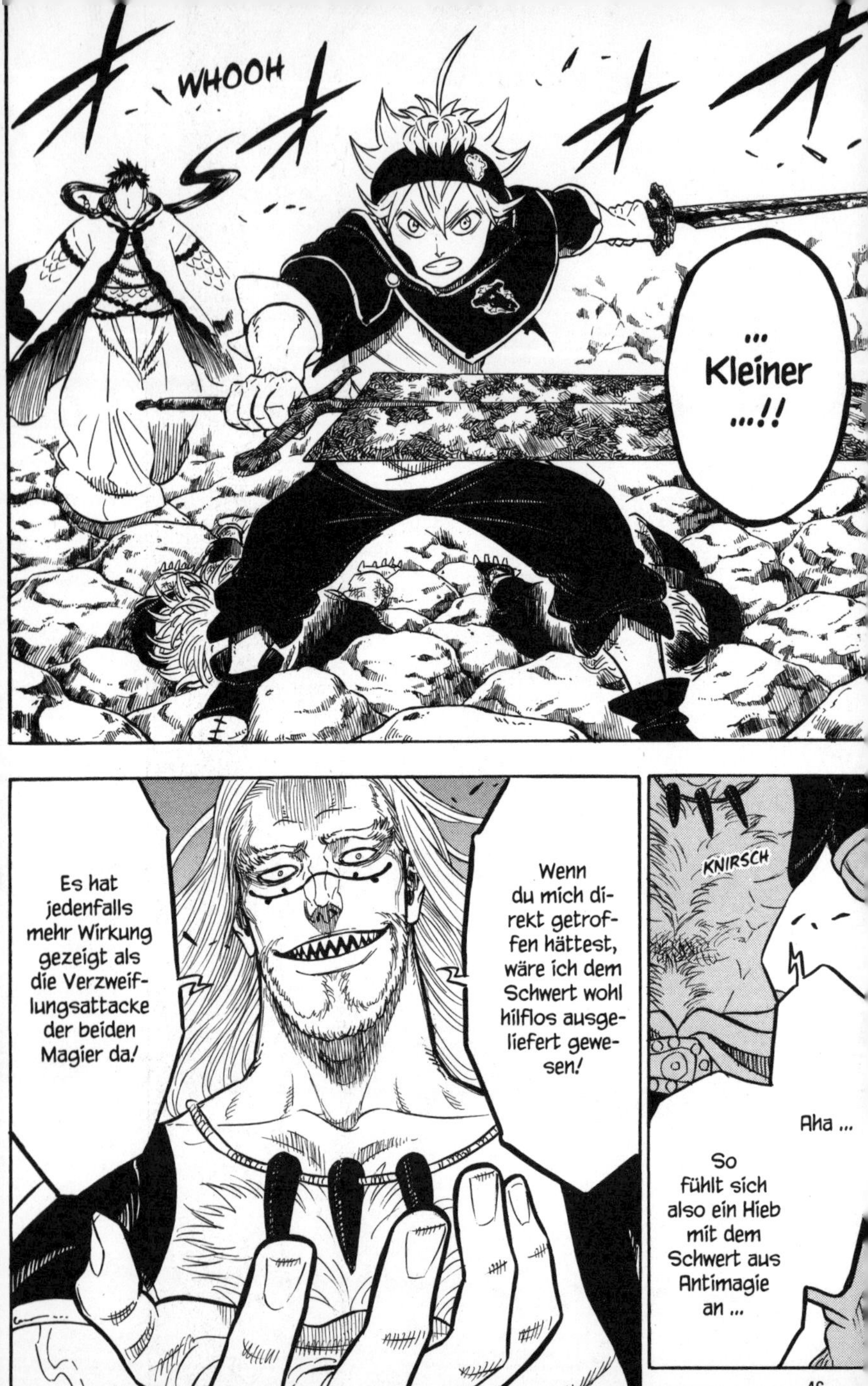
WHOOH
... Kleiner ...!!
KNIRSCH
Aha ...
So fühlt sich also ein Hieb mit dem Schwert aus Antimagie an ...
Wenn du mich direkt getroffen hättest, wäre ich dem Schwert wohl hilflos ausgeliefert gewesen!
Es hat jedenfalls mehr Wirkung gezeigt als die Verzweiflungsattacke der beiden Magier da!

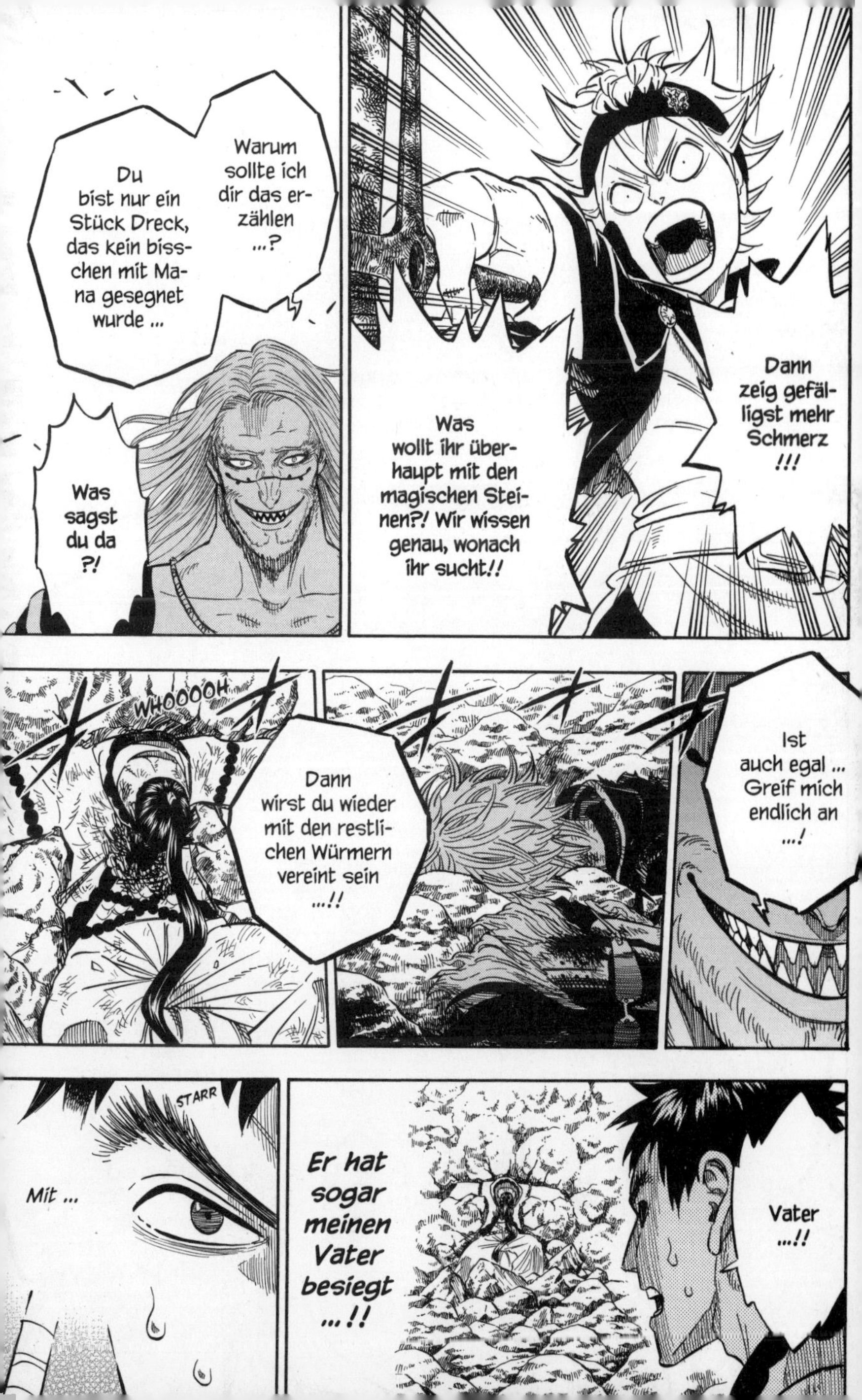
Dann zeig gefälligst mehr Schmerz !!!
Was wollt ihr überhaupt mit den magischen Steinen?! Wir wissen genau, wonach ihr sucht!!
Warum sollte ich dir das erzählen ...?
Du bist nur ein Stück Dreck, das kein bisschen mit Mana gesegnet wurde ...
Was sagst du da ?!
Ist auch egal ... Greif mich endlich an ...!
Dann wirst du wieder mit den restlichen Würmern vereint sein ...!!
WHOOOOH
Vater ...!!
Er hat sogar meinen Vater besiegt ...!!
STARR
Mit ...

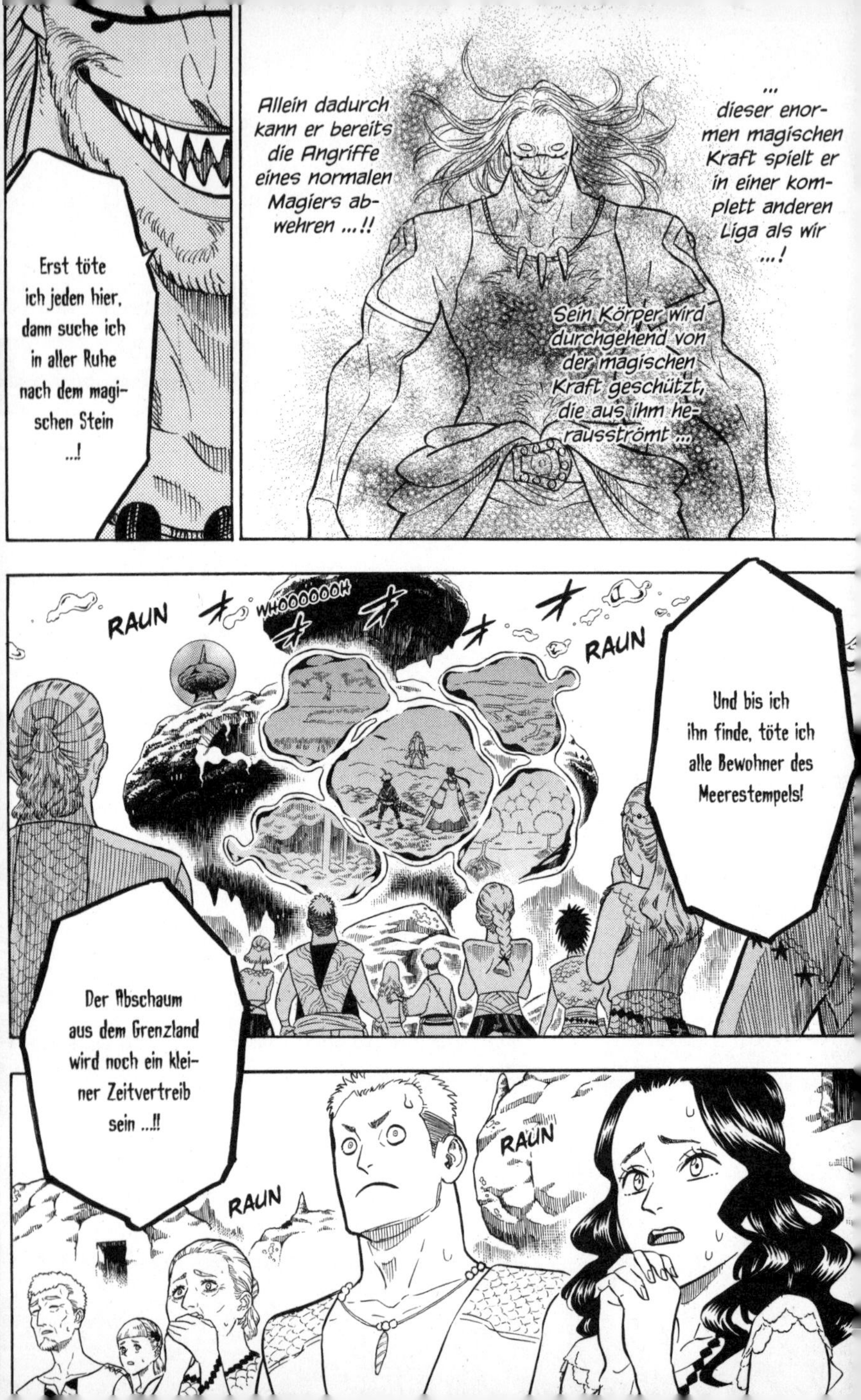
... dieser enormen magischen Kraft spielt er in einer komplett anderen Liga als wir ...!
Sein Körper wird durchgehend von der magischen Kraft geschützt, die aus ihm herausströmt ...
Allein dadurch kann er bereits die Angriffe eines normalen Magiers abwehren ...!!
Erst töte ich jeden hier, dann suche ich in aller Ruhe nach dem magischen Stein ...!
RAUN
WHOOOOOOOH
RAUN
Und bis ich ihn finde, töte ich alle Bewohner des Meerestempels!
Der Abschaum aus dem Grenzland wird noch ein kleiner Zeitvertreib sein ...!!
RAUN
RAUN

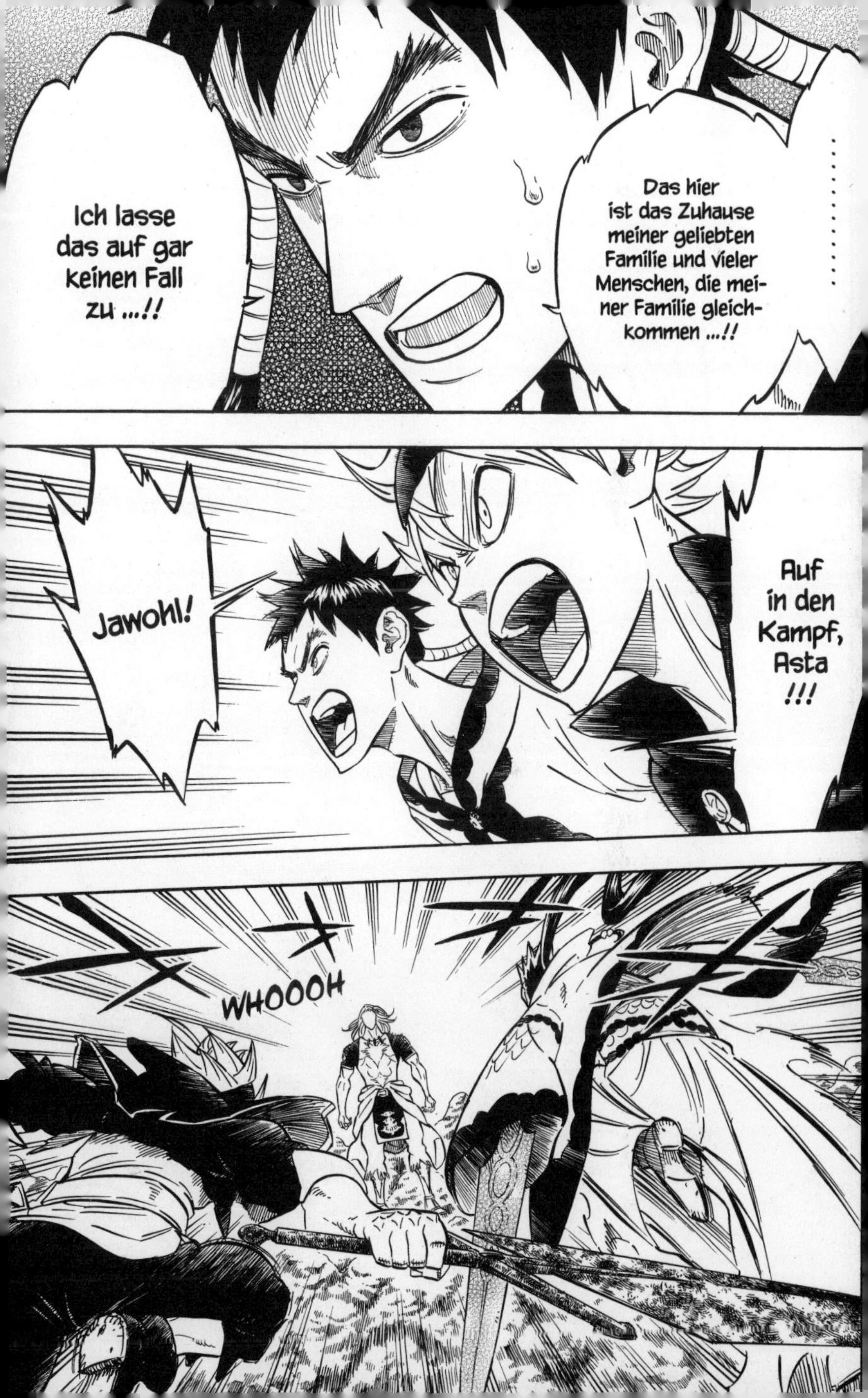

Das hier ist das Zuhause meiner geliebten Familie und vieler Menschen, die meiner Familie gleichkommen ...!!
Ich lasse das auf gar keinen Fall zu ...!!
Auf in den Kampf, Asta !!!
Jawohl!
WHOOOH

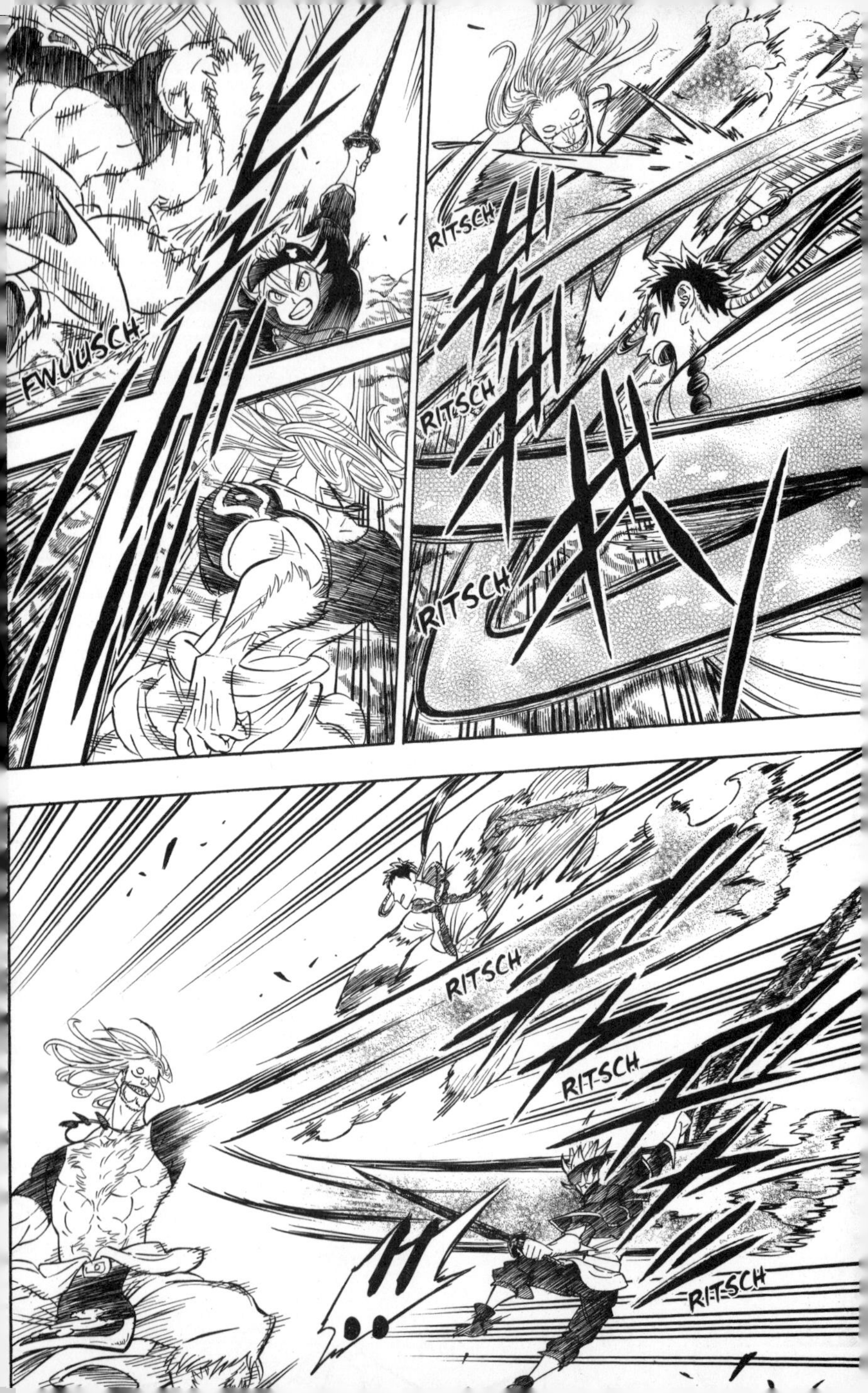
RITSCH
RITSCH
RITSCH
FWUUSCH
RITSCH
RITSCH
RITSCH

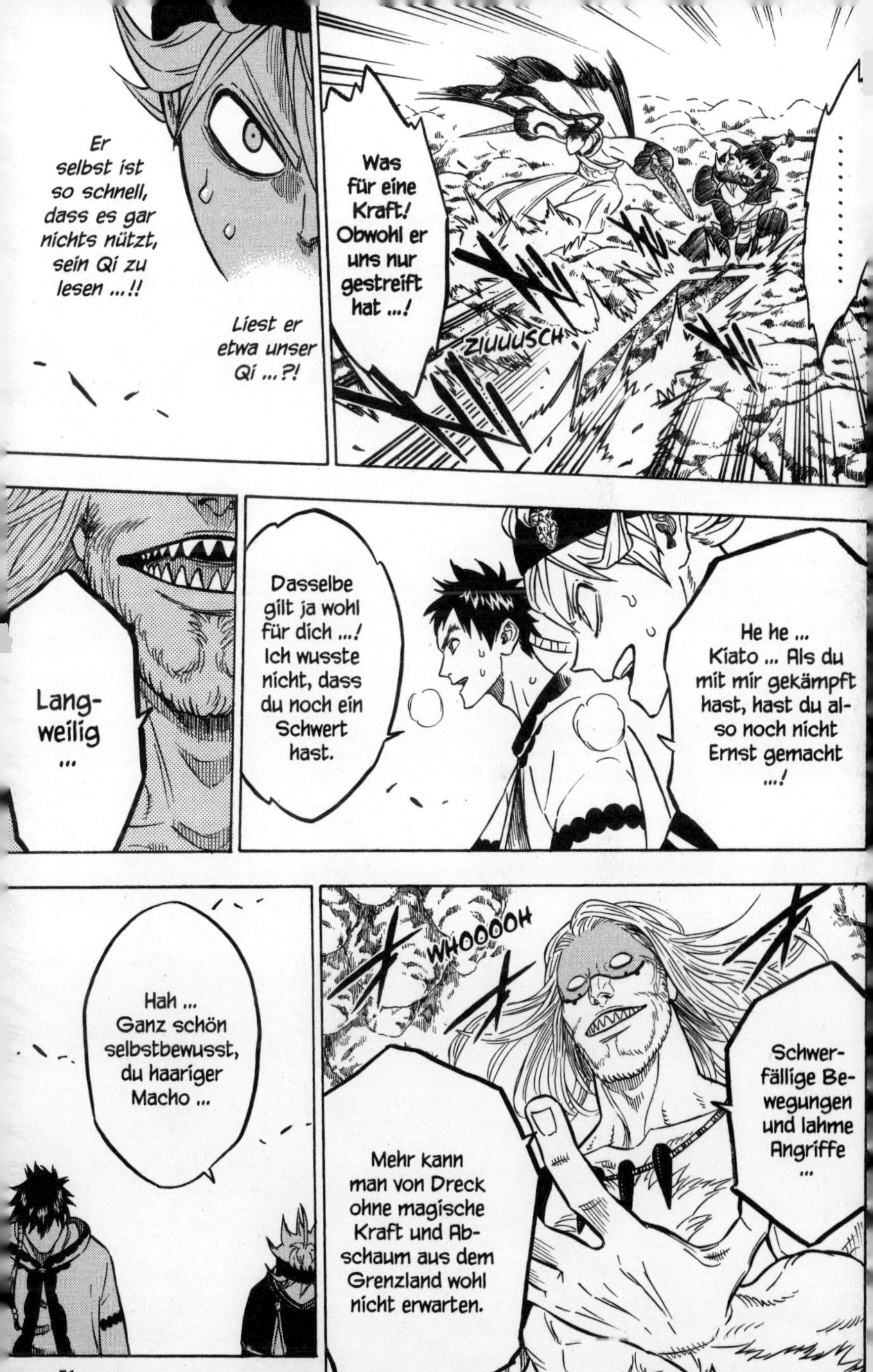

Was für eine Kraft! Obwohl er uns nur gestreift hat ...!
ZIUUUSCH
Liest er etwa unser Qi ...?!
Er selbst ist so schnell, dass es gar nichts nützt, sein Qi zu lesen ...!!
He he ... Kiato ... Als du mit mir gekämpft hast, hast du also noch nicht Ernst gemacht ...!
Dasselbe gilt ja wohl für dich ...! Ich wusste nicht, dass du noch ein Schwert hast.
Langweilig ...
WHOOOOH
Schwerfällige Bewegungen und lahme Angriffe ...
Mehr kann man von Dreck ohne magische Kraft und Abschaum aus dem Grenzland wohl nicht erwarten.
Hah ... Ganz schön selbstbewusst, du haariger Macho ...

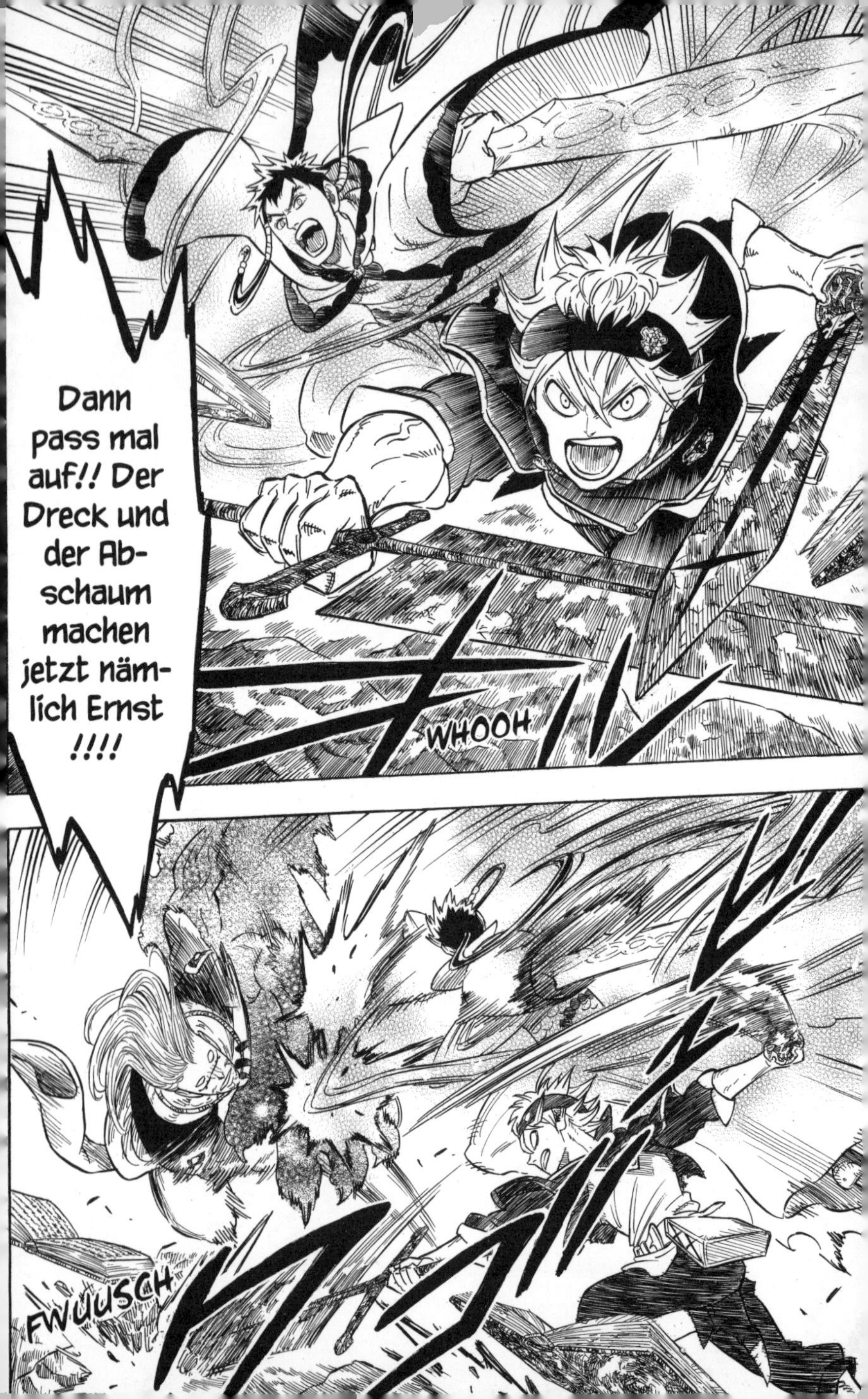
Dann pass mal auf!! Der Dreck und der Abschaum machen jetzt nämlich Ernst !!!!
WHOOH
FWUUSCH

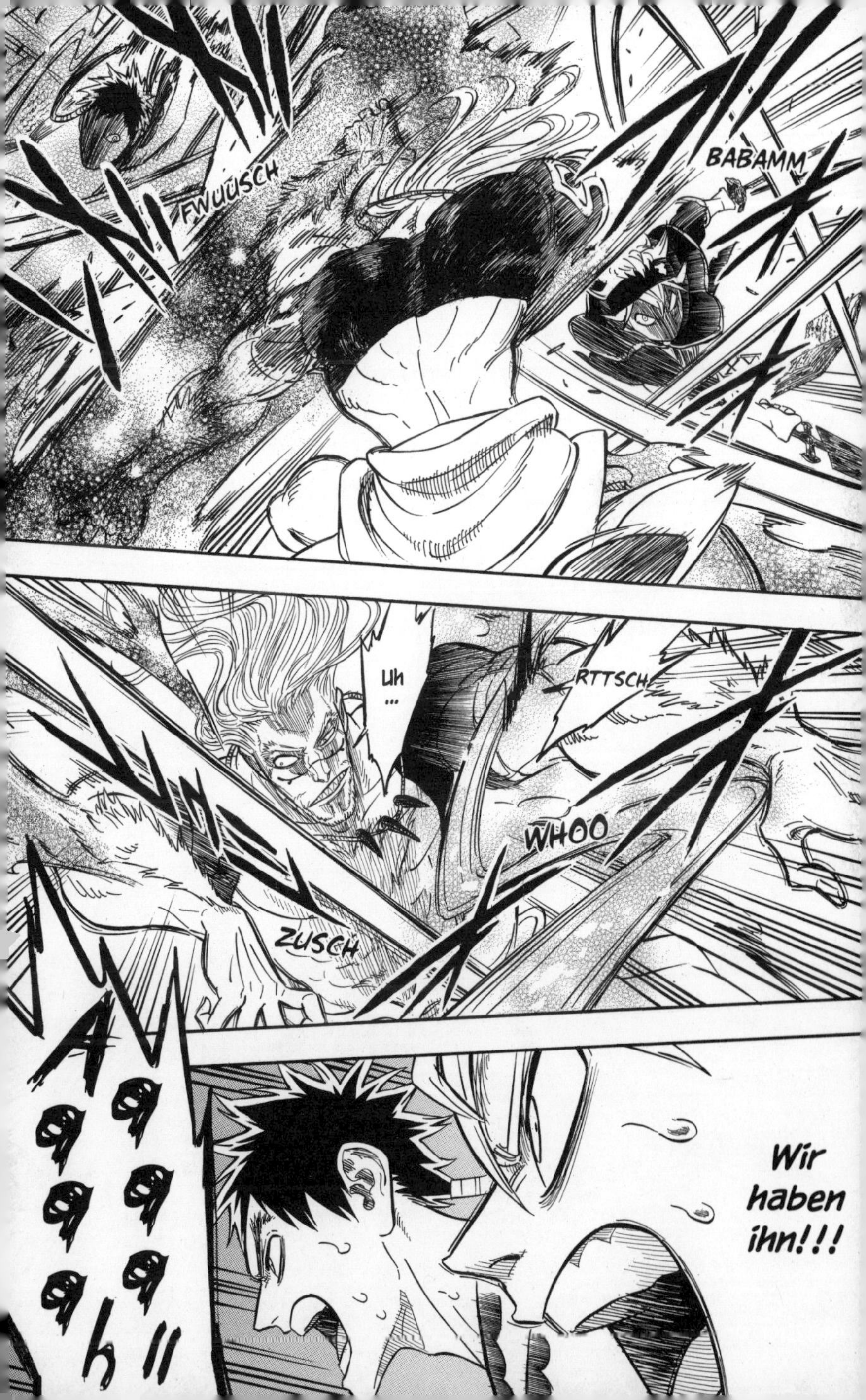
FWUUSCH
BABAMM
RTTSCH
Uh ...
WHOO
ZUSCH
Wir haben ihn!!!
Aaaaaaaaah!!

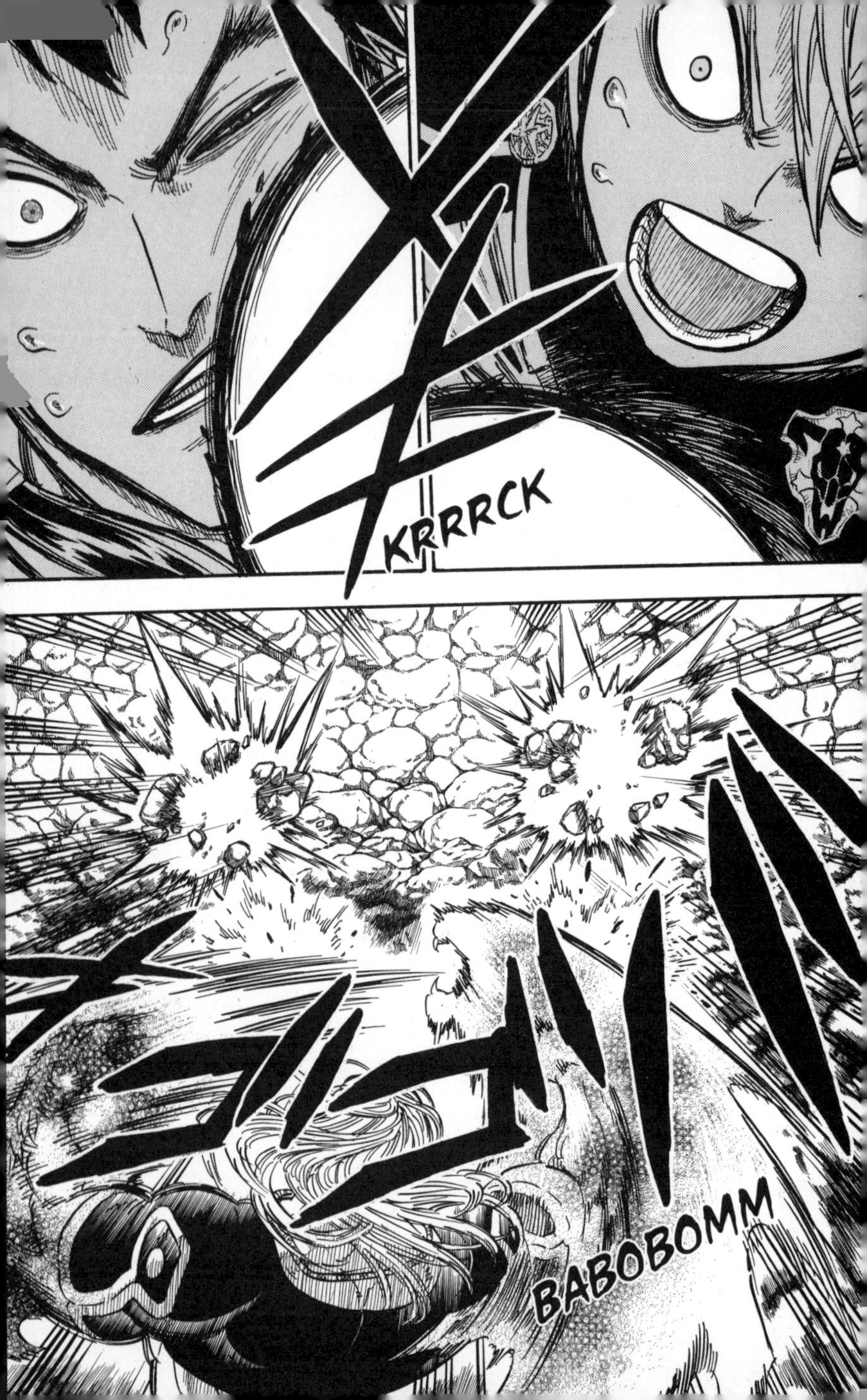
KRRRCK
BABOBOMM

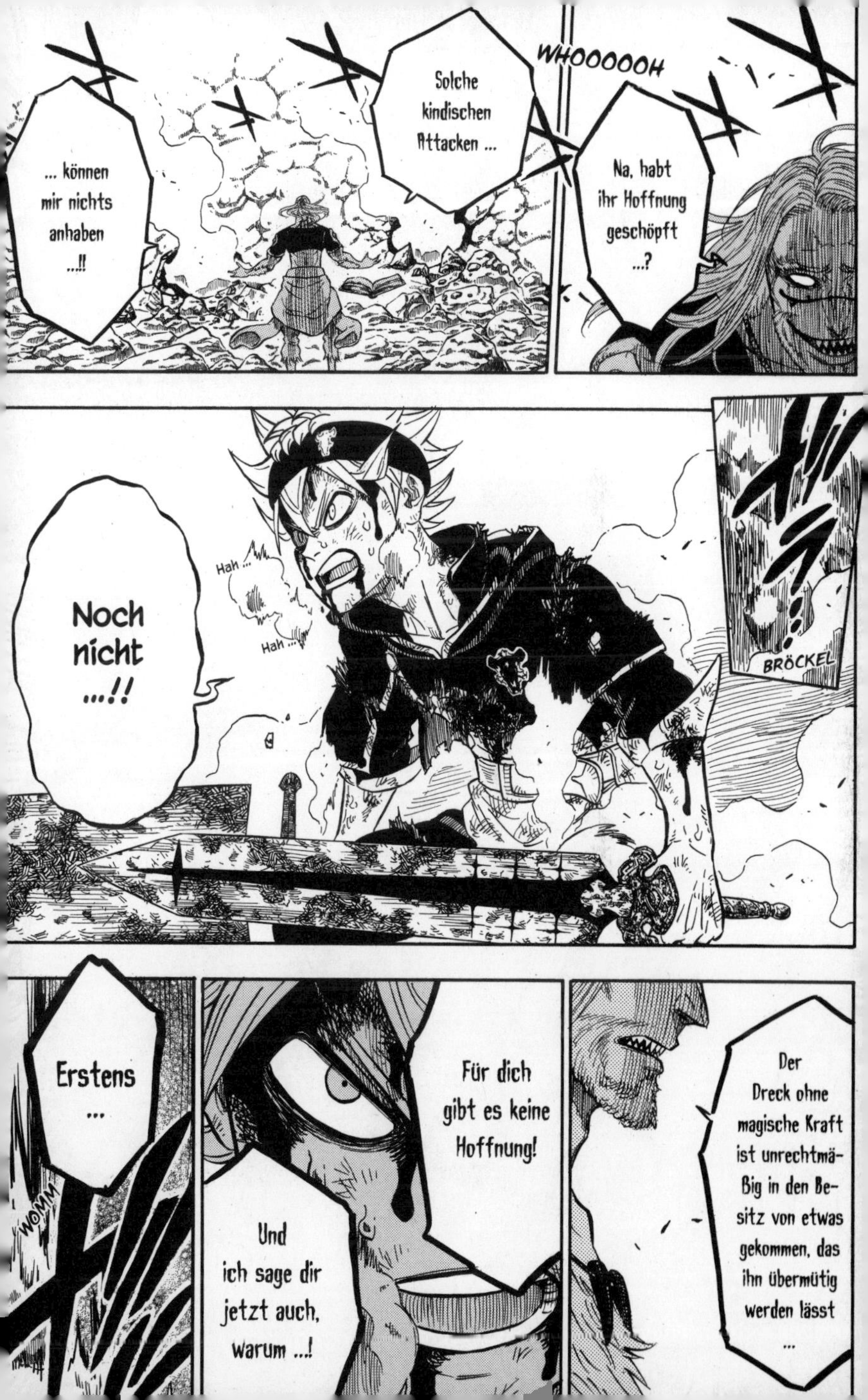
WHOOOOOH
Na, habt ihr Hoffnung geschöpft ...?
Solche kindischen Attacken ...
... können mir nichts anhaben ...!!
BRÖCKEL
Hah ...
Hah ...
Noch nicht ...!!
Der Dreck ohne magische Kraft ist unrechtmäßig in den Besitz von etwas gekommen, das ihn übermütig werden lässt ...
Für dich gibt es keine Hoffnung!
Und ich sage dir jetzt auch, warum ...!
Erstens ...
WOMM

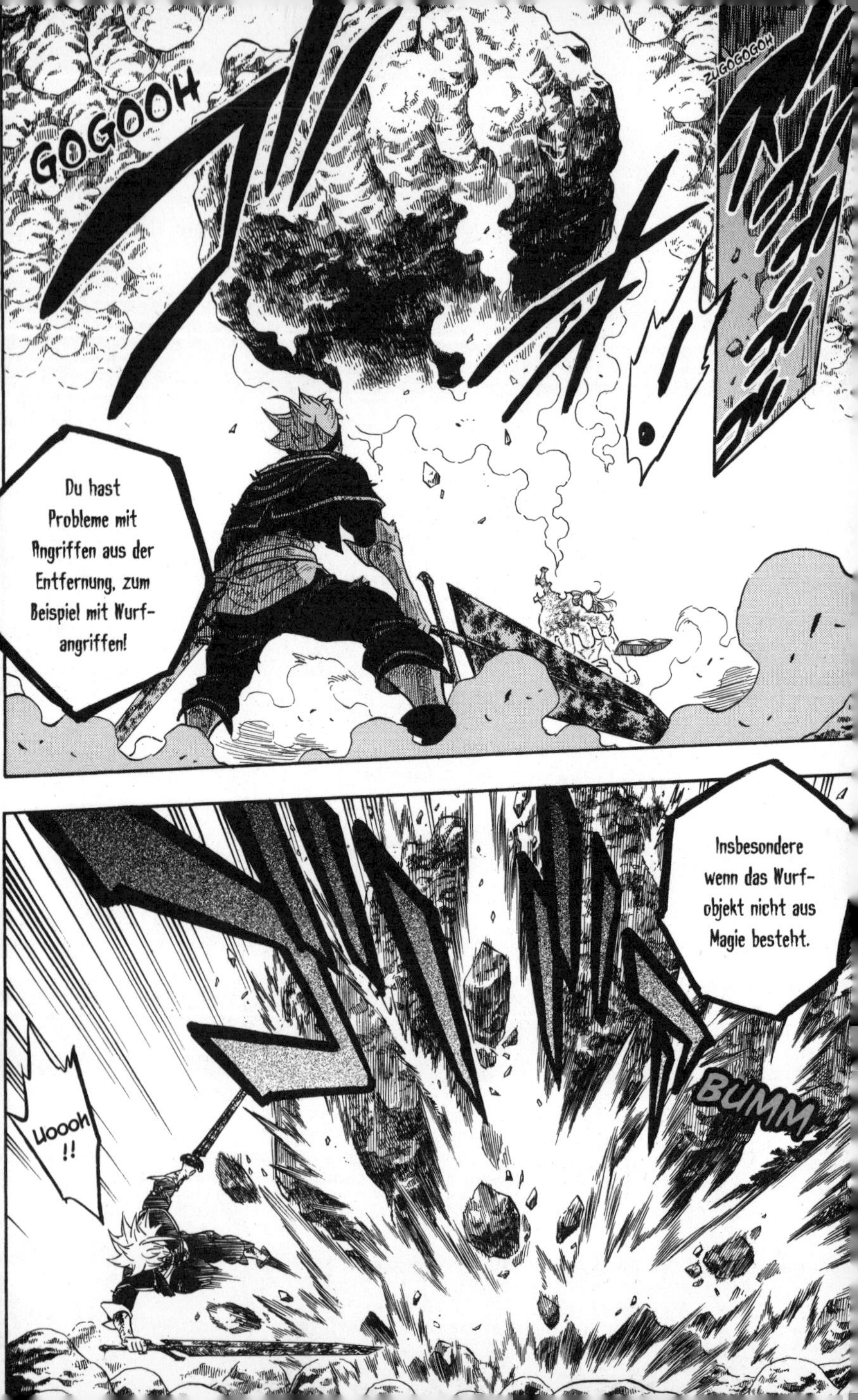
ZUGOGOGOH
GOGOOH
Du hast Probleme mit Angriffen aus der Entfernung, zum Beispiel mit Wurfangriffen!
Insbesondere wenn das Wurfobjekt nicht aus Magie besteht.
BUMM
Uoooh !!

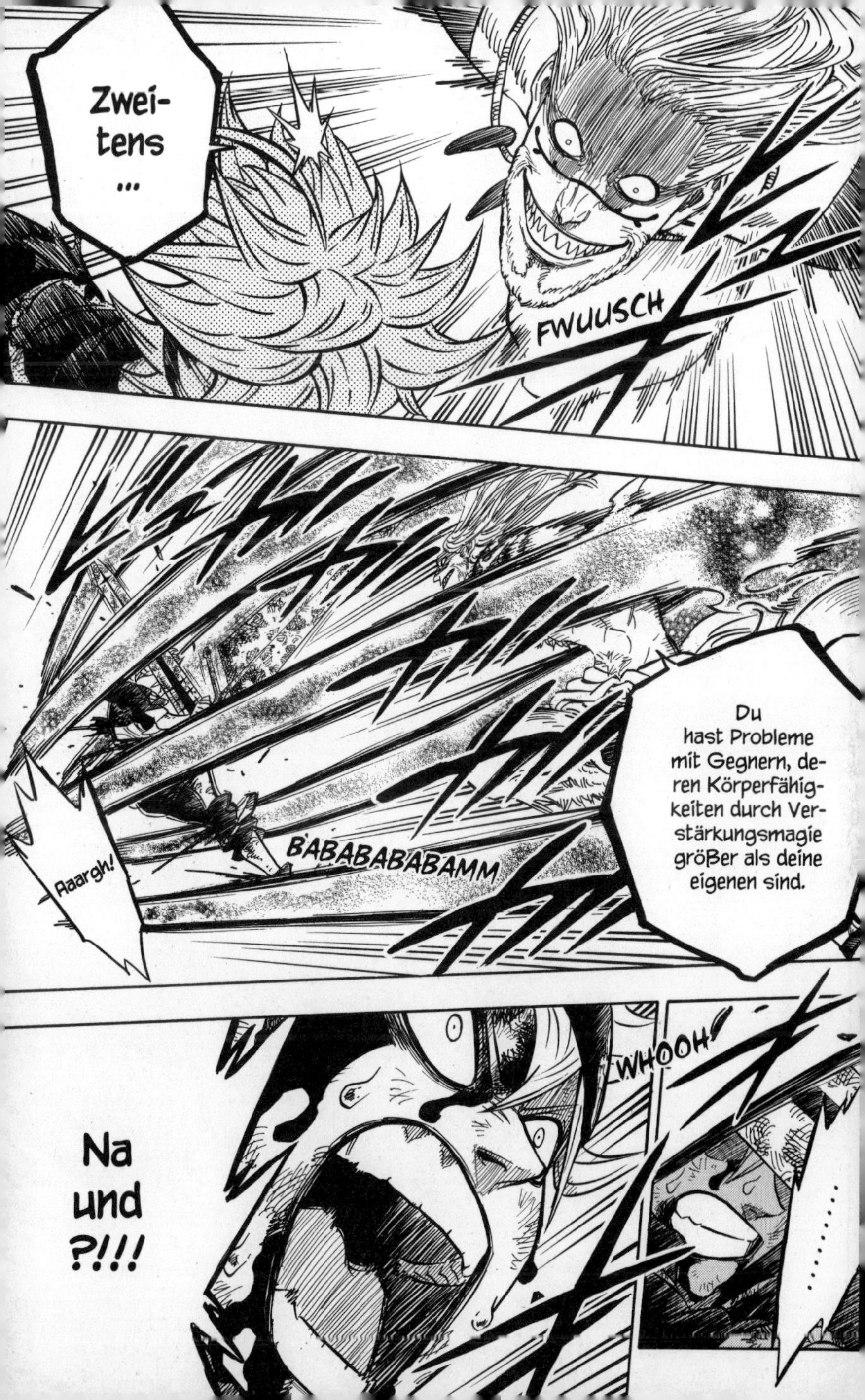
Zwei-tens ...
FWUUSCH
Du hast Probleme mit Gegnern, deren Körperfähigkeiten durch Verstärkungsmagie größer als deine eigenen sind.
BABABABABAMM
Aaargh!
WHOOH
Na und ?!!!
......

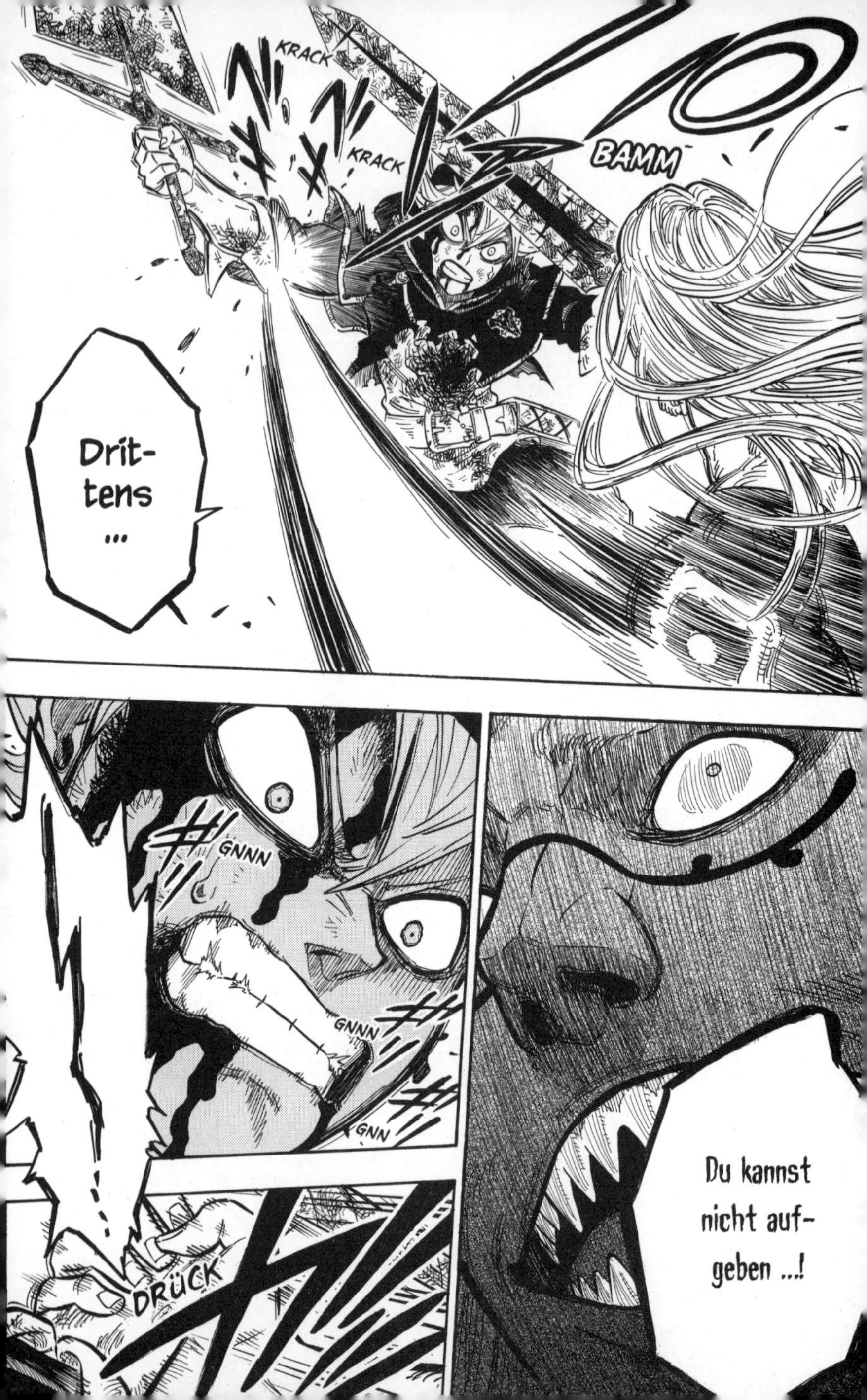

KRACK
KRACK
BAMM
Drit-
tens
...
Du kannst
nicht auf-
geben ...!
GNNN
GNNN
GNN
DRÜCK

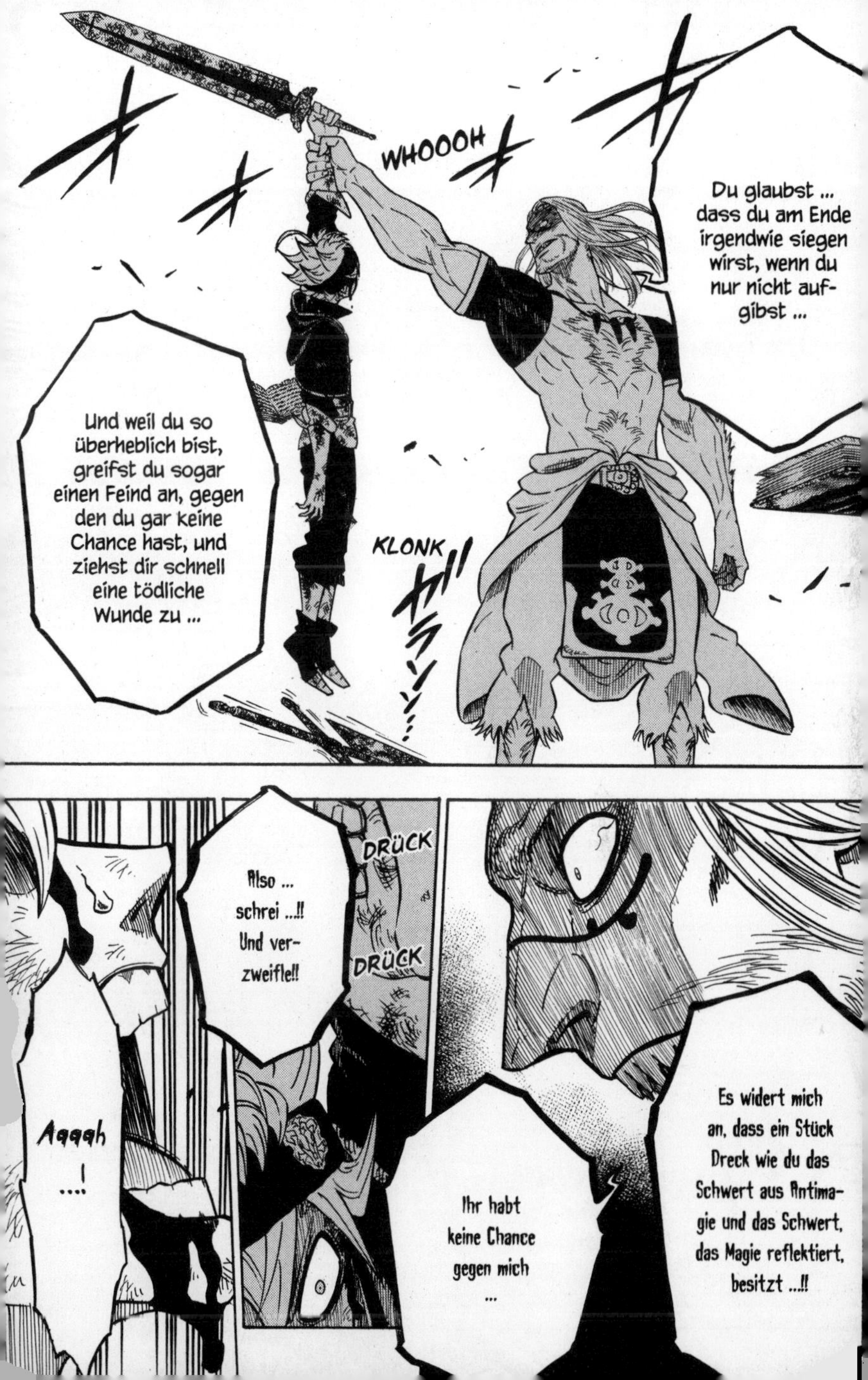
WHOOOH
Du glaubst ... dass du am Ende irgendwie siegen wirst, wenn du nur nicht aufgibst ...
Und weil du so überheblich bist, greifst du sogar einen Feind an, gegen den du gar keine Chance hast, und ziehst dir schnell eine tödliche Wunde zu ...
KLONK
Es widert mich an, dass ein Stück Dreck wie du das Schwert aus Antimagie und das Schwert, das Magie reflektiert, besitzt ...!!
Ihr habt keine Chance gegen mich ...
DRÜCK
DRÜCK
Also ... schrei ...!! Und verzweifle!!
Aaaah ...!

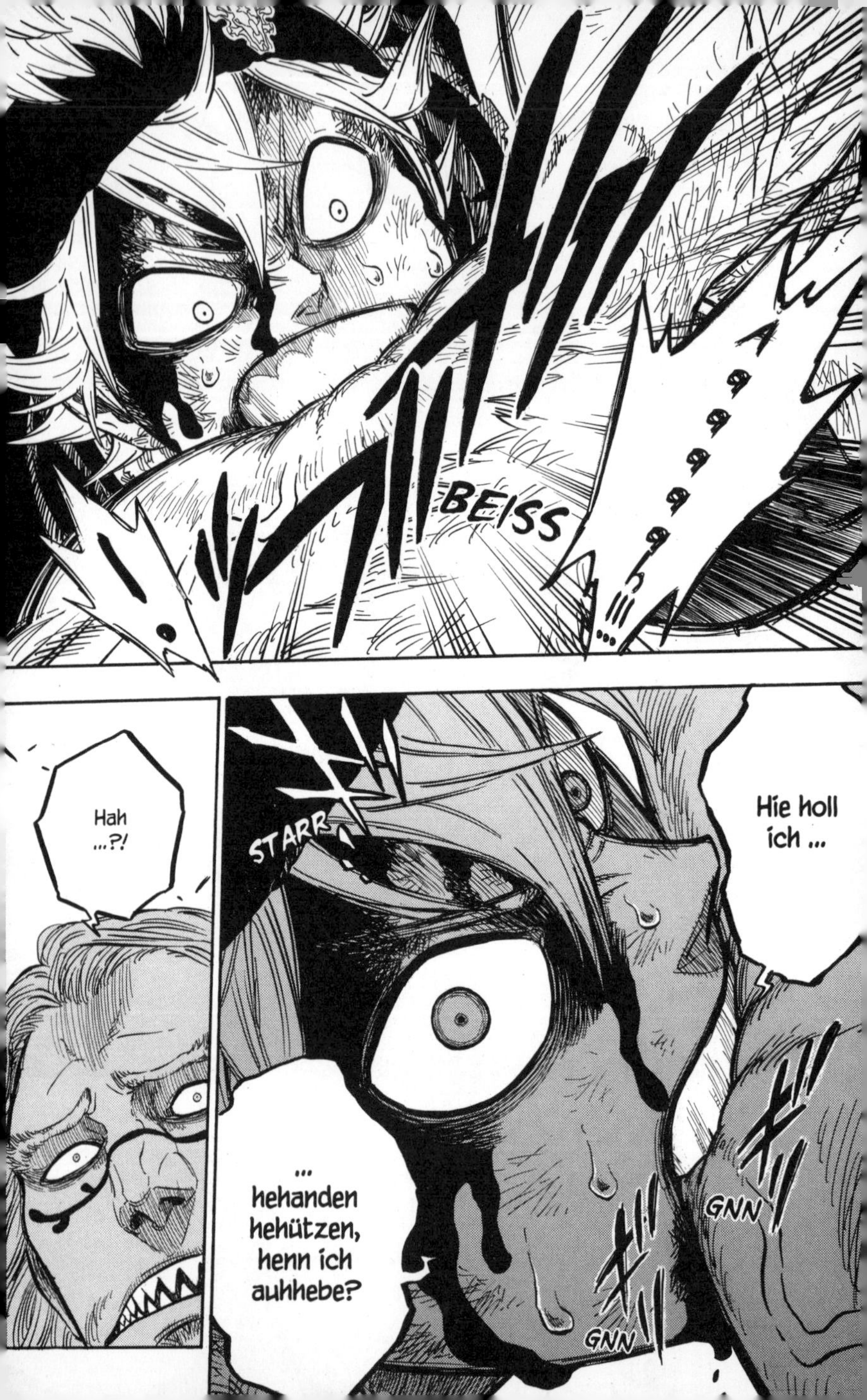
BEISS
Aaaaaah!!!...
Hah ...?!
STARR
Hie holl ich ...
... hehanden hehützen, henn ich auhhebe?
GNN
GNN

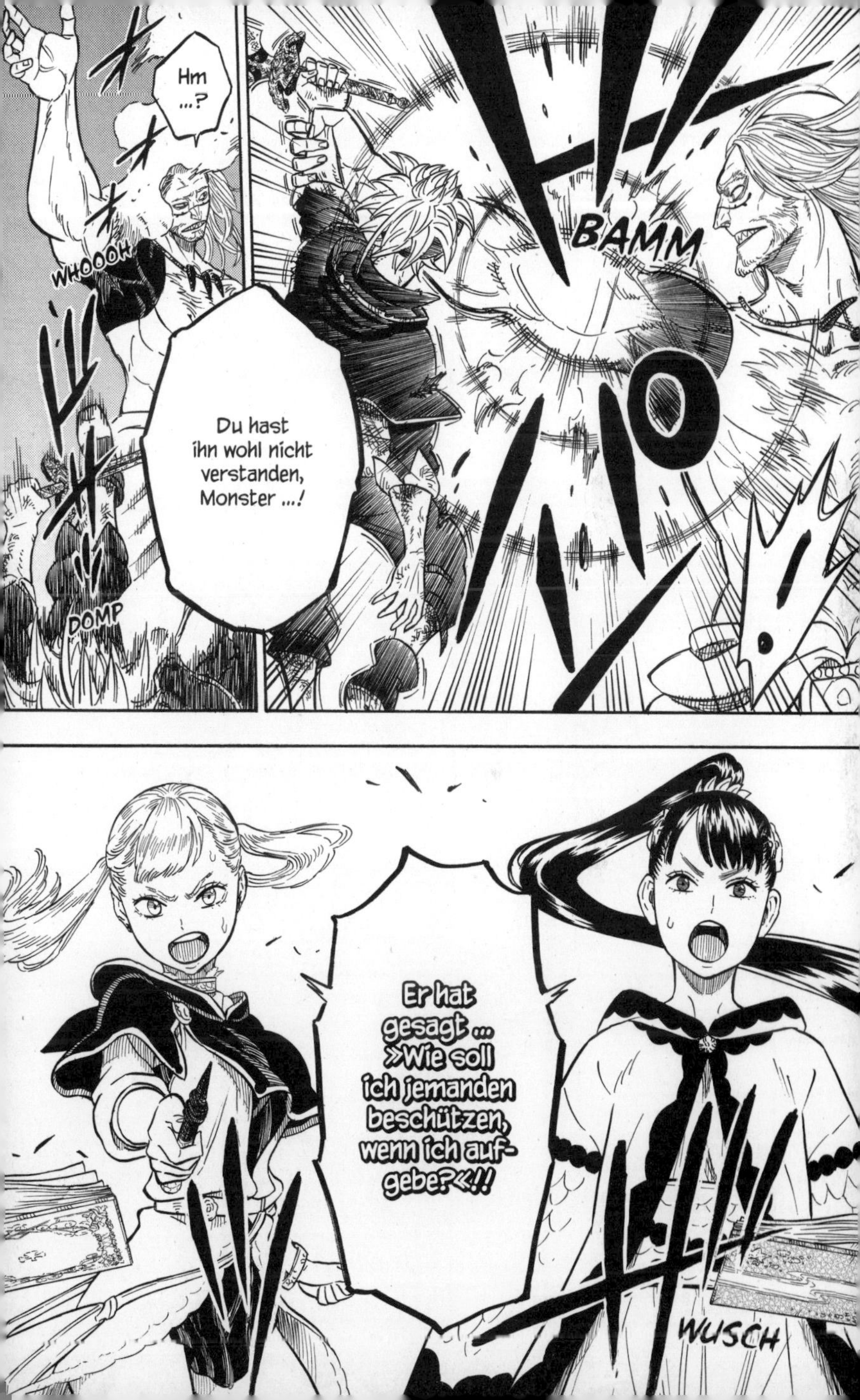
Hm ...?
WHOOOH
DOMP
Du hast ihn wohl nicht verstanden, Monster ...!
BAMM
Er hat gesagt ... »Wie soll ich jemanden beschützen, wenn ich auf- gebe?«!!
WUSCH

DER SCHWARZ-WEISSE BILDERORDEN NR. 1

Tabata verträgt icht viel, aber es klingt rotzdem nach roßem Spaß!

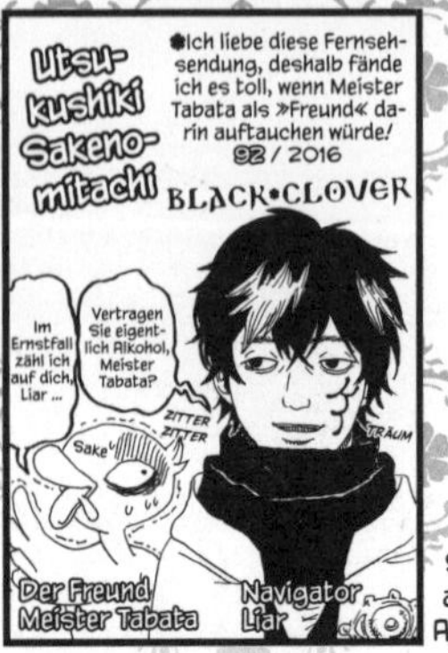

92 aus Akita

Freunde, die sich gegenseitig den Rücken frei halten ...!

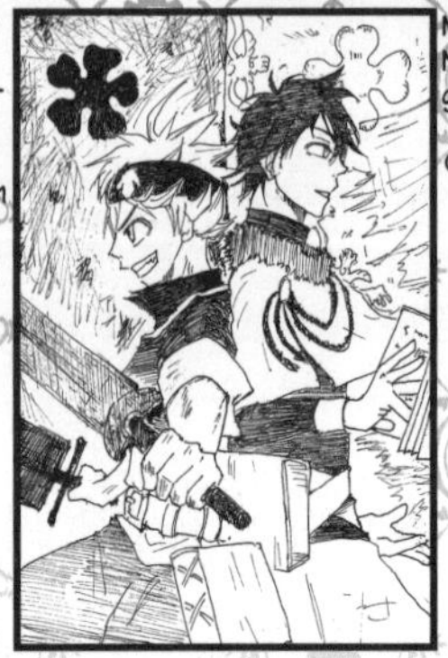

Mitari Nichigetsu aus Gunma

In diesem Bereich werden Leserzeichnungen abgedruckt! Bei so vielen tollen Zeichnungen fällt es mir jedes Mal schwer, eine Auswahl zu treffen!!!

Nozel nit dem habenen Blick!

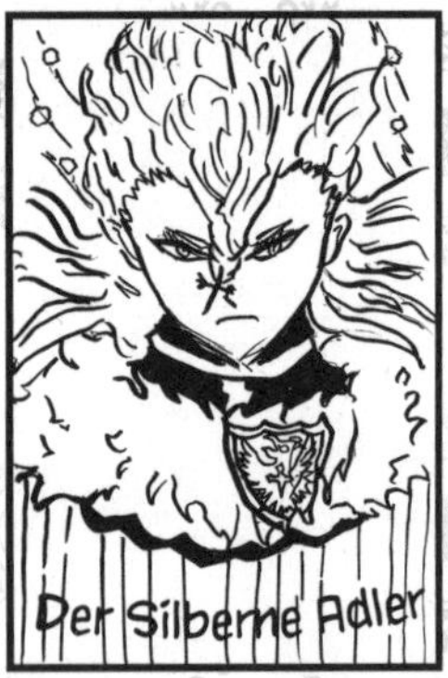

Seira Morita aus Nara

Aber er zerreißt wirklich alles, also pass besser auf!

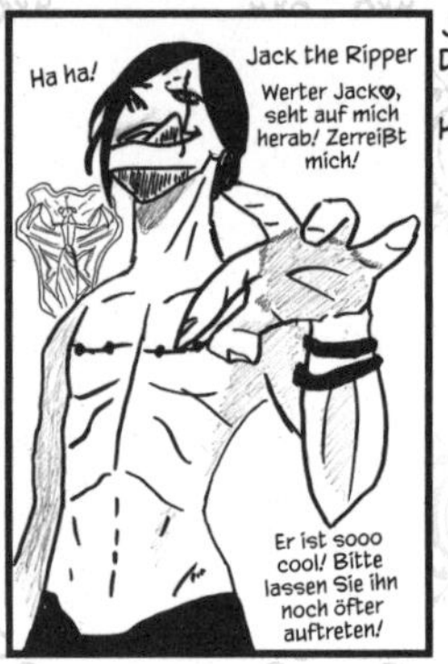

Jacks Diener aus Hyogo

Anführer Yami!!! Er macht so eine coole Pose, also komm ihm nicht in die Quere, Kleiner!

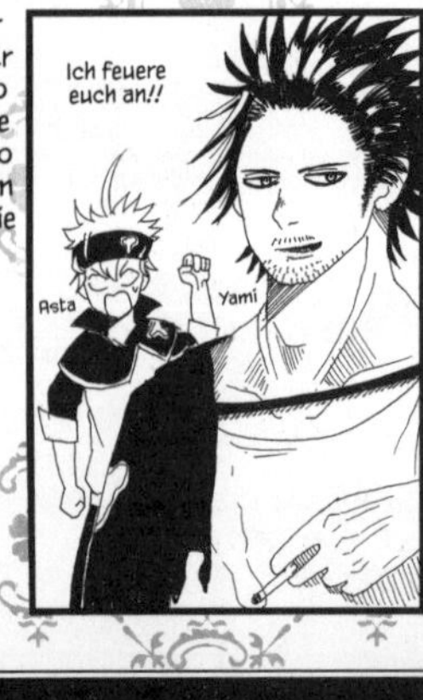

Takuan aus Nagano

Zwei mit demselben Blick!

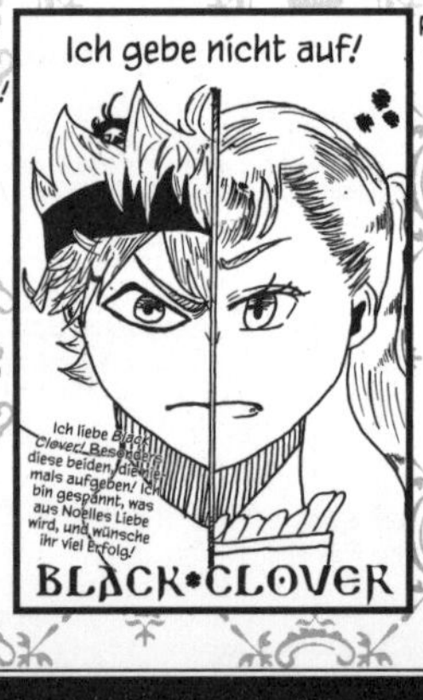

Aoi aus Tokyo

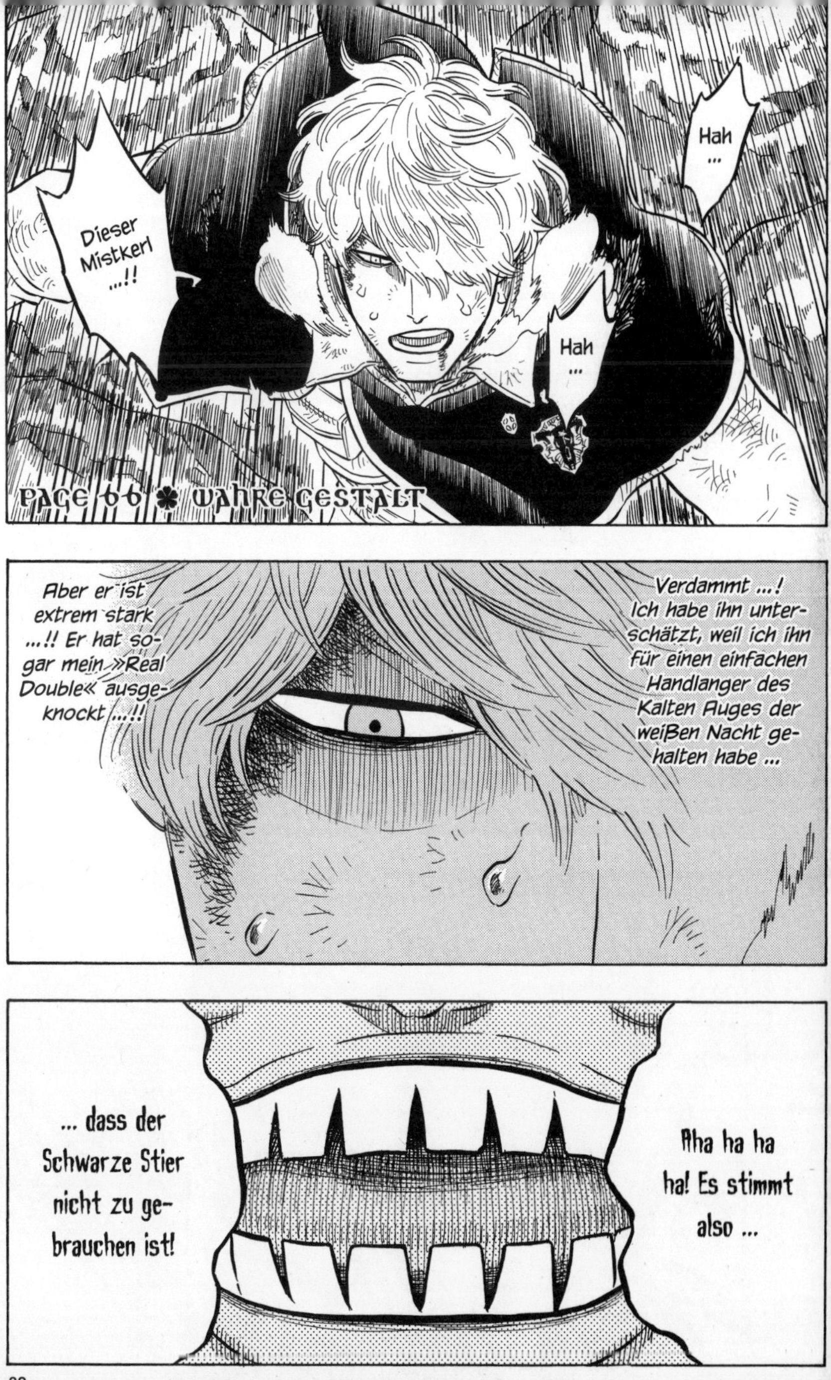
PAGE 66 ✿ WAHRE GESTALT
Hah ...
Hah ...
Dieser Mistkerl ...!!
Verdammt ...! Ich habe ihn unterschätzt, weil ich ihn für einen einfachen Handlanger des Kalten Auges der weißen Nacht gehalten habe ...
Aber er ist extrem stark ...!! Er hat sogar mein »Real Double« ausgeknockt ...!!
Aha ha ha ha! Es stimmt also ...
... dass der Schwarze Stier nicht zu gebrauchen ist!

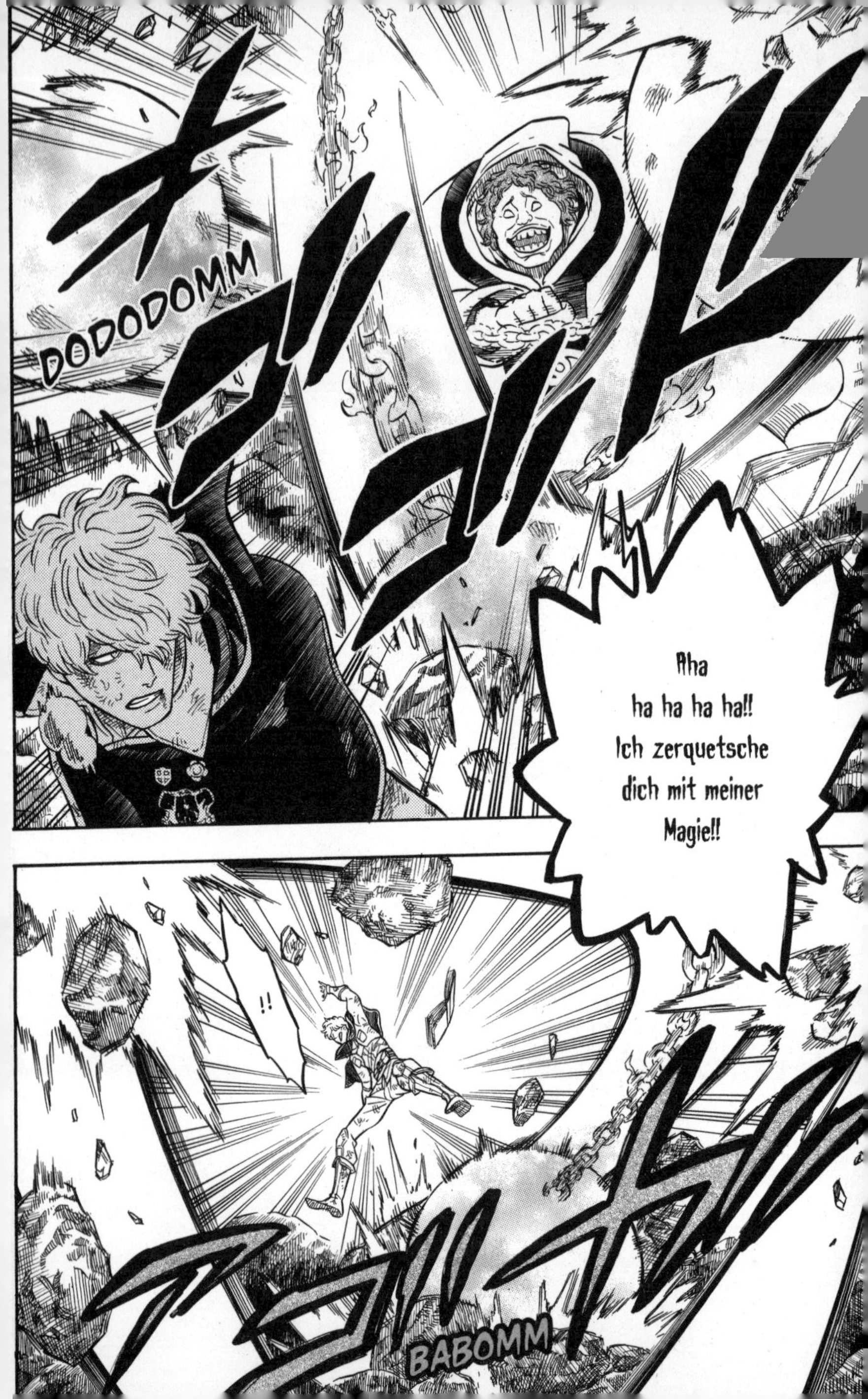
DODODOMM
Aha
ha ha ha ha!!
Ich zerquetsche
dich mit meiner
Magie!!
!!
BABOMM

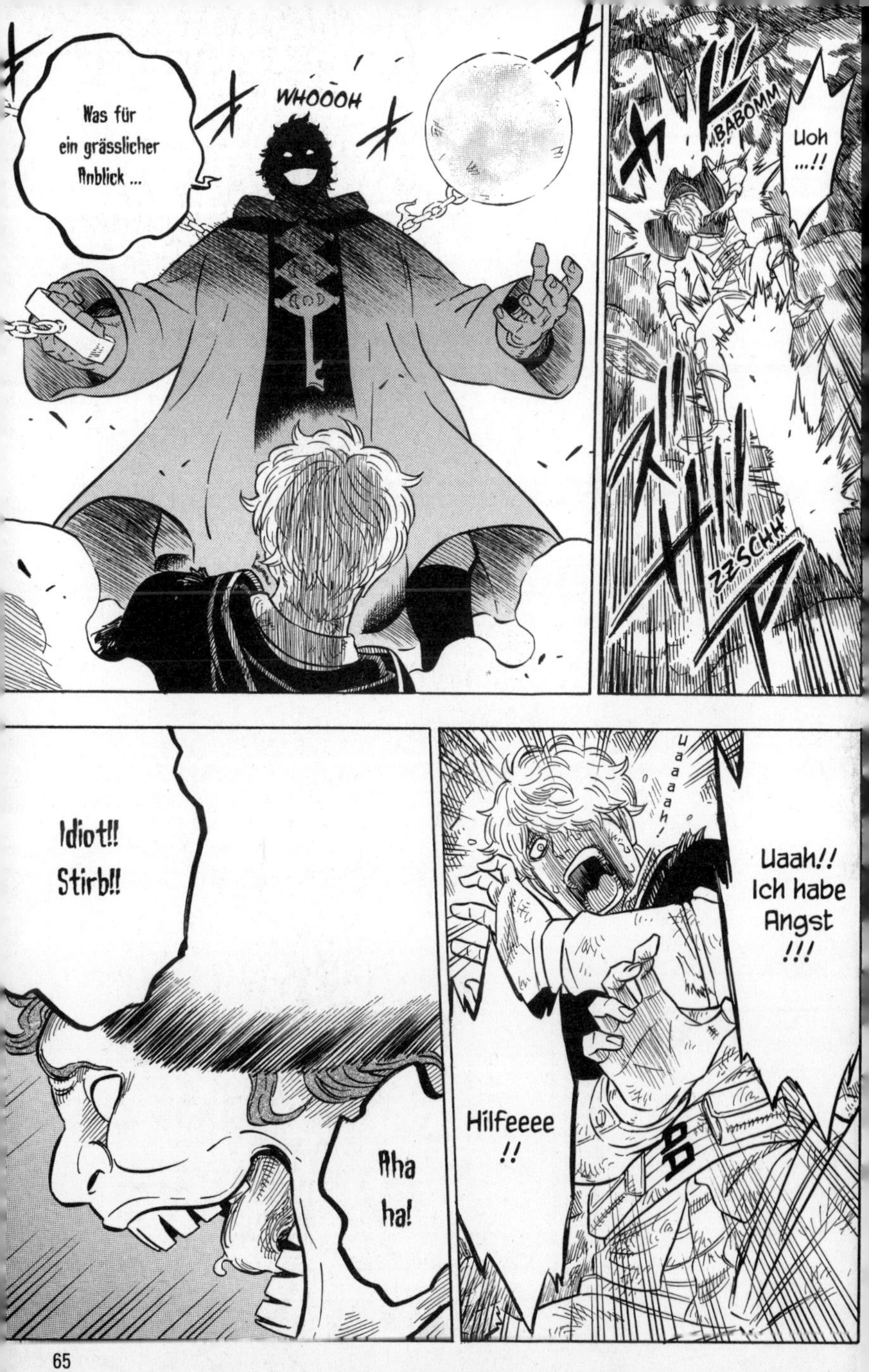
BABOMM
Uoh ...!!
ZZSCHH
Was für ein grässlicher Anblick ...
WHOOOH
Uaaaaah!
Uaah!! Ich habe Angst!!!
Hilfeeee!!
Idiot!! Stirb!!
Aha ha!

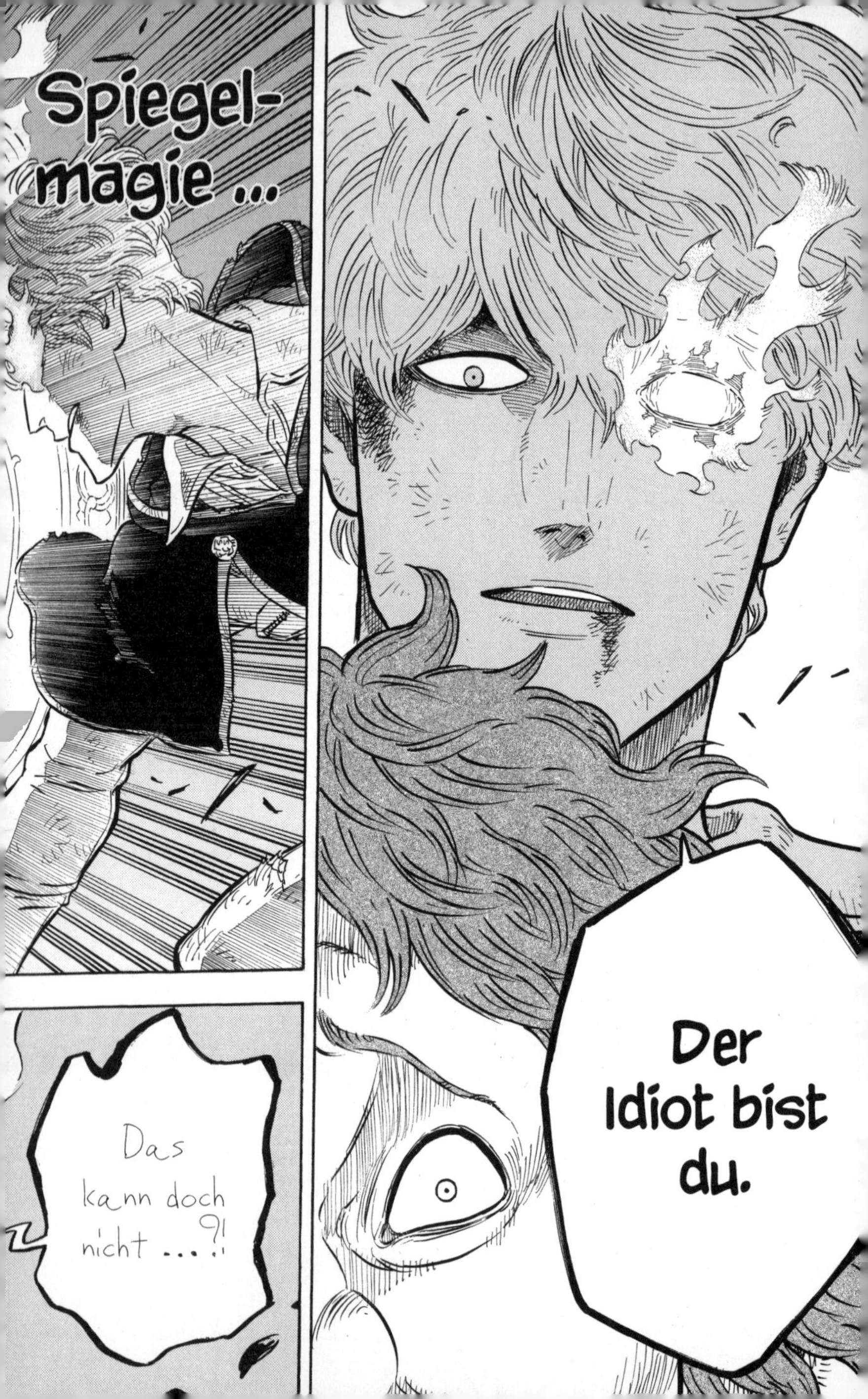
Spiegelmagie ...
Der Idiot bist du.
Das kann doch nicht ...?!

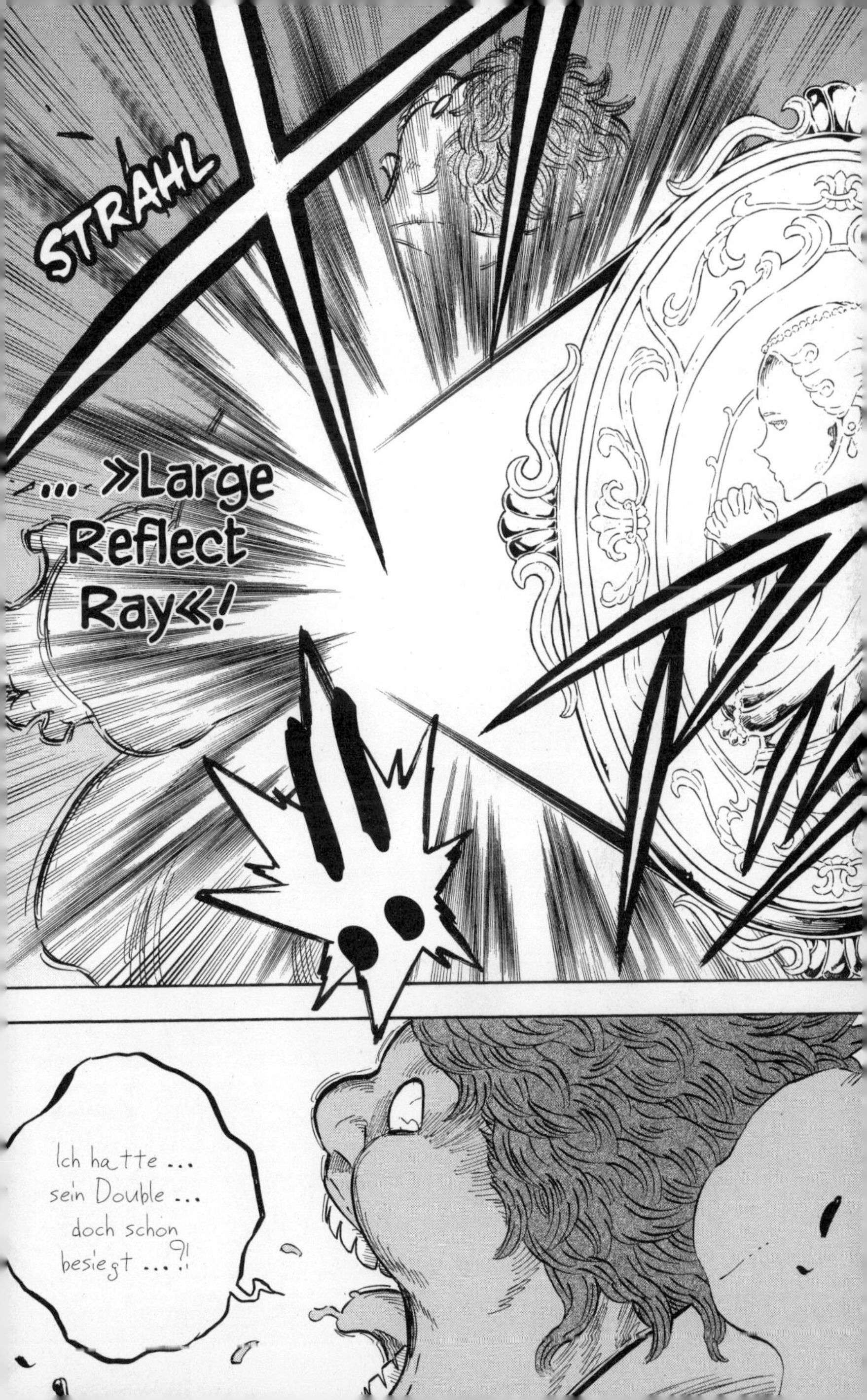
STRAHL
... »Large Reflect Ray«!
Ich hatte ... sein Double ... doch schon besiegt ...?!

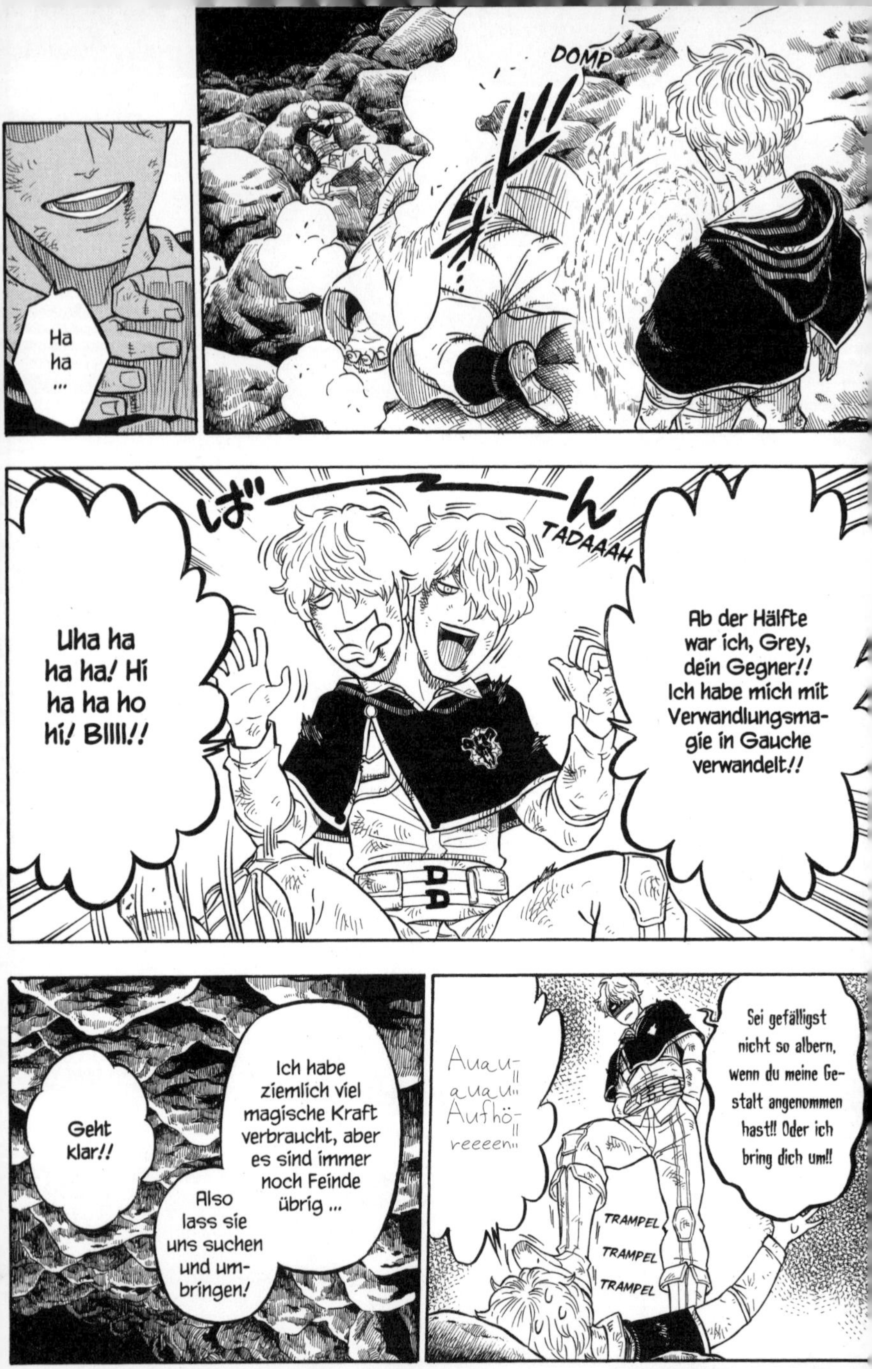
DOMP
Ha ha ...
ばーん
TADAAAH
Ab der Hälfte war ich, Grey, dein Gegner!! Ich habe mich mit Verwandlungsmagie in Gauche verwandelt!!
Uha ha ha ha! Hi ha ha ho hi! Bllll!!
Sei gefälligst nicht so albern, wenn du meine Gestalt angenommen hast!! Oder ich bring dich um!!
Auau-auau!! Aufhö-reeeen!!
TRAMPEL
TRAMPEL
TRAMPEL
Ich habe ziemlich viel magische Kraft verbraucht, aber es sind immer noch Feinde übrig ...
Also lass sie uns suchen und umbringen!
Geht klar!!

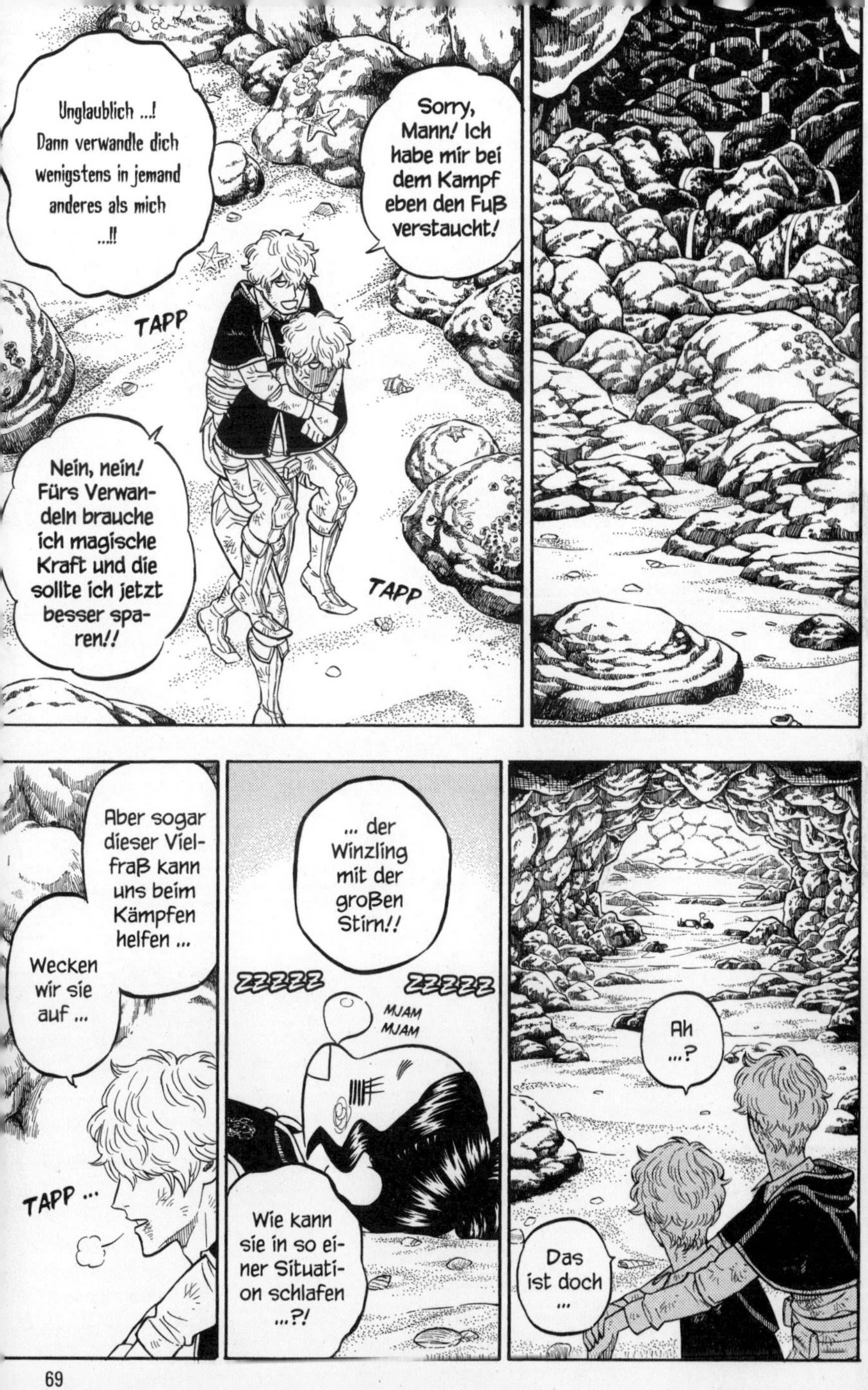
Sorry, Mann! Ich habe mir bei dem Kampf eben den Fuß verstaucht!
Unglaublich ...! Dann verwandle dich wenigstens in jemand anderes als mich ...!!
TAPP
Nein, nein! Fürs Verwandeln brauche ich magische Kraft und die sollte ich jetzt besser sparen!!
TAPP
Ah ...?
Das ist doch ...
... der Winzling mit der großen Stirn!!
ZZZZZ
ZZZZZ
MJAM MJAM
Wie kann sie in so einer Situation schlafen ...?!
Aber sogar dieser Vielfraß kann uns beim Kämpfen helfen ...
Wecken wir sie auf ...
TAPP ...

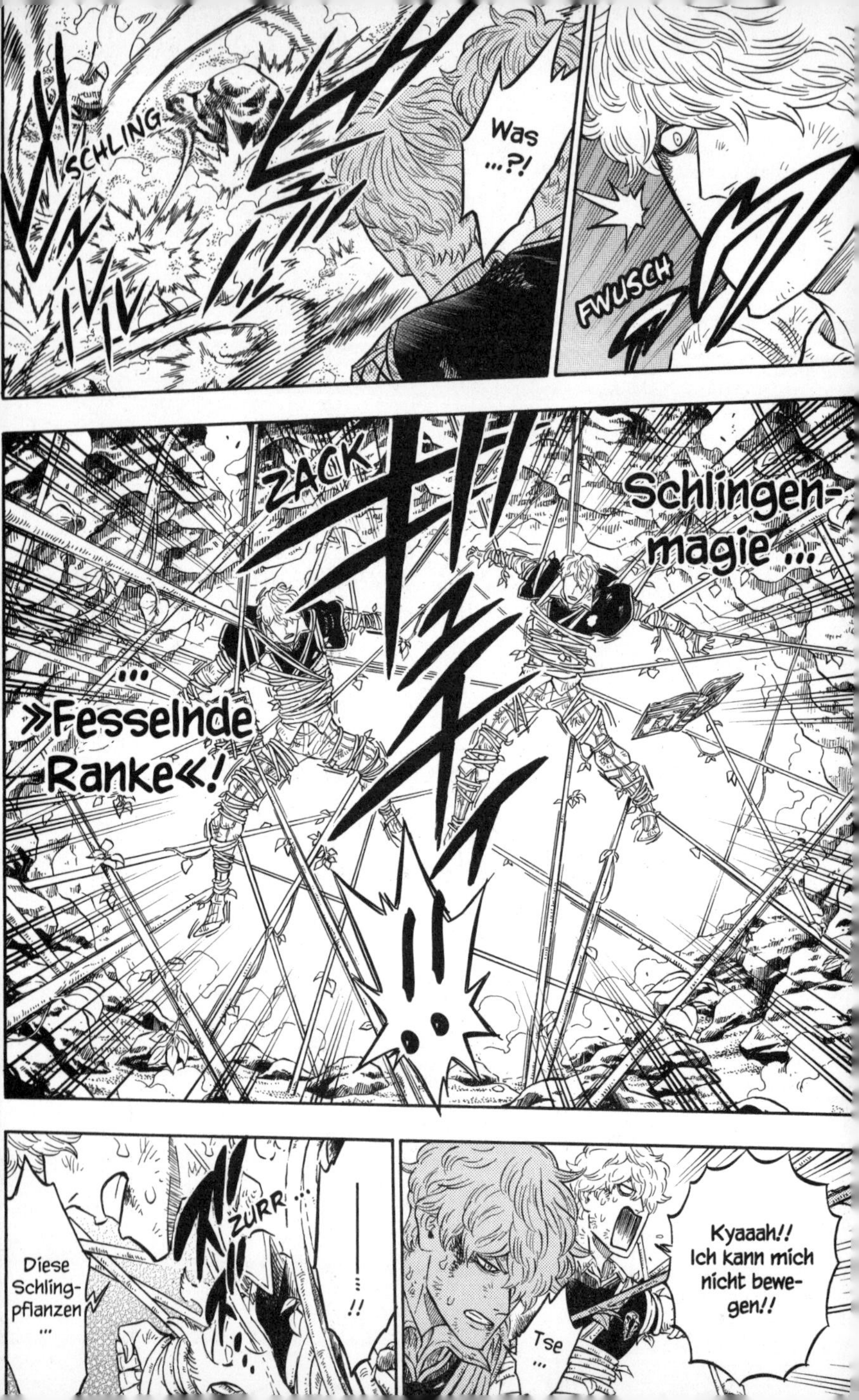
FWUSCH
Was ...?!
SCHLING
ZACK
Schlingen-magie ...
... »Fesselnde Ranke«!
Kyaaah!! Ich kann mich nicht bewe-gen!!
Tse ...
...!!
ZURR ...
Diese Schling-pflanzen ...

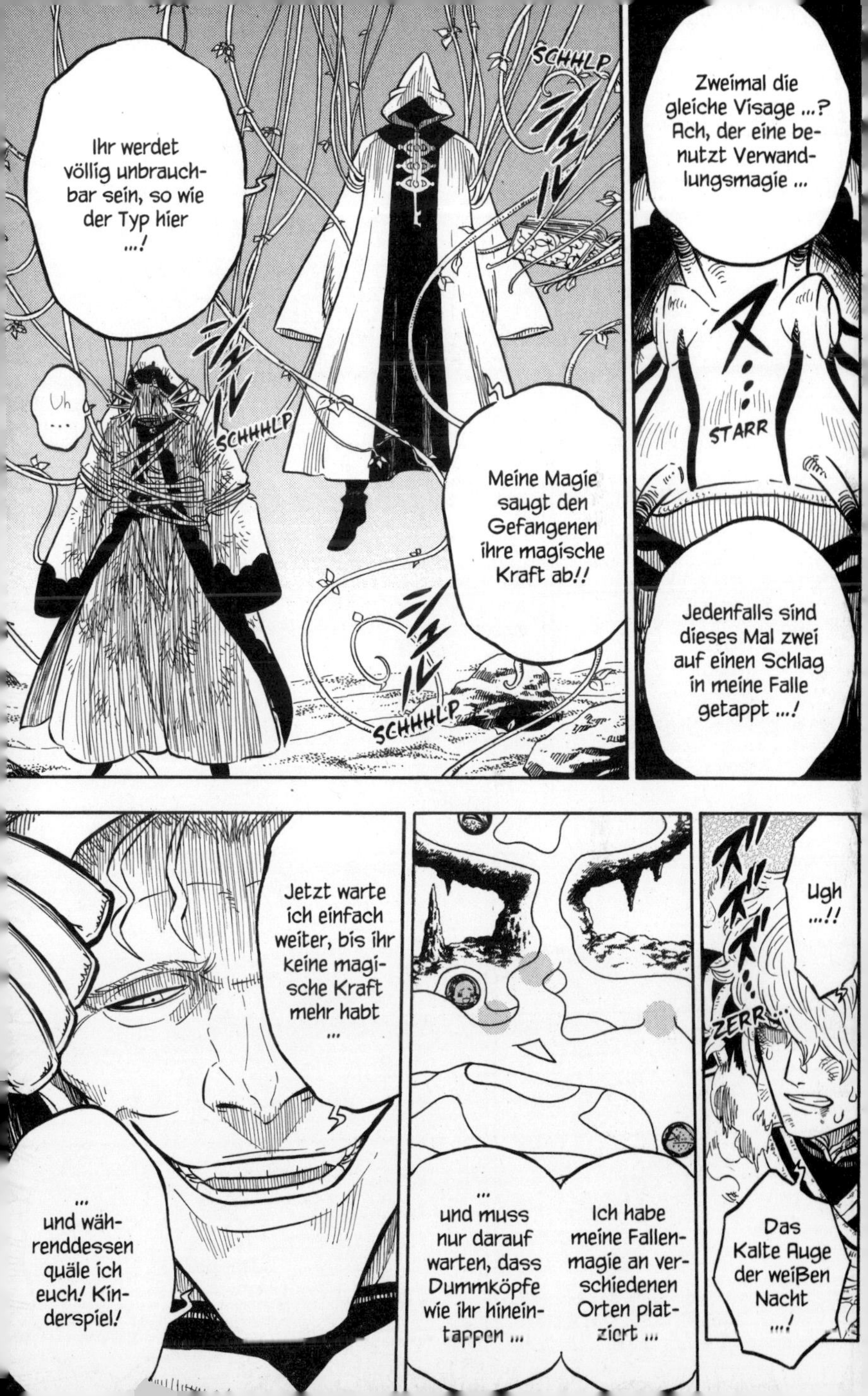
Zweimal die
gleiche Visage ...?
Ach, der eine be-
nutzt Verwand-
lungsmagie ...
STARR
Jedenfalls sind
dieses Mal zwei
auf einen Schlag
in meine Falle
getappt ...!
SCHHLP
Ihr werdet
völlig unbrauch-
bar sein, so wie
der Typ hier
...!
SCHHLP
Uh
...
Meine Magie
saugt den
Gefangenen
ihre magische
Kraft ab!!
SCHHLP
ZERR...
Ugh
...!!
Das
Kalte Auge
der weißen
Nacht
...!
Ich habe
meine Fallen-
magie an ver-
schiedenen
Orten plat-
ziert ...
...
und muss
nur darauf
warten, dass
Dummköpfe
wie ihr hinein-
tappen ...
Jetzt warte
ich einfach
weiter, bis ihr
keine magi-
sche Kraft
mehr habt
...
...
und wäh-
renddessen
quäle ich
euch! Kin-
derspiel!

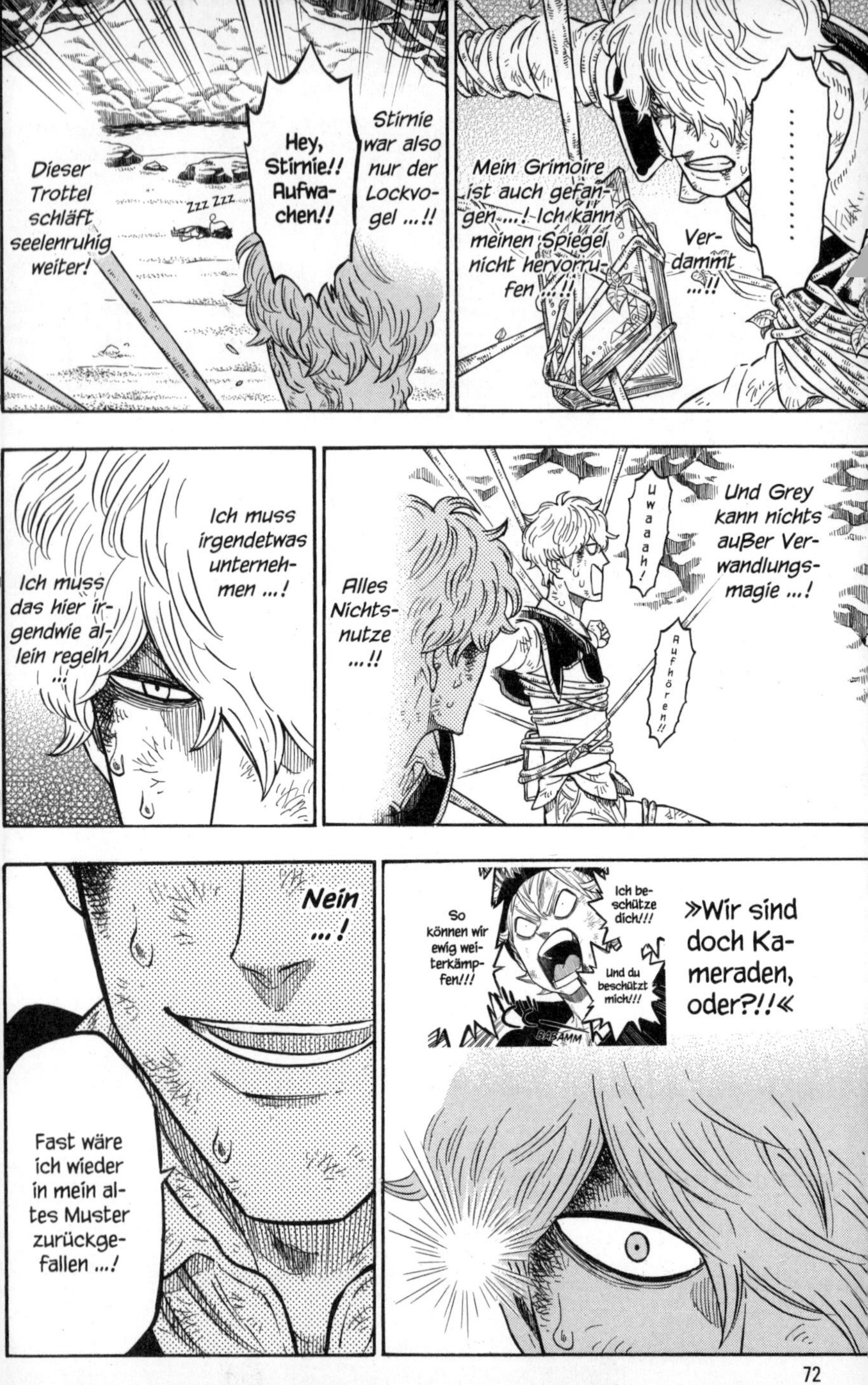
……
Verdammt ...!!
Mein Grimoire ist auch gefangen ...! Ich kann meinen Spiegel nicht hervorrufen ...!!
Stirnie war also nur der Lockvogel ...!!
Hey, Stirnie!! Aufwachen!!
Zzz Zzz
Dieser Trottel schläft seelenruhig weiter!
Und Grey kann nichts außer Verwandlungsmagie ...!
Uwaaah!
Aufhören!!
Alles Nichtsnutze ...!!
Ich muss irgendetwas unternehmen ...!
Ich muss das hier irgendwie allein regeln ...!!
»Wir sind doch Kameraden, oder?!!«
Ich beschütze dich!!!
Und du beschützt mich!!!
So können wir ewig weiterkämpfen!!!
BABAMM
Nein ...!
Fast wäre ich wieder in mein altes Muster zurückgefallen ...!

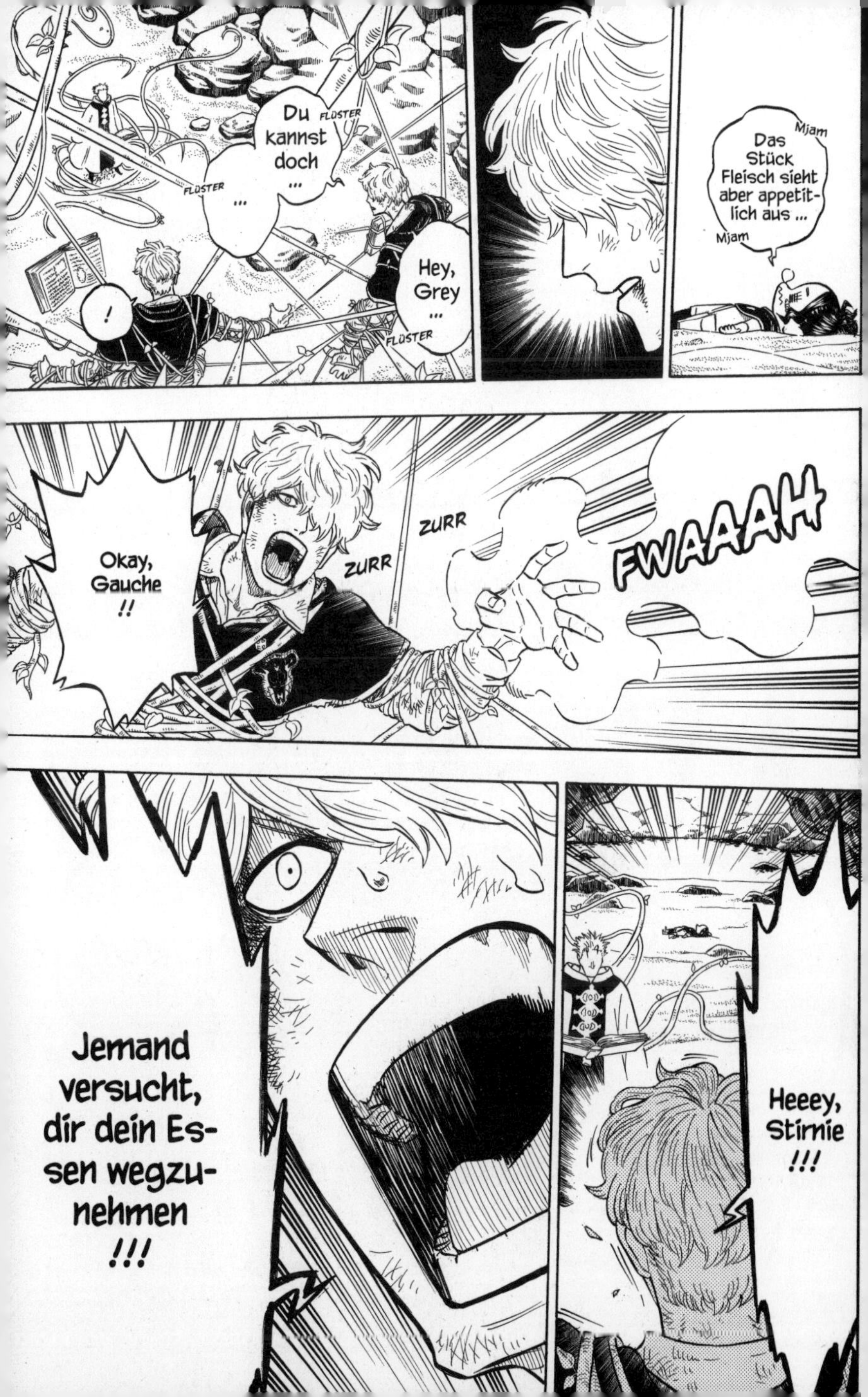
Mjam
Das Stück Fleisch sieht aber appetit-lich aus ...
Mjam
Hey, Grey ...
FLÜSTER
Du kannst doch ...
FLÜSTER
FLÜSTER
...
!
FWAAAH
ZURR
ZURR
Okay, Gauche !!
Heeey, Stirnie !!!
Jemand versucht, dir dein Es-sen wegzu-nehmen !!!

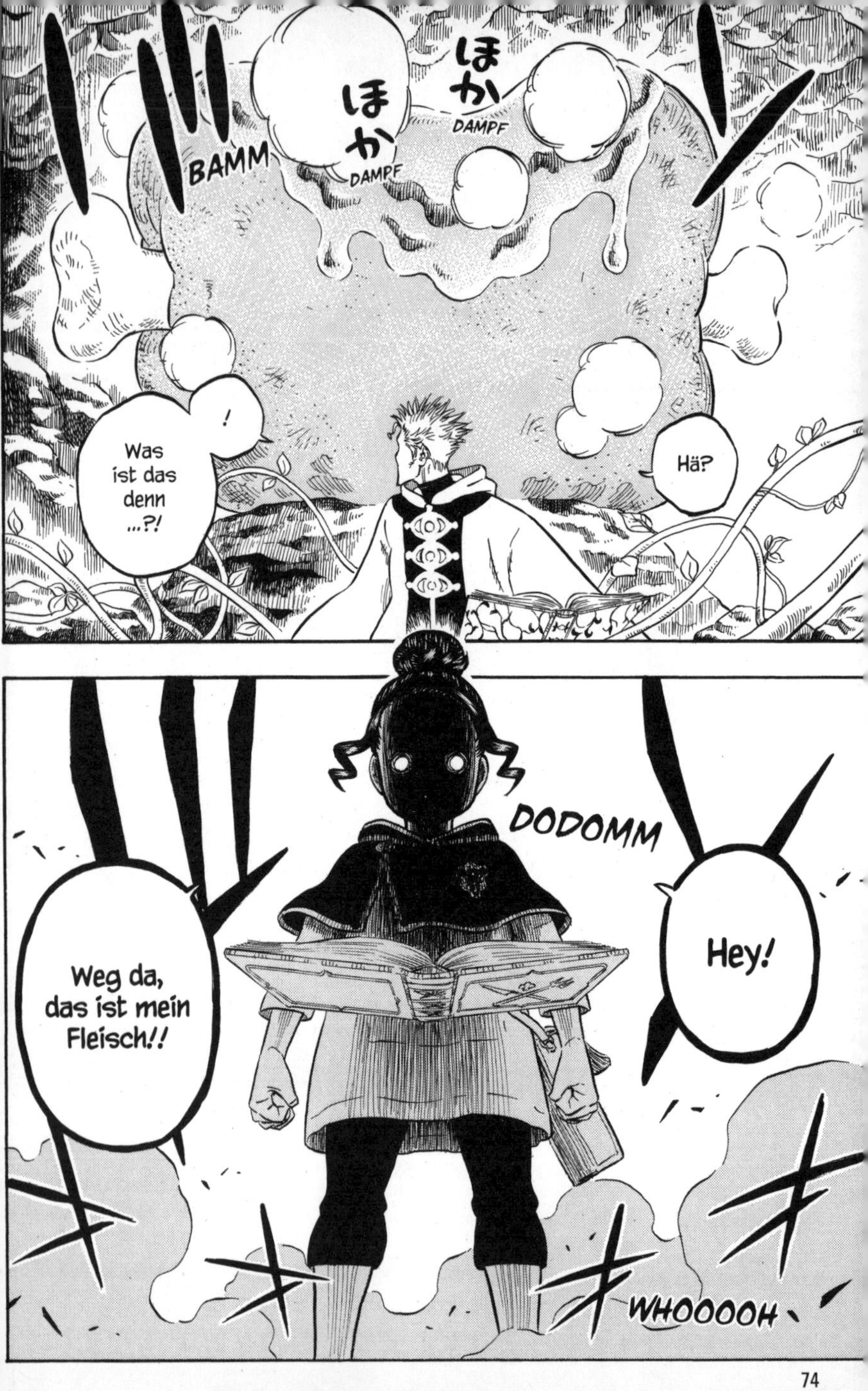

ほか
DAMPF
ほか
DAMPF
BAMM
Hä?
!
Was ist das denn ...?!
DODOMM
Hey!
Weg da, das ist mein Fleisch!!
WHOOOOH

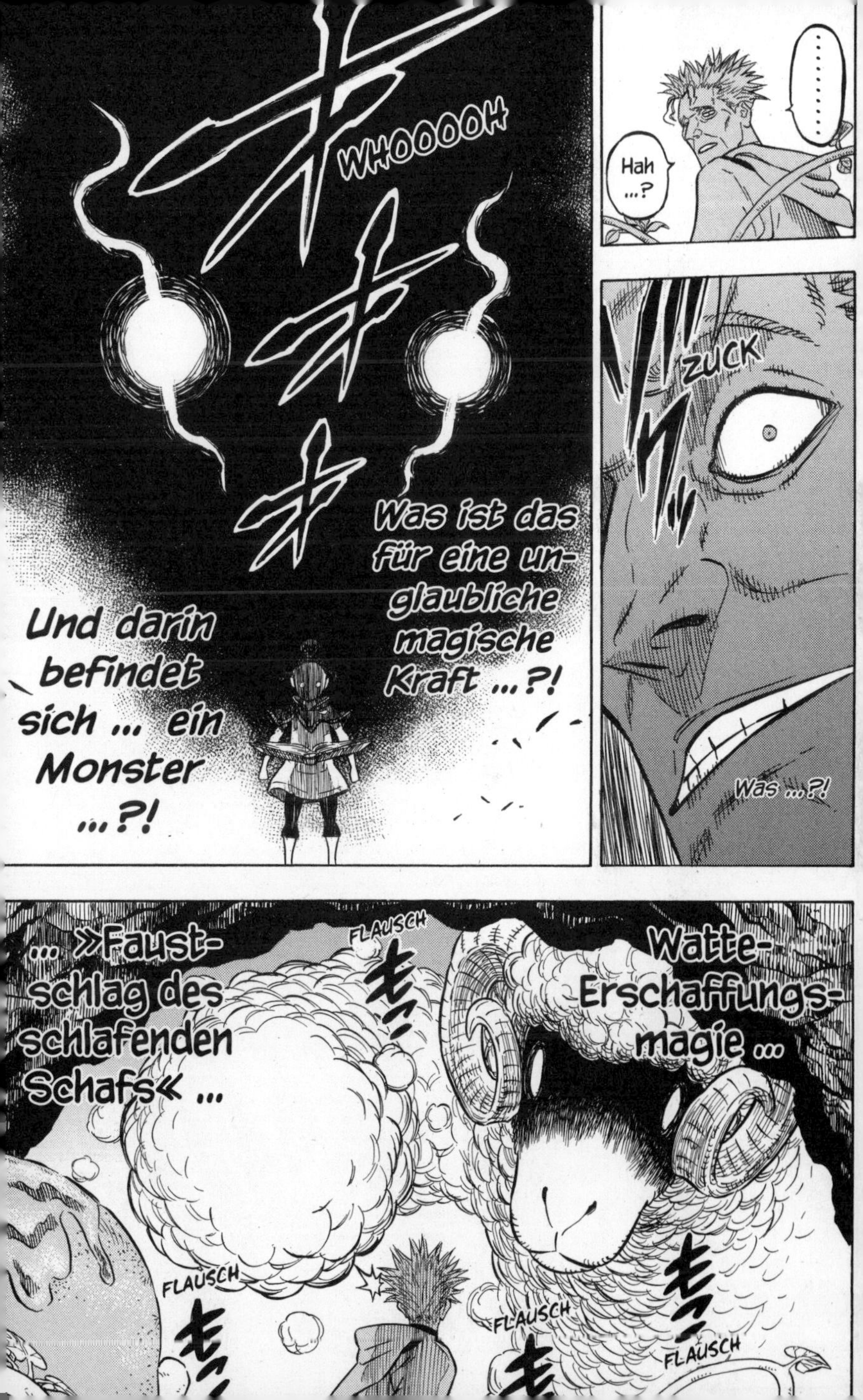
……
Hah …?
ZUCK
Was …?!
WHOOOOH
Was ist das für eine unglaubliche magische Kraft …?!
Und darin befindet sich … ein Monster …?!
Watte-Erschaffungsmagie …
… »Faustschlag des schlafenden Schafs« …
FLAUSCH
FLAUSCH
FLAUSCH
FLAUSCH

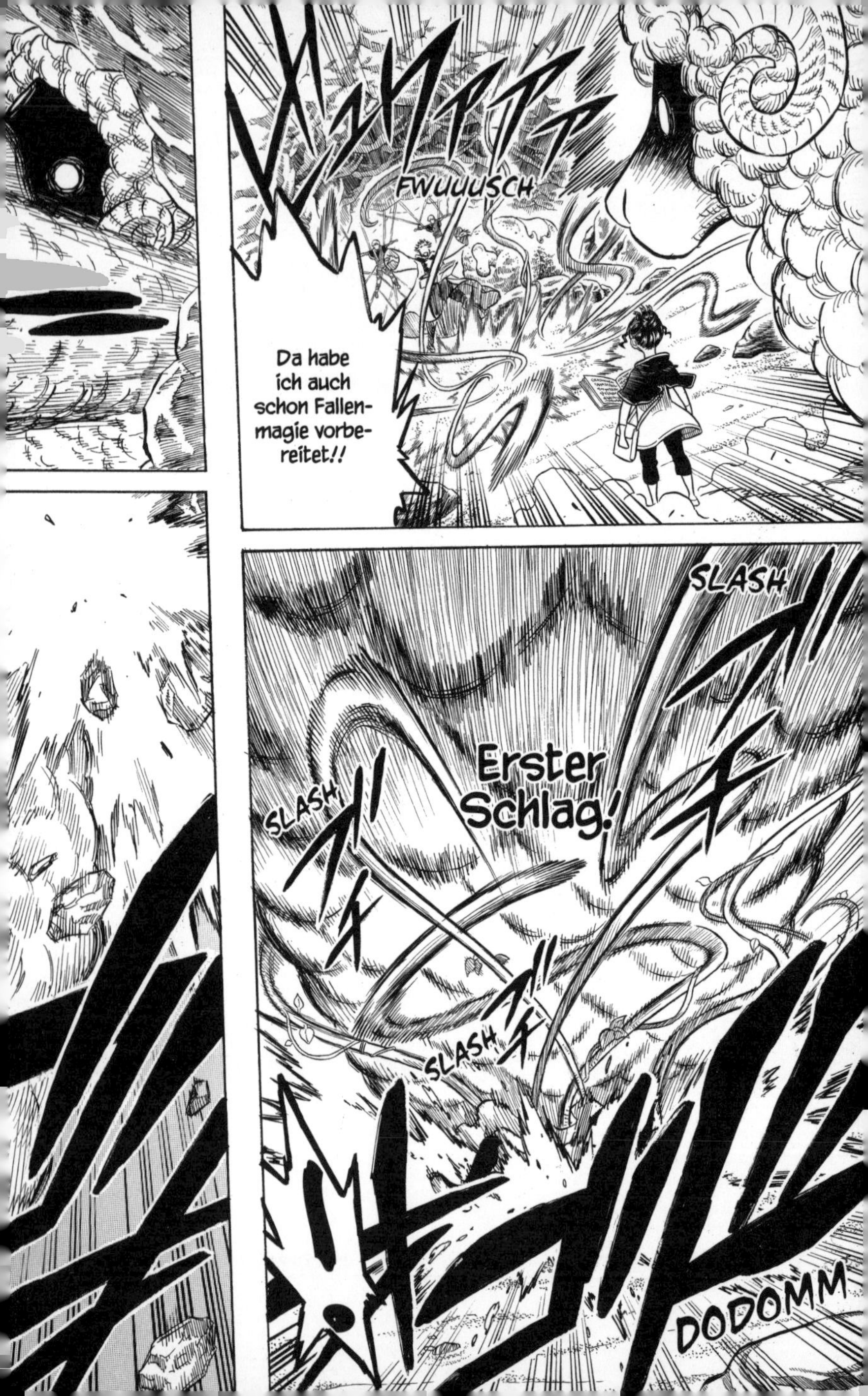
FWUUUSCH
Da habe ich auch schon Fallenmagie vorbereitet!!
SLASH
Erster Schlag!
SLASH
SLASH
DODOMM

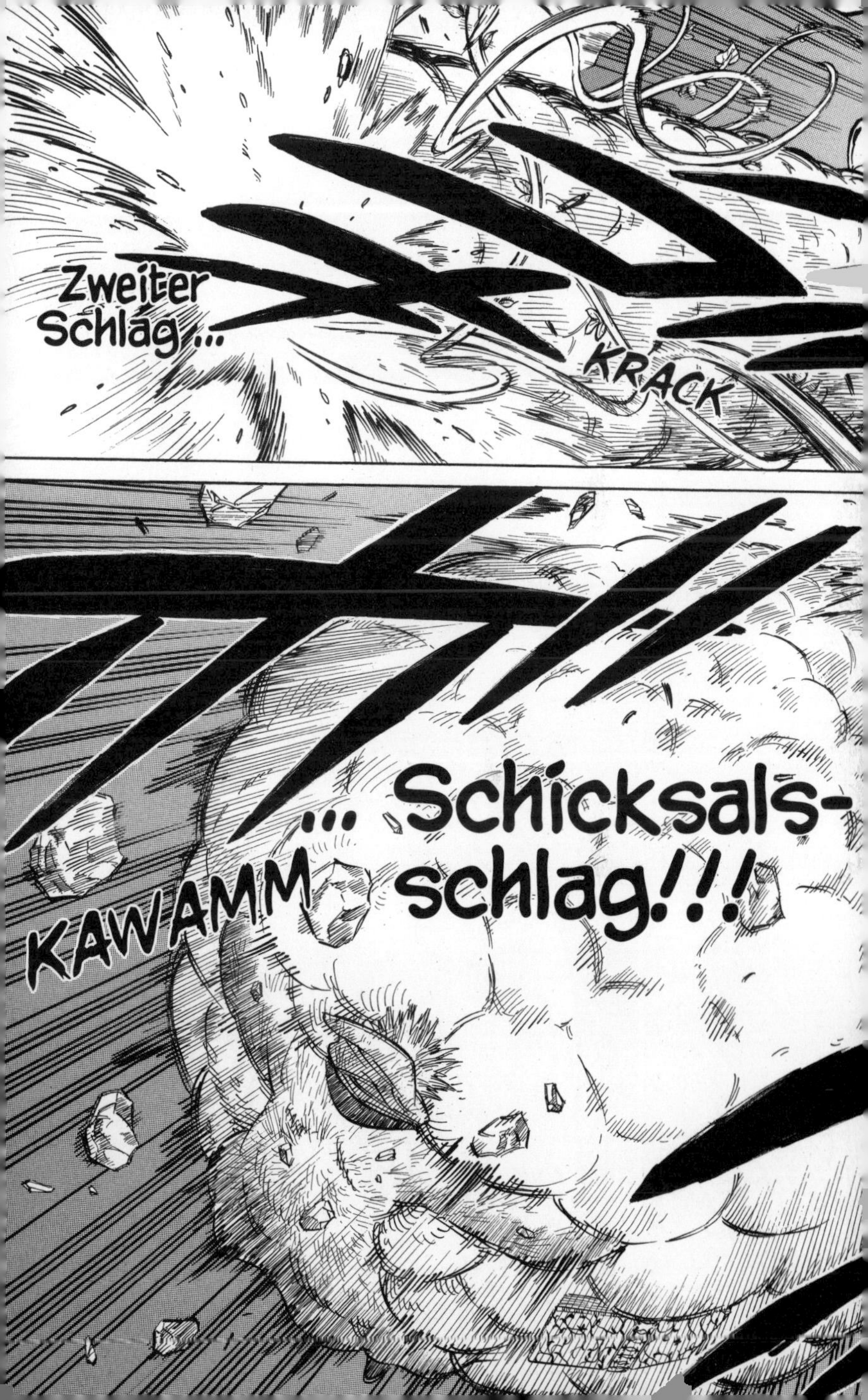
Zweiter Schlag ...
KRACK
... Schicksals-schlag!!!
KAWAMM

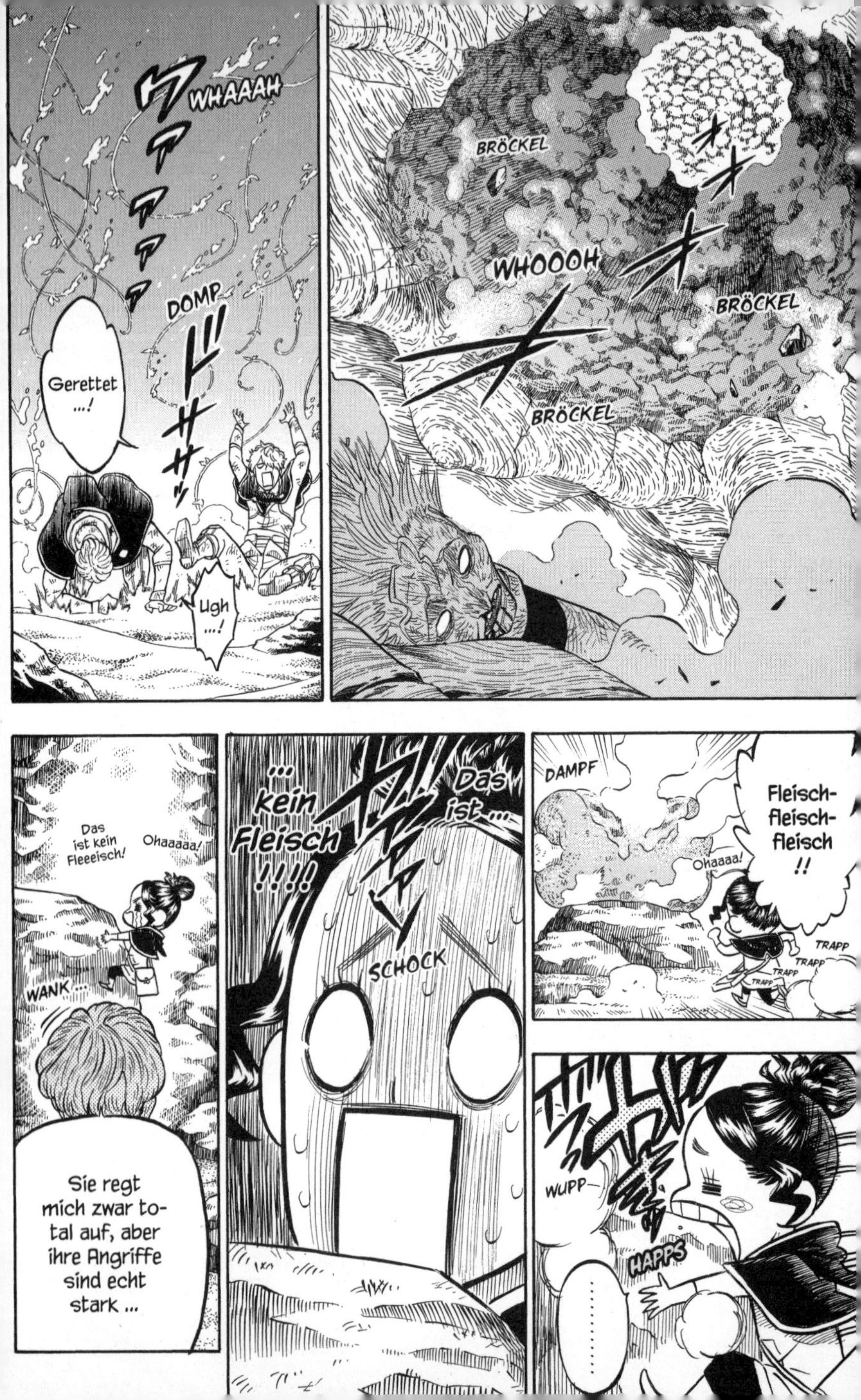
BRÖCKEL
WHOOOH
BRÖCKEL
BRÖCKEL
WHAAAH
DOMP
Gerettet ...!
Ugh ...!
Fleisch-fleisch-fleisch !!
Ohaaaa!
DAMPF
TRAPP
TRAPP
TRAPP
TRAPP
Das ist ...
... kein Fleisch !!!!
SCHOCK
Ohaaaaa!
Das ist kein Fleeeisch!
WANK ...
Sie regt mich zwar total auf, aber ihre Angriffe sind echt stark ...
WUPP
HAPPS
......

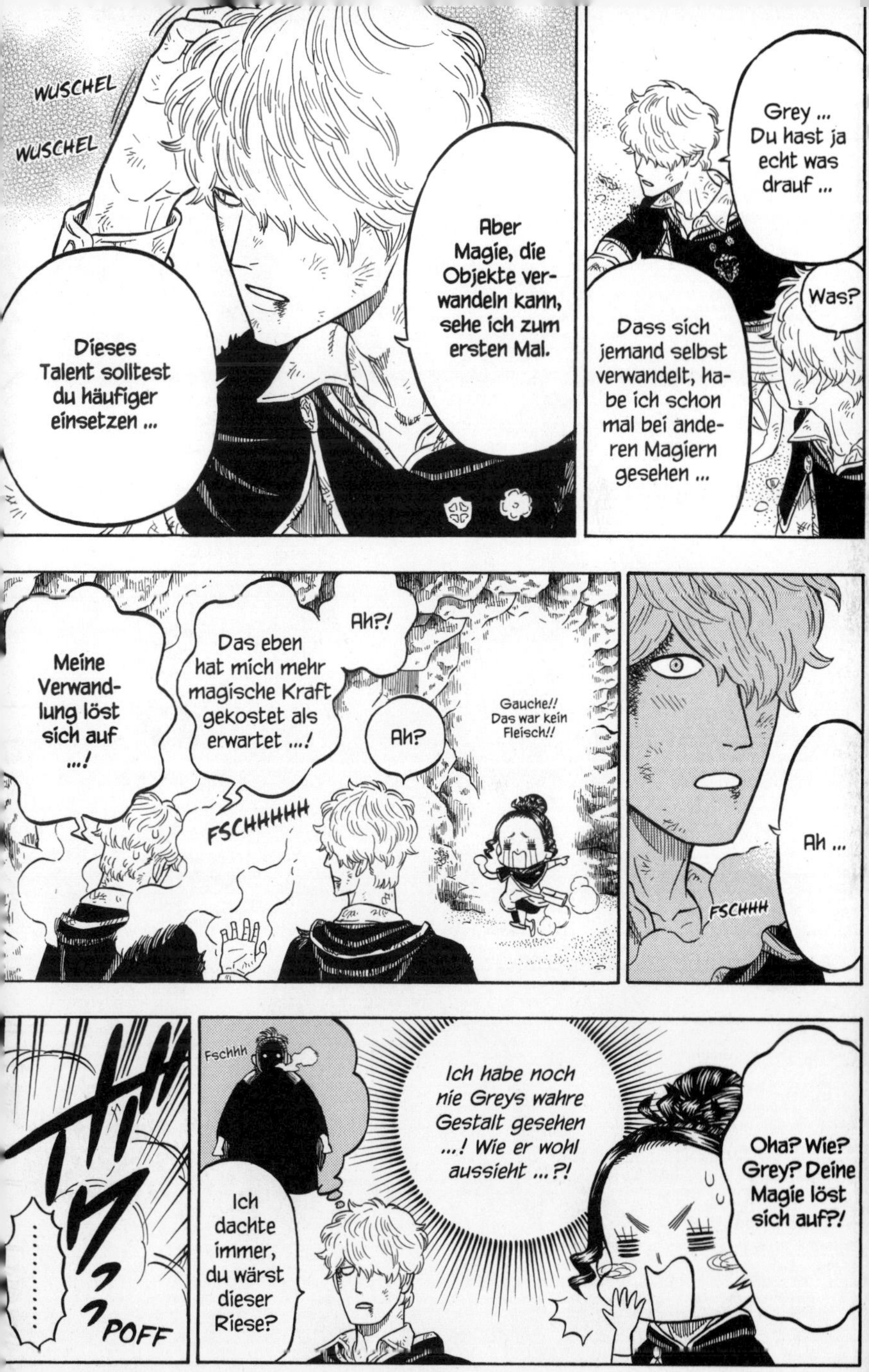
Grey ... Du hast ja echt was drauf ...
Was?
Dass sich jemand selbst verwandelt, habe ich schon mal bei anderen Magiern gesehen ...
Aber Magie, die Objekte verwandeln kann, sehe ich zum ersten Mal.
WUSCHEL
WUSCHEL
Dieses Talent solltest du häufiger einsetzen ...
Ah ...
FSCHHH
Ah?!
Das eben hat mich mehr magische Kraft gekostet als erwartet ...!
Meine Verwandlung löst sich auf ...!
Ah?
Gauche!! Das war kein Fleisch!!
FSCHHHHH
Oha? Wie? Grey? Deine Magie löst sich auf?!
Ich habe noch nie Greys wahre Gestalt gesehen ...! Wie er wohl aussieht ...?!
Fschhh
Ich dachte immer, du wärst dieser Riese?
......
POFF

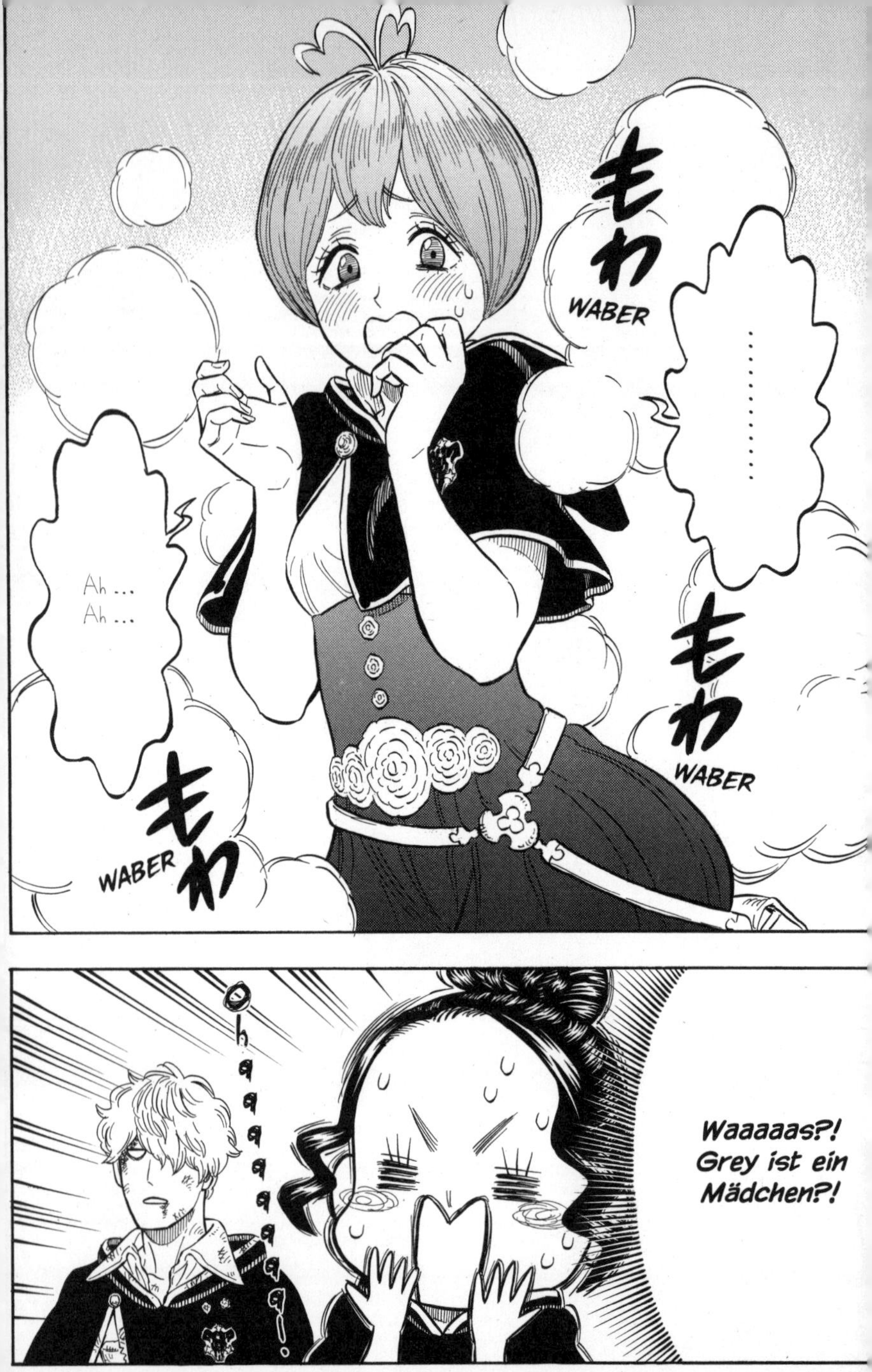
もわ
WABER
......
もわ
WABER
Ah ...
Ah ...
もわ
WABER
Waaaaas?!
Grey ist ein
Mädchen?!

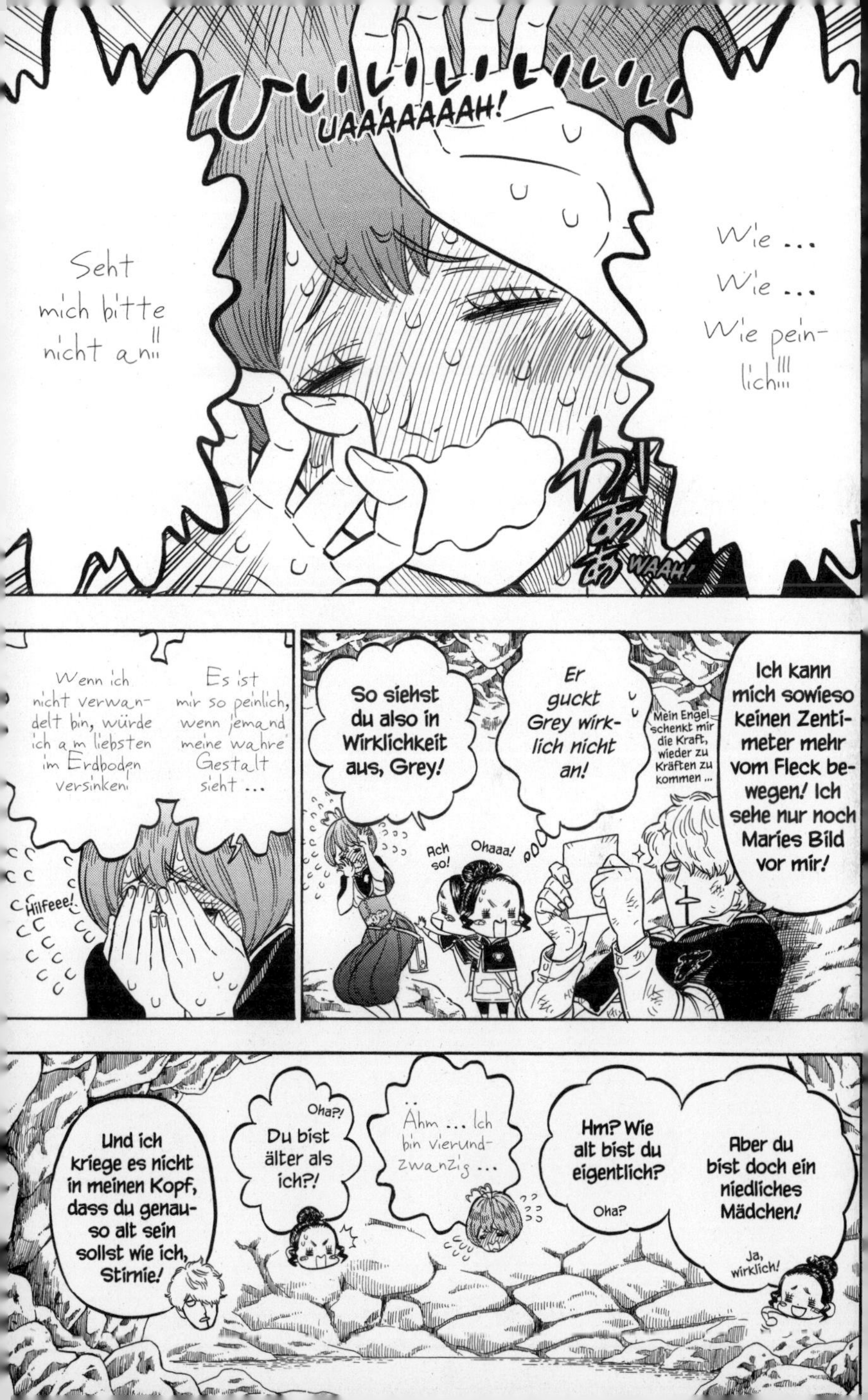

UAAAAAAAH!
Wie ... Wie ... Wie peinlich!!!
Seht mich bitte nicht an!!
WAAH!
Ich kann mich sowieso keinen Zentimeter mehr vom Fleck bewegen! Ich sehe nur noch Maries Bild vor mir!
Mein Engel schenkt mir die Kraft, wieder zu Kräften zu kommen ...
Er guckt Grey wirklich nicht an!
So siehst du also in Wirklichkeit aus, Grey!
Ohaaa!
Ach so!
Es ist mir so peinlich, wenn jemand meine wahre Gestalt sieht ...
Wenn ich nicht verwandelt bin, würde ich am liebsten im Erdboden versinken.
Hilfeee!
Aber du bist doch ein niedliches Mädchen!
Ja, wirklich!
Hm? Wie alt bist du eigentlich?
Oha?
Ähm ... Ich bin vierundzwanzig ...
Oha?!
Du bist älter als ich?!
Und ich kriege es nicht in meinen Kopf, dass du genauso alt sein sollst wie ich, Stirnie!

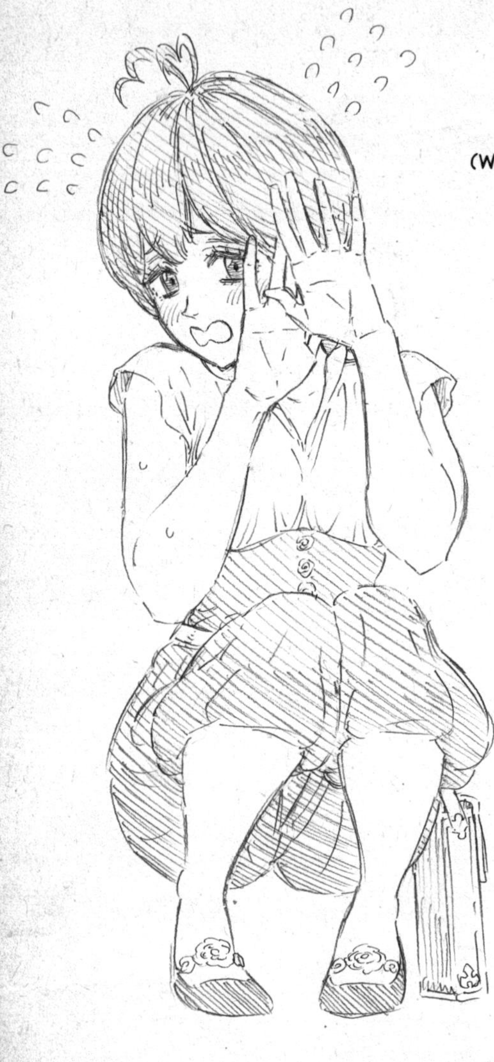

Grey

(Wahrer Name unbekannt)

Alter: 24 Jahre
Größe: 159 cm
Geburtstag: 20. Februar
Sternzeichen: Fische
Blutgruppe: AB
Mag: sich voll und ganz in andere Personen zu verwandeln, Milch

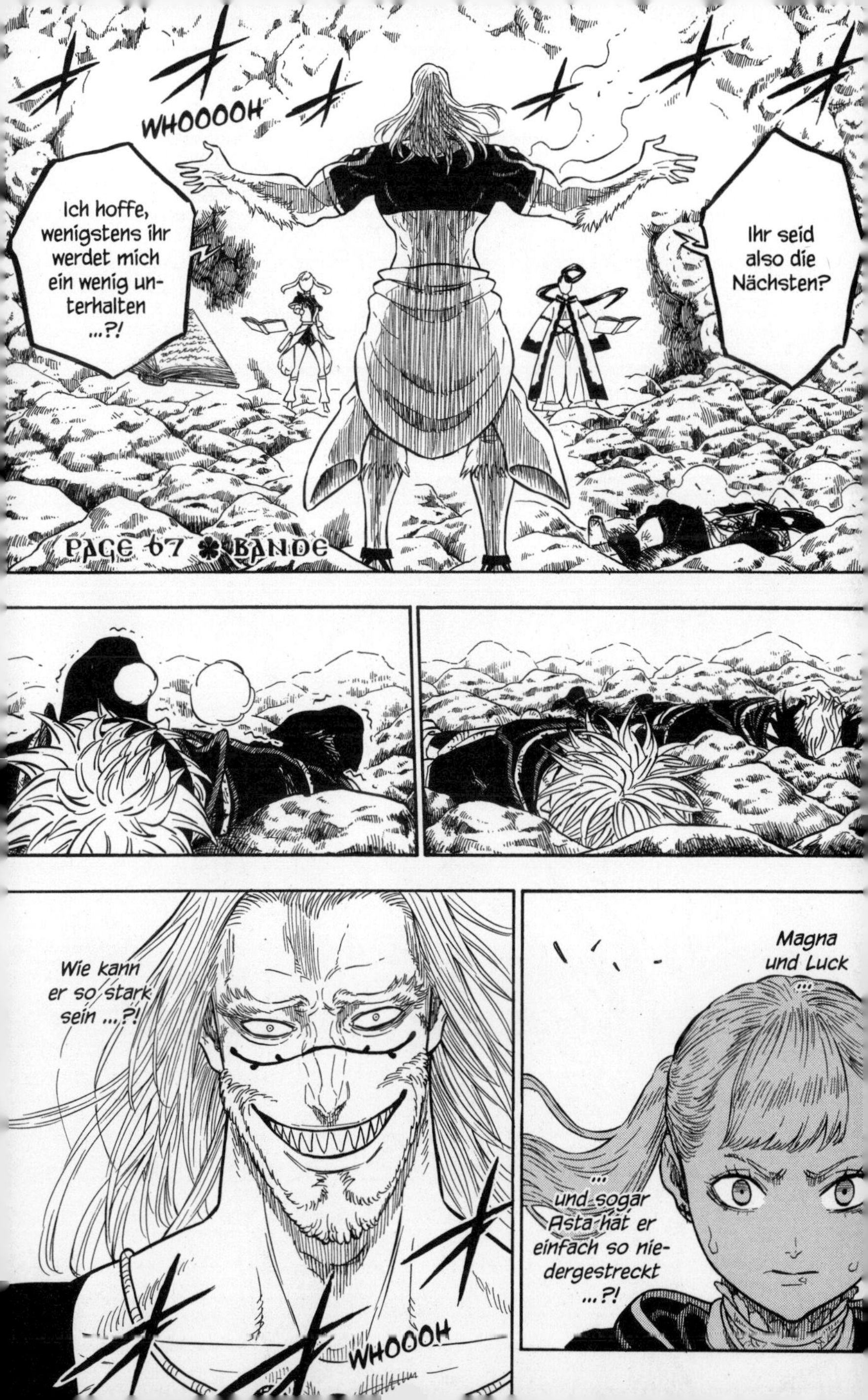

Ihr seid also die Nächsten?
WHOOOOH
Ich hoffe, wenigstens ihr werdet mich ein wenig unterhalten ...?!
PAGE 67 ✱ BANDE
Magna und Luck ...
... und sogar Asta hat er einfach so niedergestreckt ...?!
Wie kann er so stark sein ...?!
WHOOOH

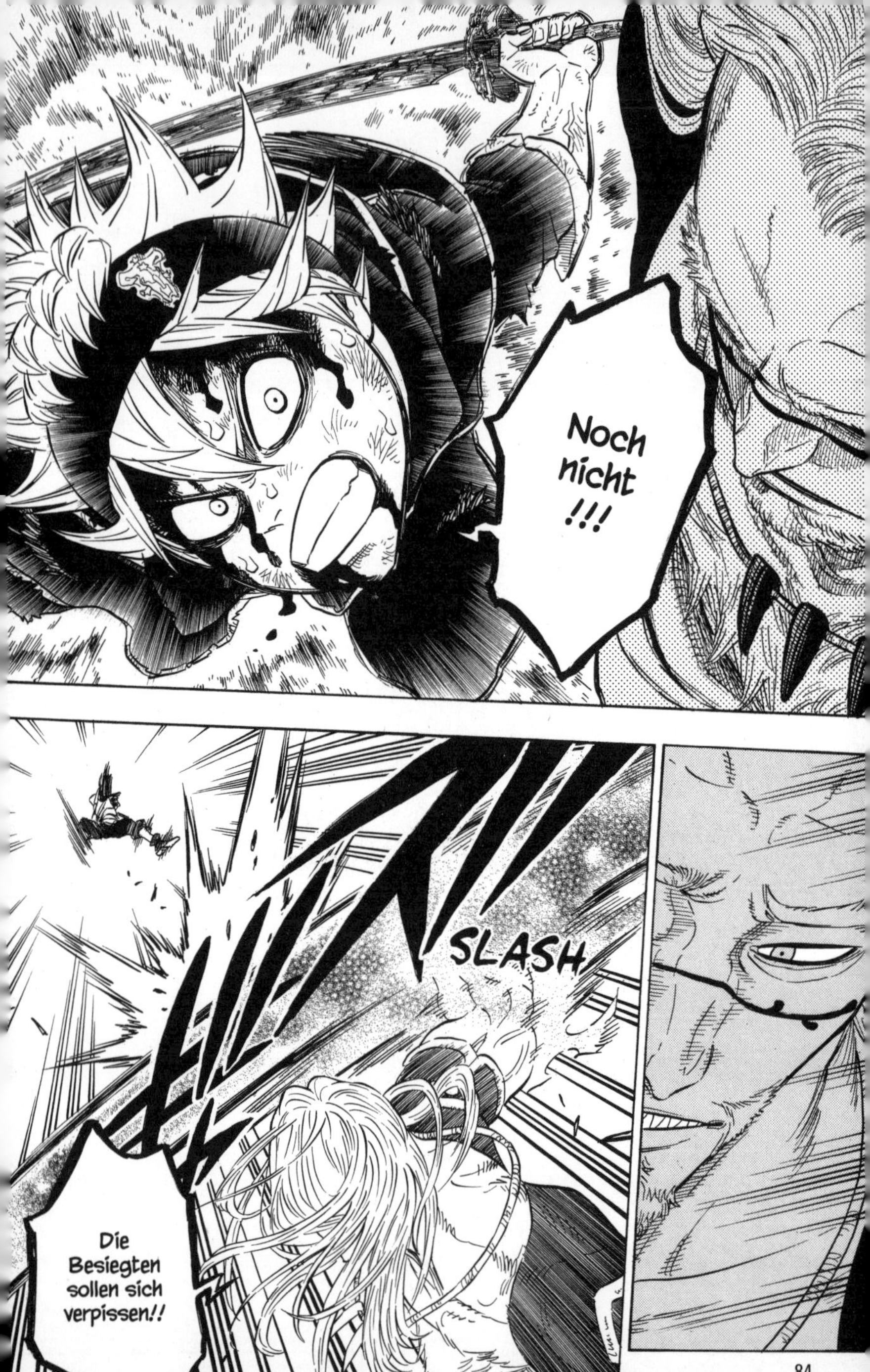
Noch nicht !!!
SLASH
Die Besiegten sollen sich verpissen!!

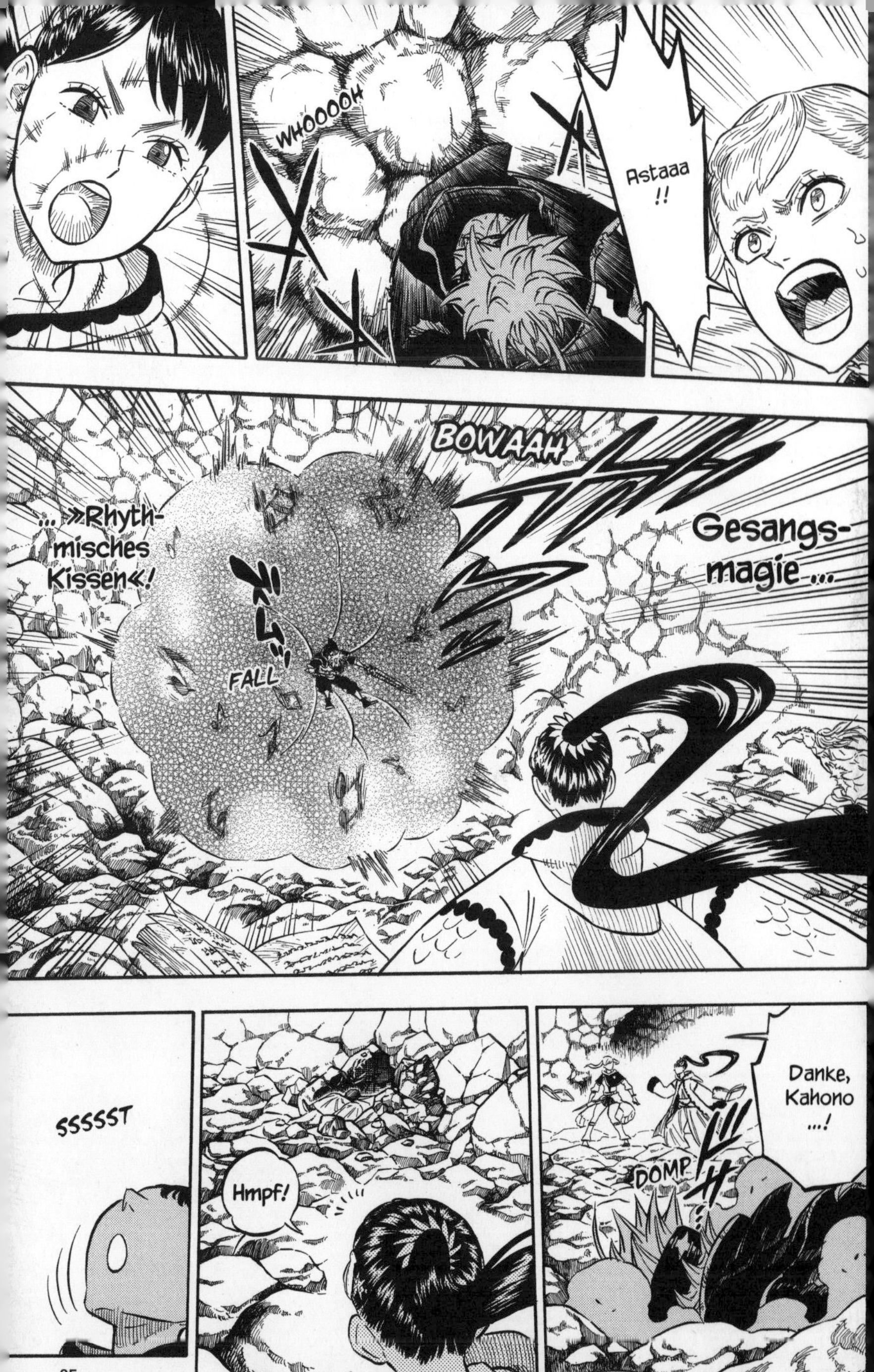

WHOOOOH
Astaaa !!
BOWAAH
Gesangs-magie ...
... »Rhythmisches Kissen«!
FALL
Danke, Kahono ...!
DOMP
Hmpf!
SSSSST

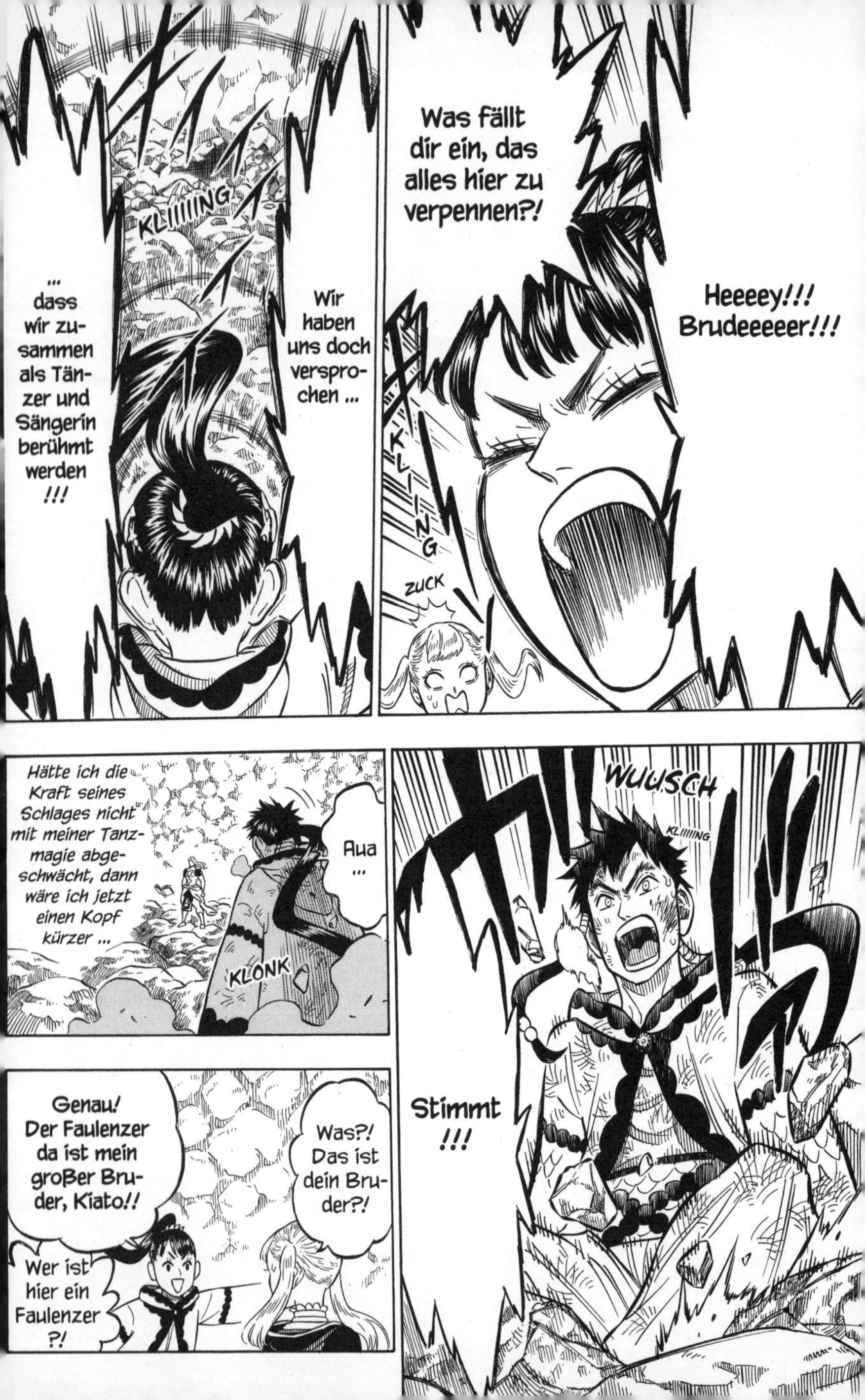
Heeeey!!! Brudeeeeer!!!
Was fällt dir ein, das alles hier zu verpennen?!
KLIING
ZUCK
Wir haben uns doch versprochen ...
... dass wir zusammen als Tänzer und Sängerin berühmt werden !!!
KLIIIIING
WUUSCH
KLIIIIING
Stimmt !!!
Aua ...
Hätte ich die Kraft seines Schlages nicht mit meiner Tanzmagie abgeschwächt, dann wäre ich jetzt einen Kopf kürzer ...
KLONK
Was?! Das ist dein Bruder?!
Genau! Der Faulenzer da ist mein großer Bruder, Kiato!!
Wer ist hier ein Faulenzer ?!

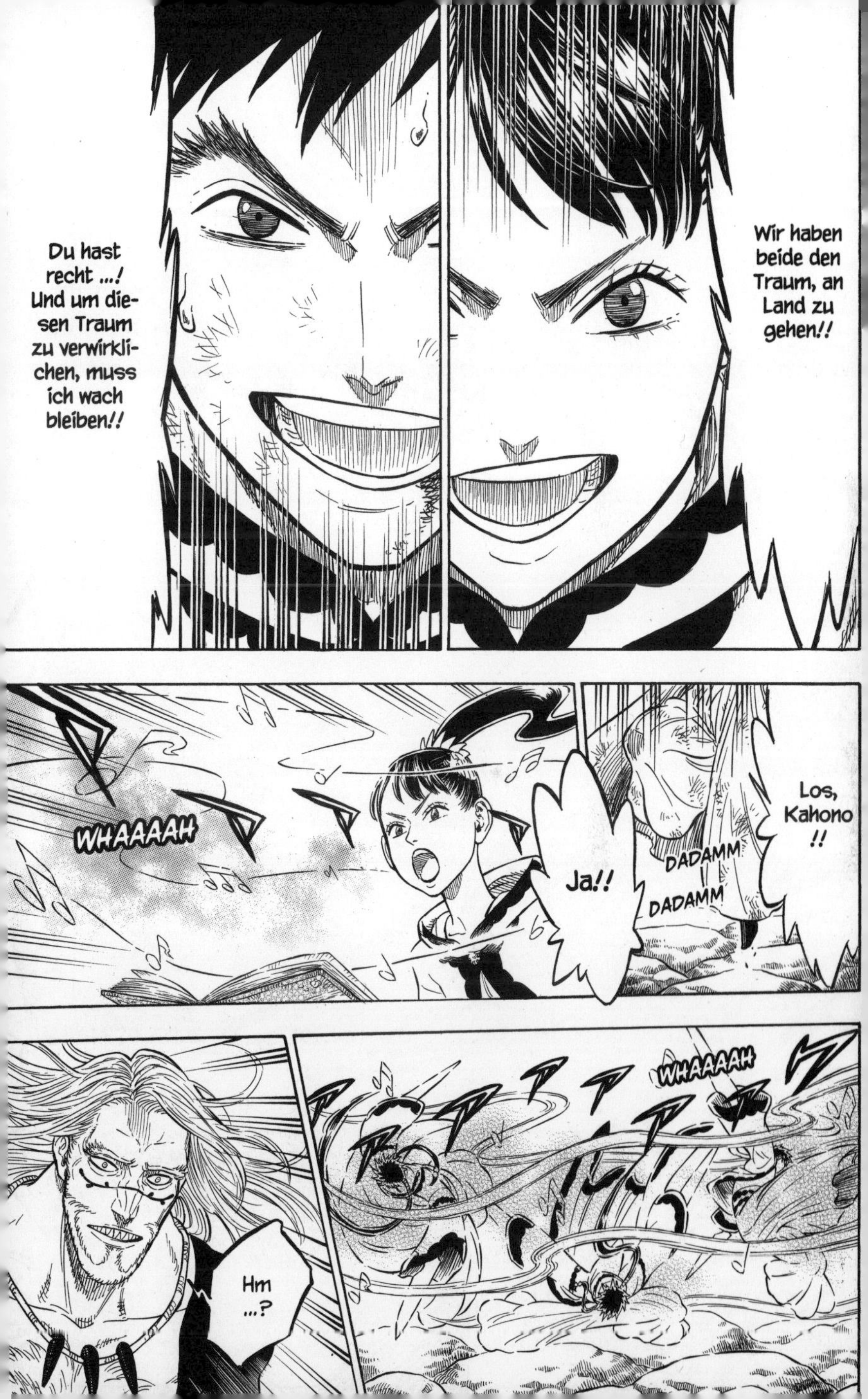
Wir haben beide den Traum, an Land zu gehen!!
Du hast recht ...! Und um diesen Traum zu verwirklichen, muss ich wach bleiben!!
Los, Kahono !!
DADAMM
DADAMM
Ja!!
WHAAAAH
WHAAAAH
Hm ...?

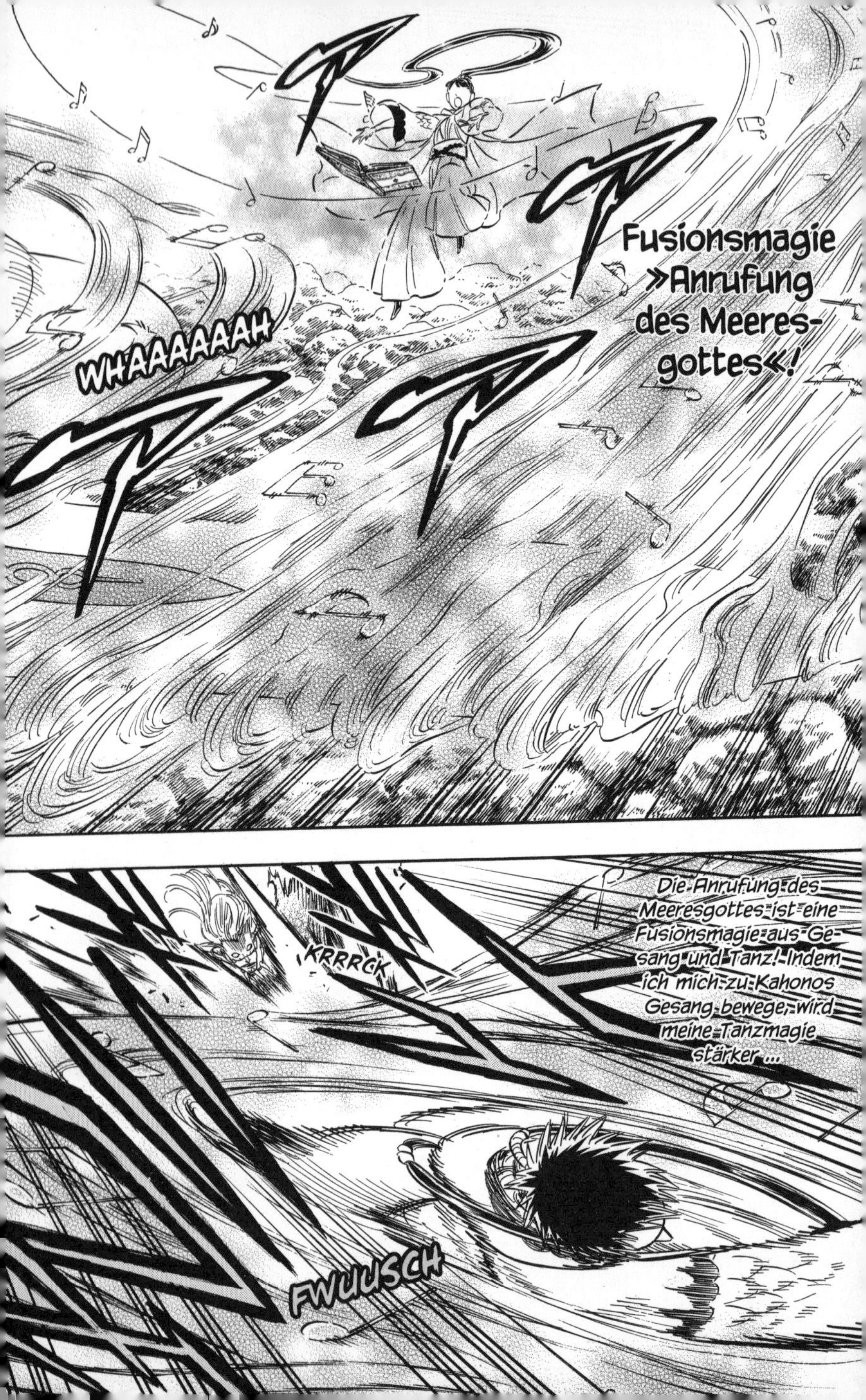
Fusionsmagie »Anrufung des Meeres-gottes«!
WHAAAAAAAH
Die Anrufung des Meeresgottes ist eine Fusionsmagie aus Ge-sang und Tanz! Indem ich mich zu Kahonos Gesang bewege, wird meine Tanzmagie stärker ...
KRRRCK
FWUUSCH

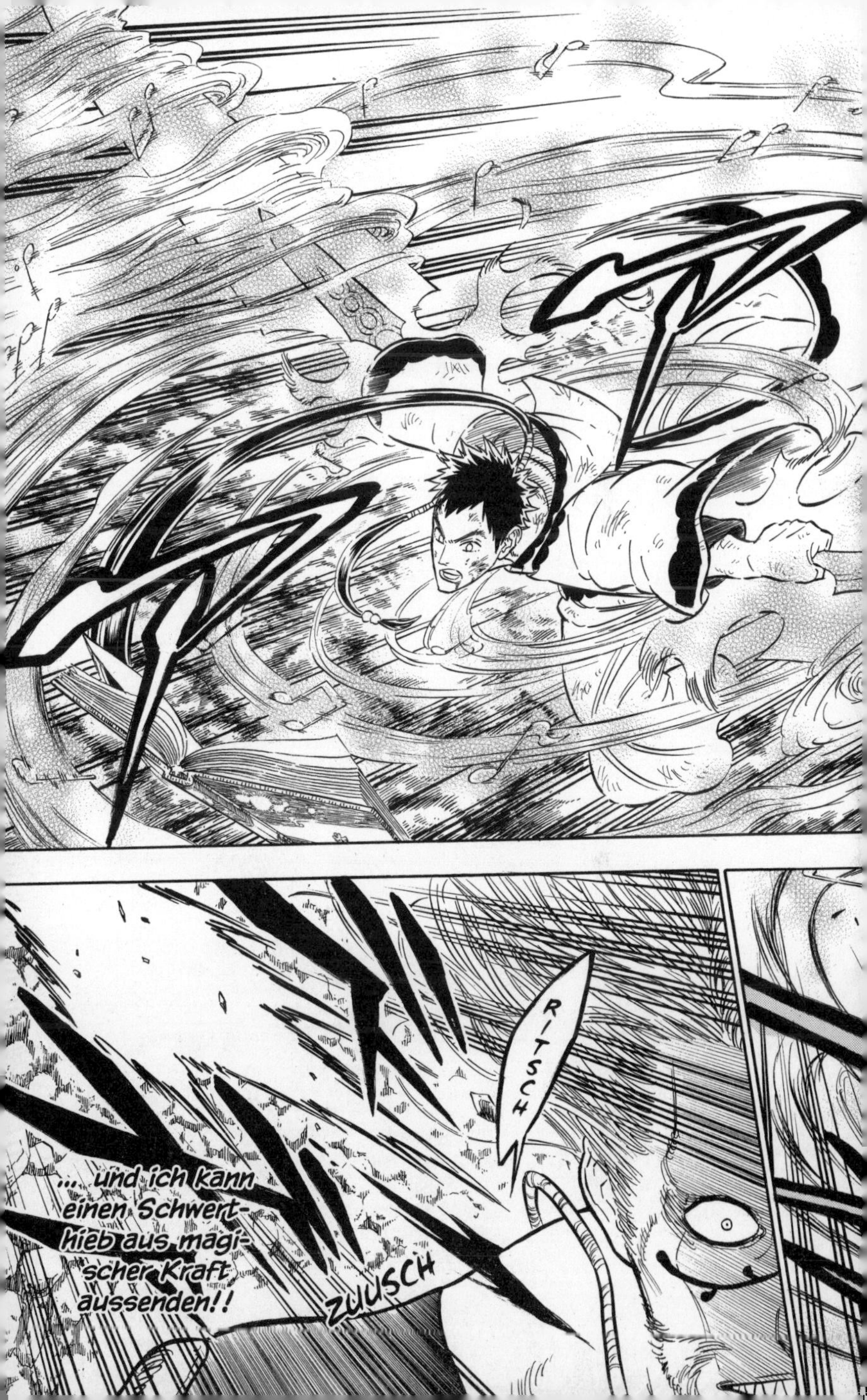
RITSCH
… und ich kann einen Schwert-hieb aus magi-scher Kraft aussenden!!
ZUUSCH

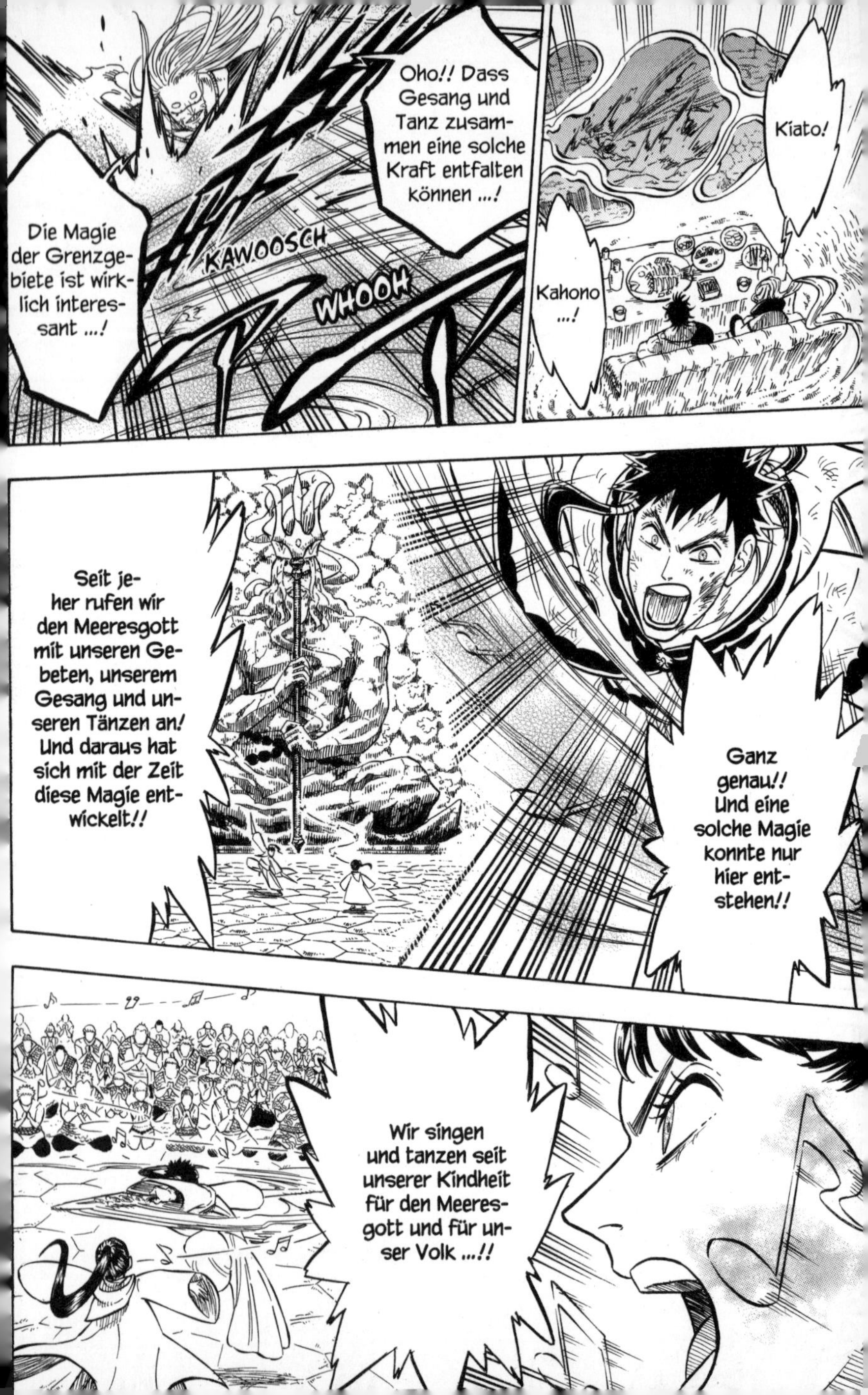

Kiato!
Kahono ...!
Oho!! Dass Gesang und Tanz zusammen eine solche Kraft entfalten können ...!
KAWOOSCH
WHOOH
Die Magie der Grenzgebiete ist wirklich interessant ...!
Ganz genau!! Und eine solche Magie konnte nur hier entstehen!!
Seit jeher rufen wir den Meeresgott mit unseren Gebeten, unserem Gesang und unseren Tänzen an! Und daraus hat sich mit der Zeit diese Magie entwickelt!!
Wir singen und tanzen seit unserer Kindheit für den Meeresgott und für unser Volk ...!!

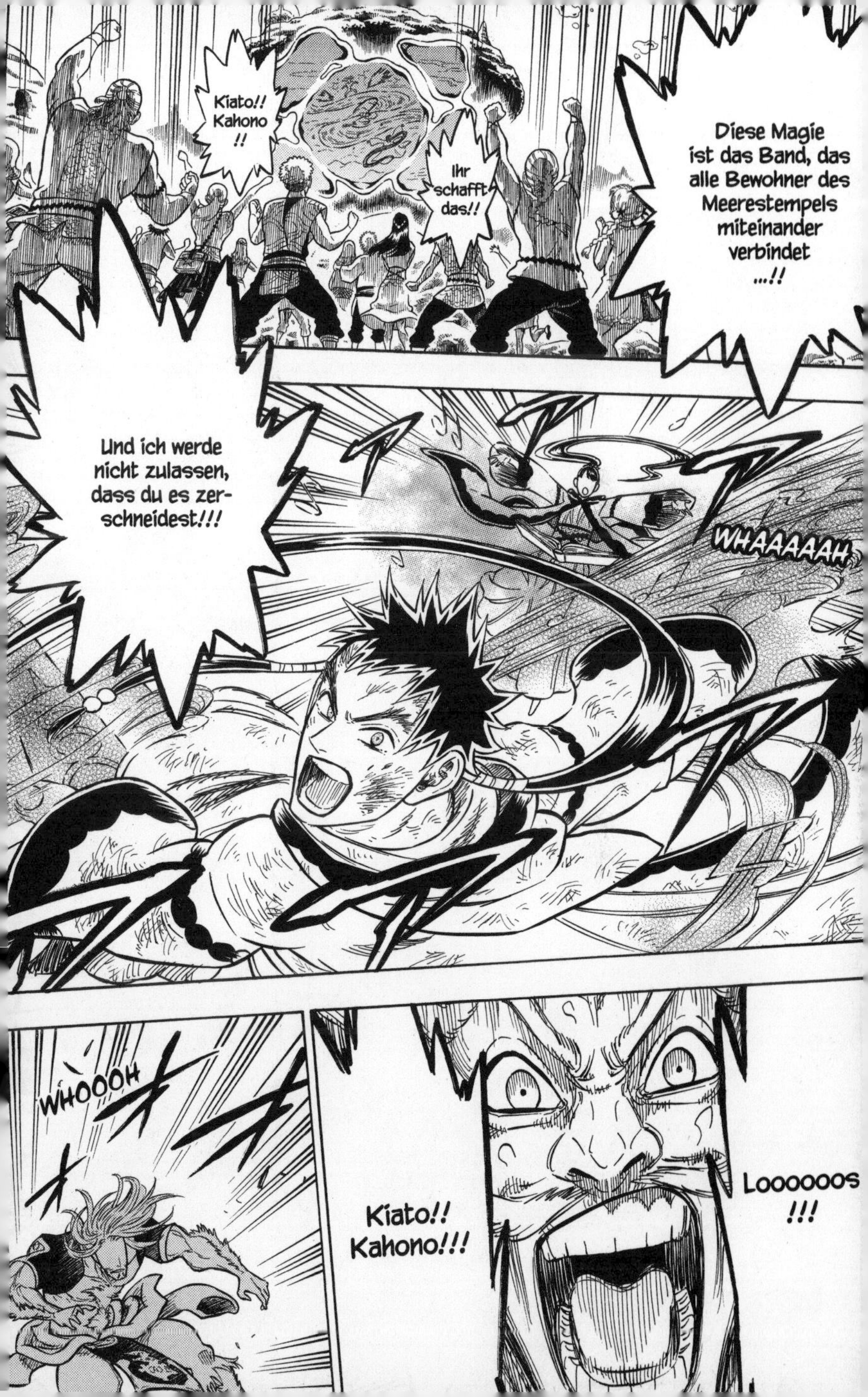
Diese Magie ist das Band, das alle Bewohner des Meerestempels miteinander verbindet ...!!
Ihr schafft das!!
Kiato!! Kahono !!
Und ich werde nicht zulassen, dass du es zer-schneidest!!!
WHAAAAAH
LOOOOOOS !!!
Kiato!! Kahono!!!
WHOOOH

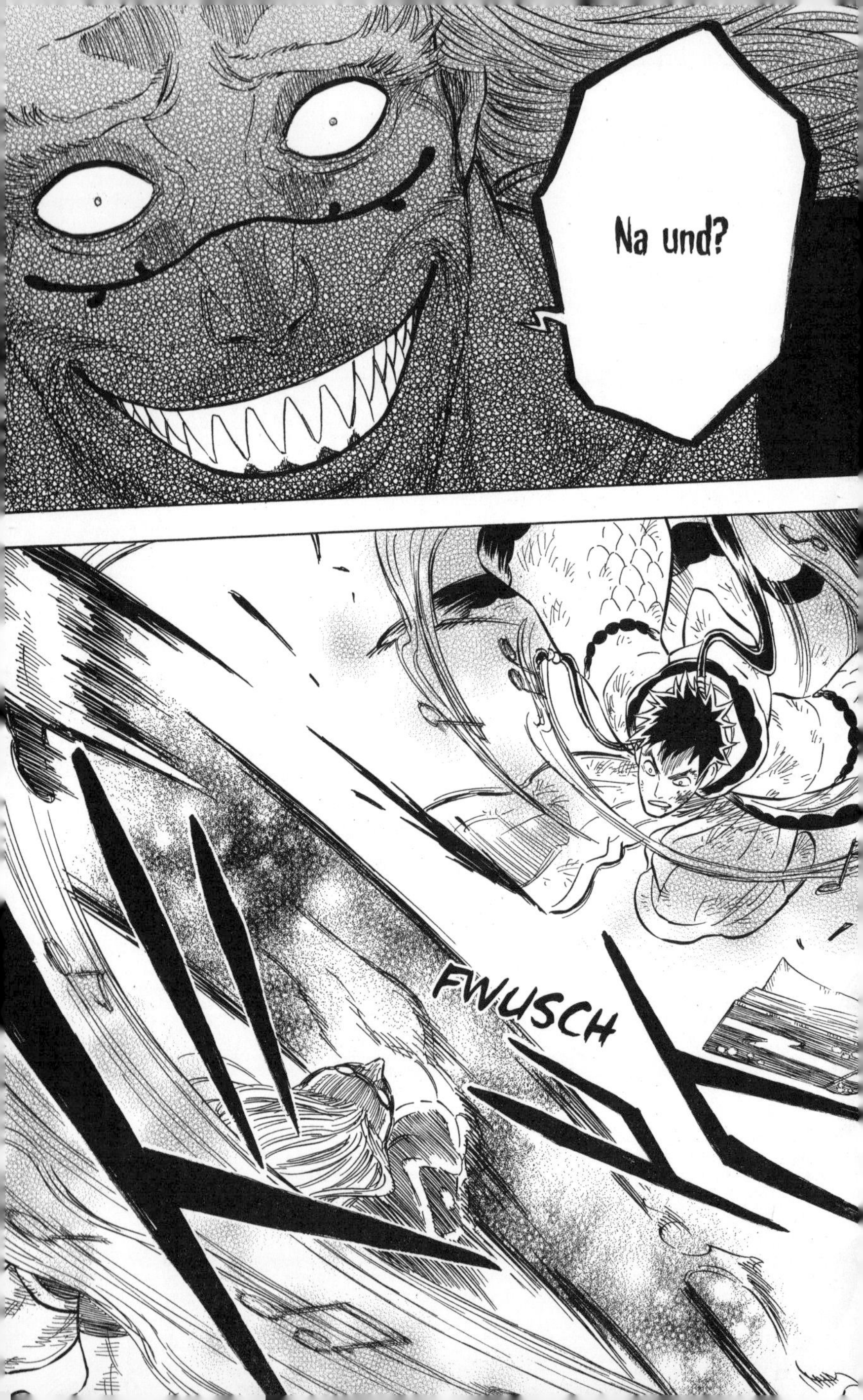
Na und?
FWUSCH

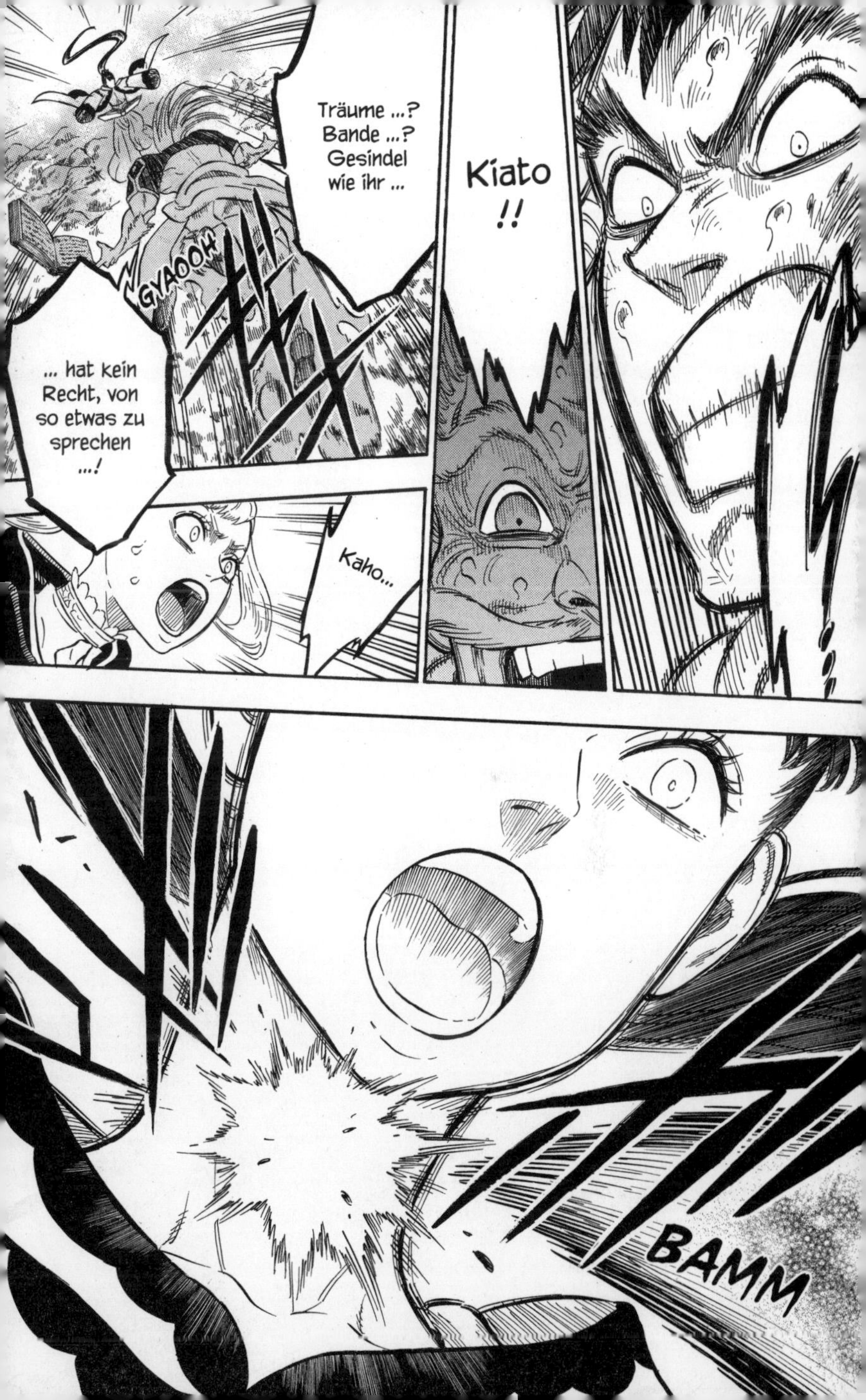
Kiato !!
Träume ...? Bande ...? Gesindel wie ihr ...
GYAOOH
... hat kein Recht, von so etwas zu sprechen ...!
Kaho...
BAMM

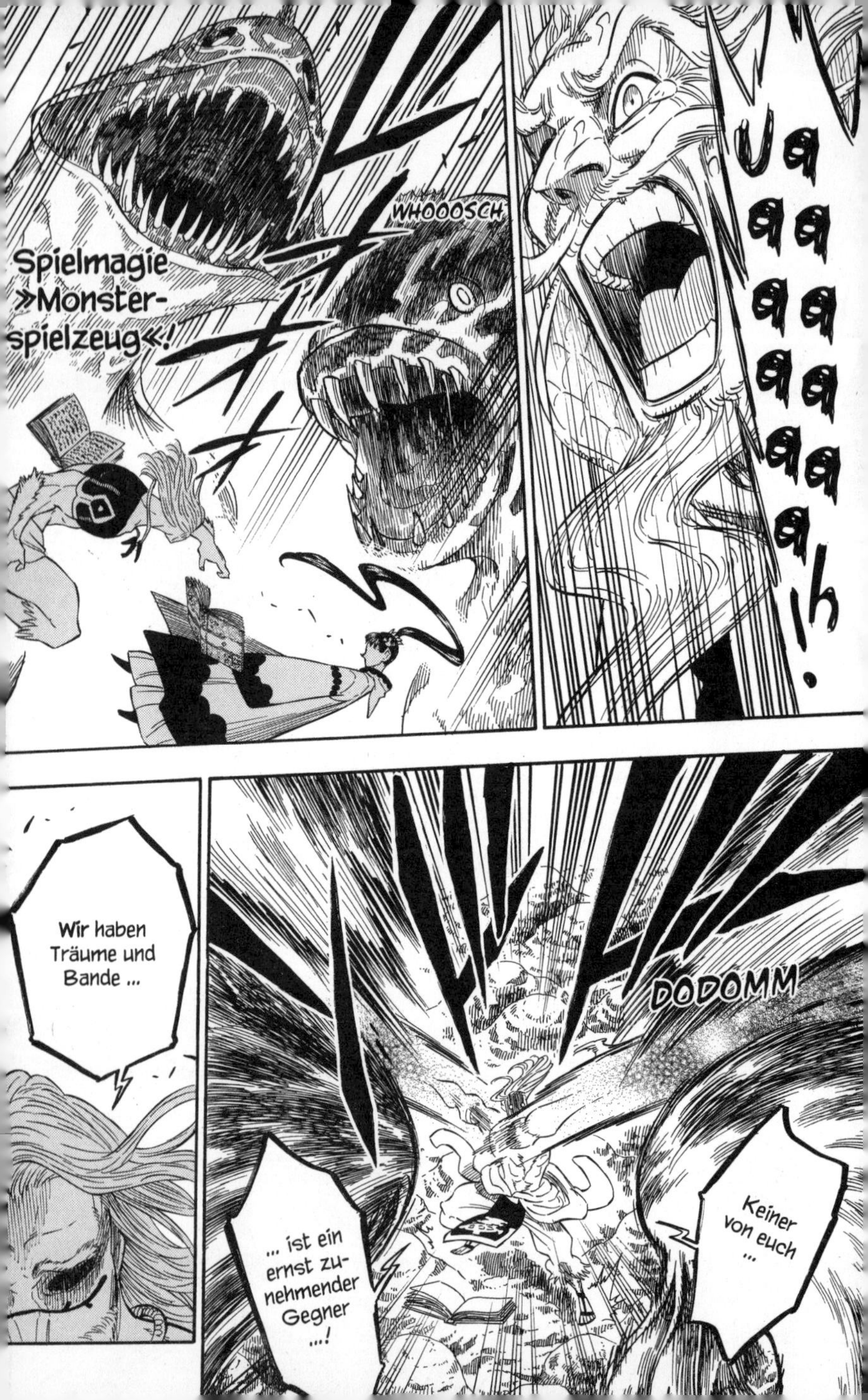

Uaaaaaaaaaaaaaaaah!
WHOOOSCH
Spielmagie »Monster-spielzeug«!
Keiner von euch ...
... ist ein ernst zu-nehmender Gegner ...!
DODOMM
Wir haben Träume und Bande ...

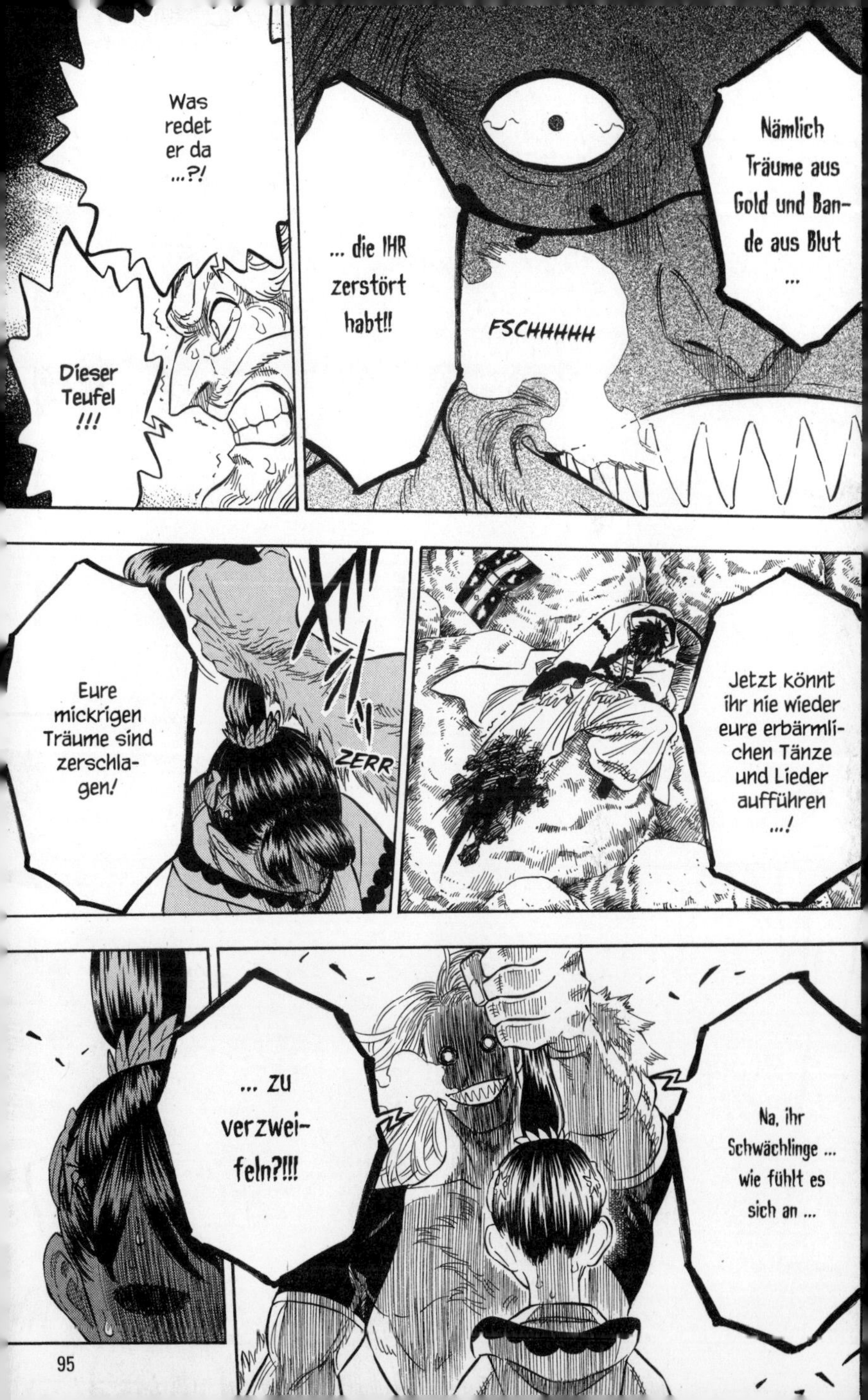
Nämlich Träume aus Gold und Bande aus Blut ...
... die IHR zerstört habt!!
FSCHHHHH
Was redet er da ...?!
Dieser Teufel !!!
Jetzt könnt ihr nie wieder eure erbärmlichen Tänze und Lieder aufführen ...!
Eure mickrigen Träume sind zerschlagen!
ZERR
Na, ihr Schwächlinge ... wie fühlt es sich an ...
... zu verzweifeln?!!!

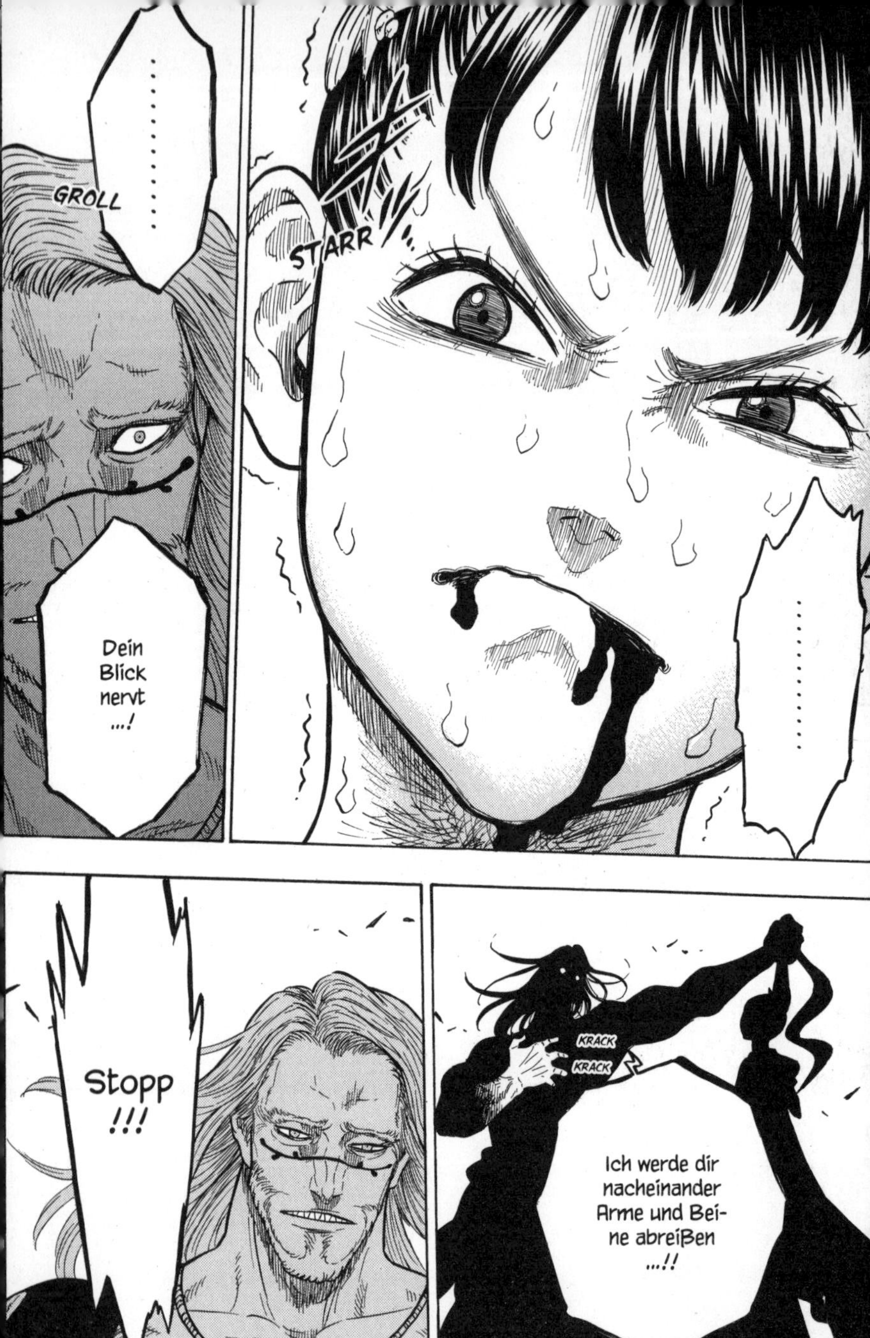
STARR
……
……
GROLL
Dein Blick nervt …!
KRACK
KRACK
Ich werde dir nacheinander Arme und Bei- ne abreißen …!!
Stopp !!!

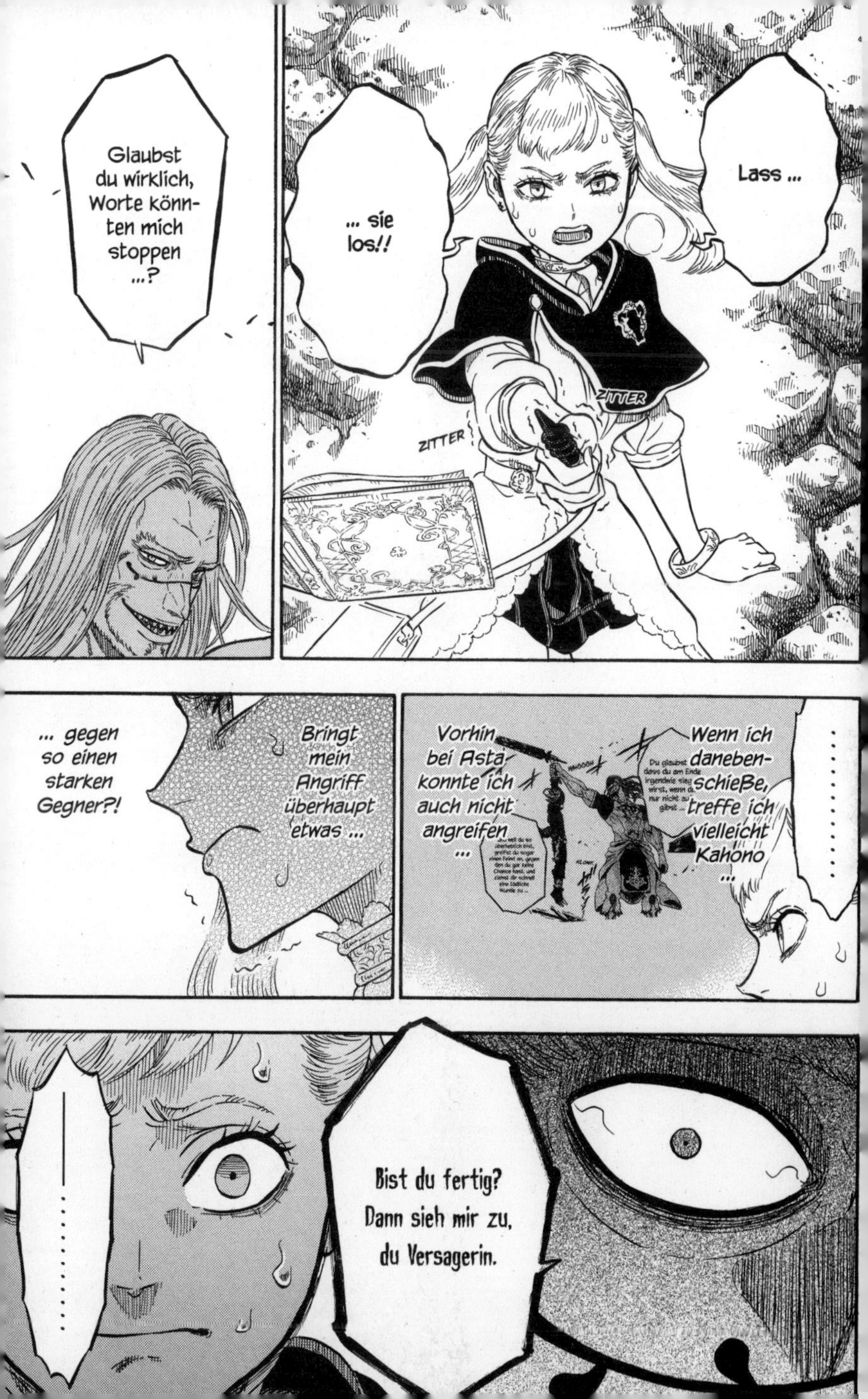

Lass ...
... sie los!!
ZITTER
ZITTER
Glaubst du wirklich, Worte könnten mich stoppen ...?
......
Wenn ich danebenschieße, treffe ich vielleicht Kahono ...
Vorhin bei Asta konnte ich auch nicht angreifen ...
Bringt mein Angriff überhaupt etwas ...
... gegen so einen starken Gegner?!
Bist du fertig? Dann sieh mir zu, du Versagerin.
......

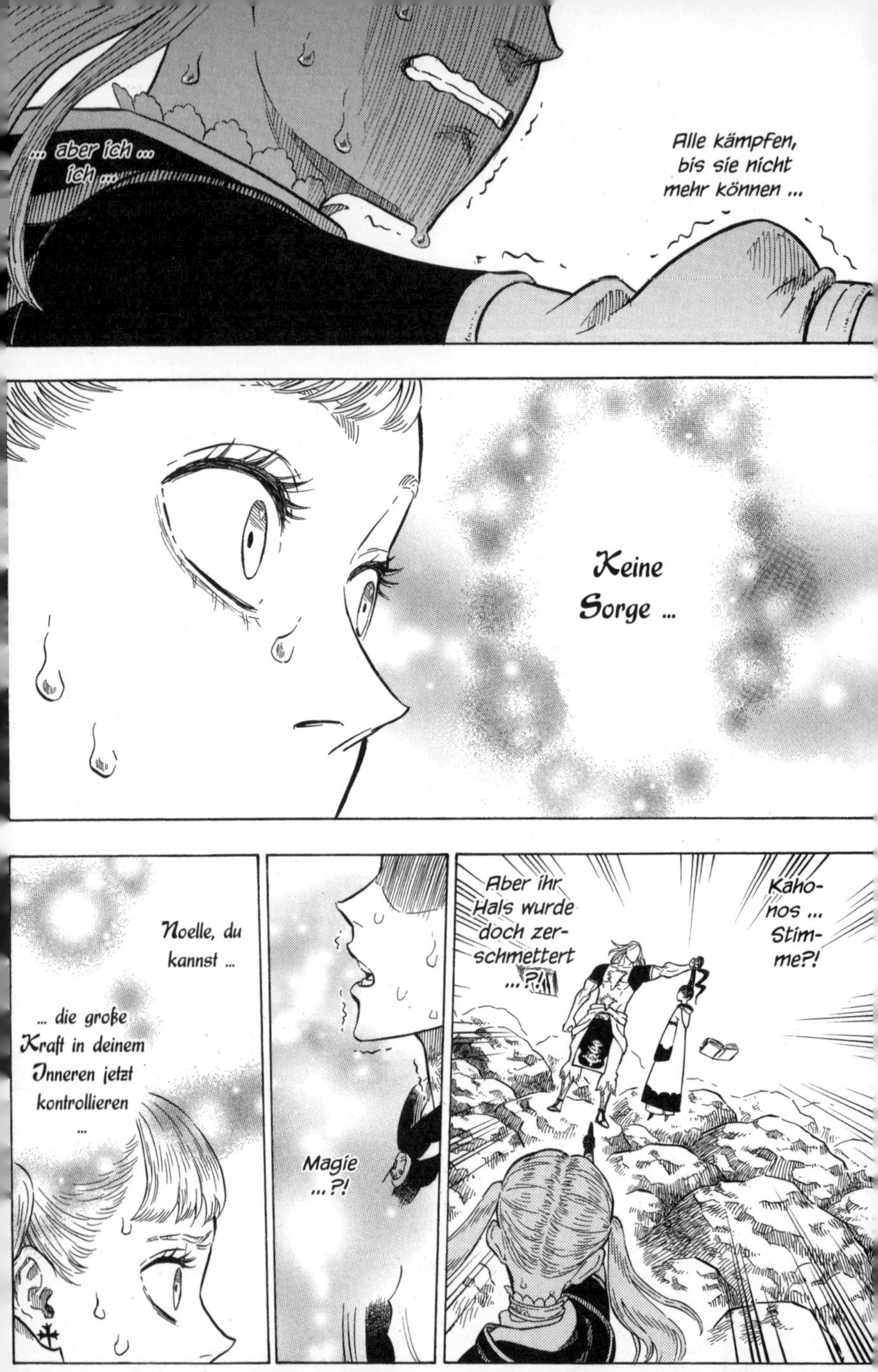
Alle kämpfen, bis sie nicht mehr können ...
... aber ich ... ich ...
Keine Sorge ...
Noelle, du kannst ...
... die große Kraft in deinem Inneren jetzt kontrollieren ...
Magie ...?!
Kahonos ... Stimme?!
Aber ihr Hals wurde doch zerschmettert ...?!

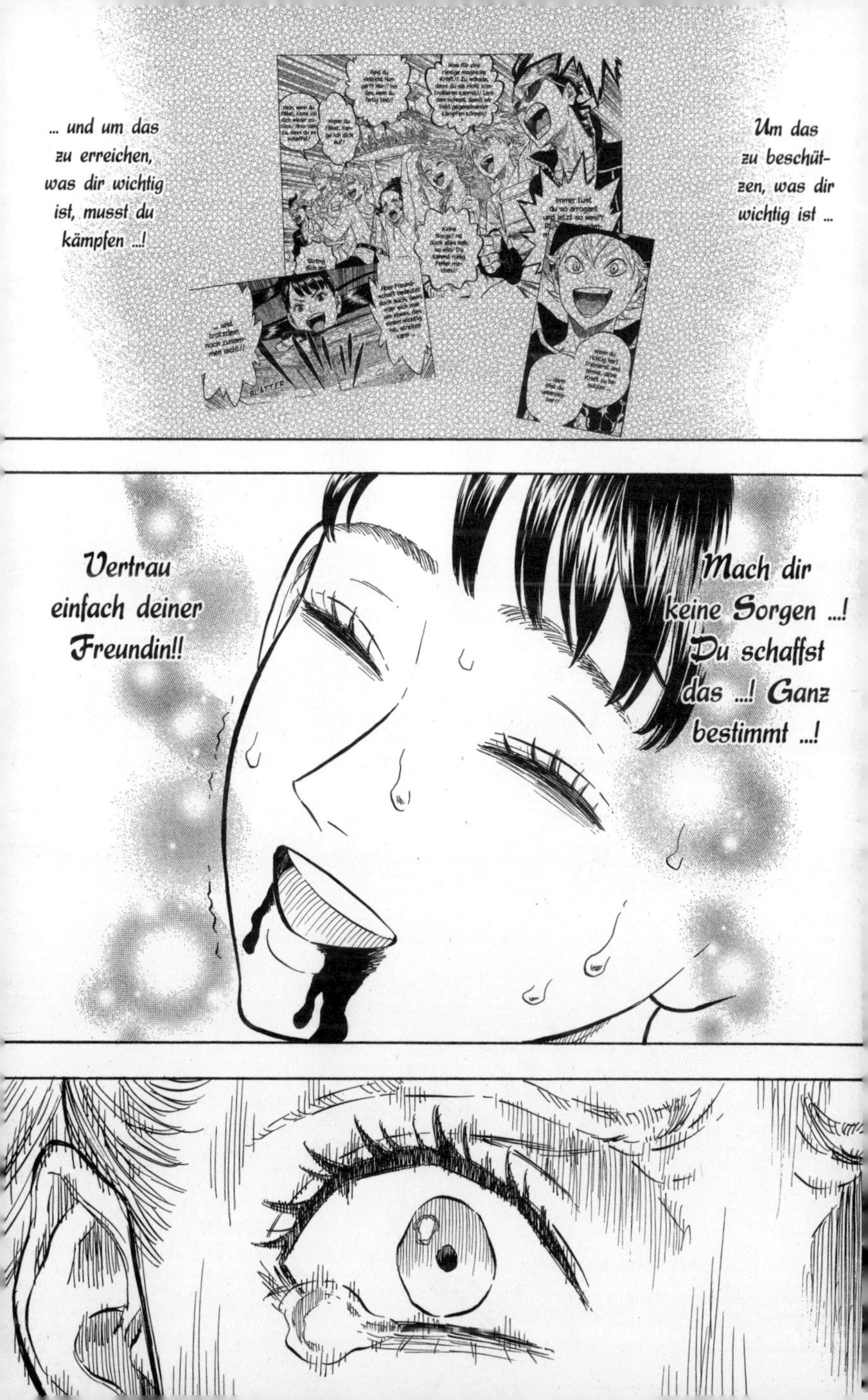
Um das zu beschützen, was dir wichtig ist ...
... und um das zu erreichen, was dir wichtig ist, musst du kämpfen ...!
Mach dir keine Sorgen ...! Du schaffst das ...! Ganz bestimmt ...!
Vertrau einfach deiner Freundin!!

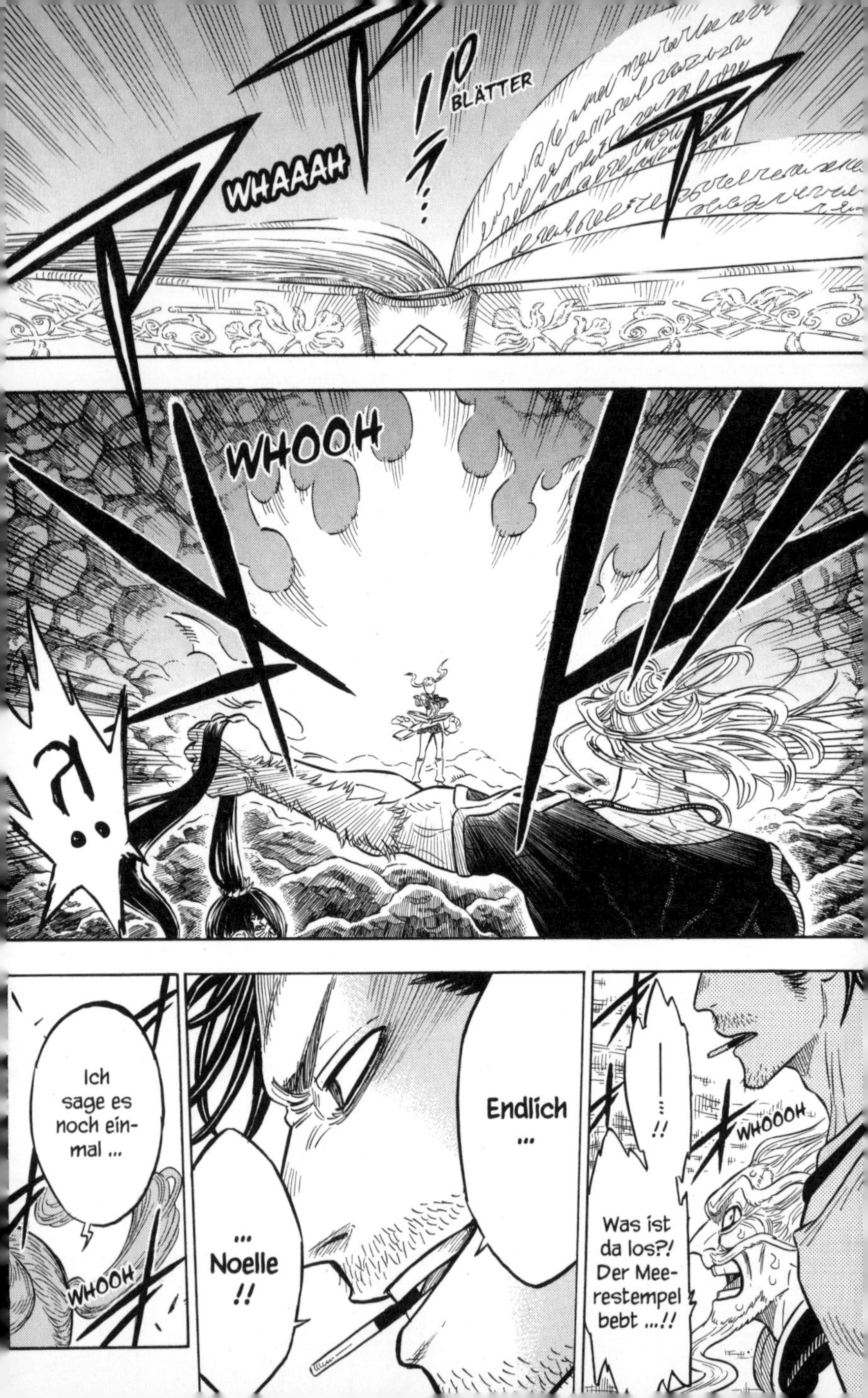
BLÄTTER
WHAAAH
WHOOH
?!
Endlich ...
... Noelle !!
Ich sage es noch einmal ...
WHOOH
...!!
WHOOOH
Was ist da los?! Der Meerestempel bebt ...!!

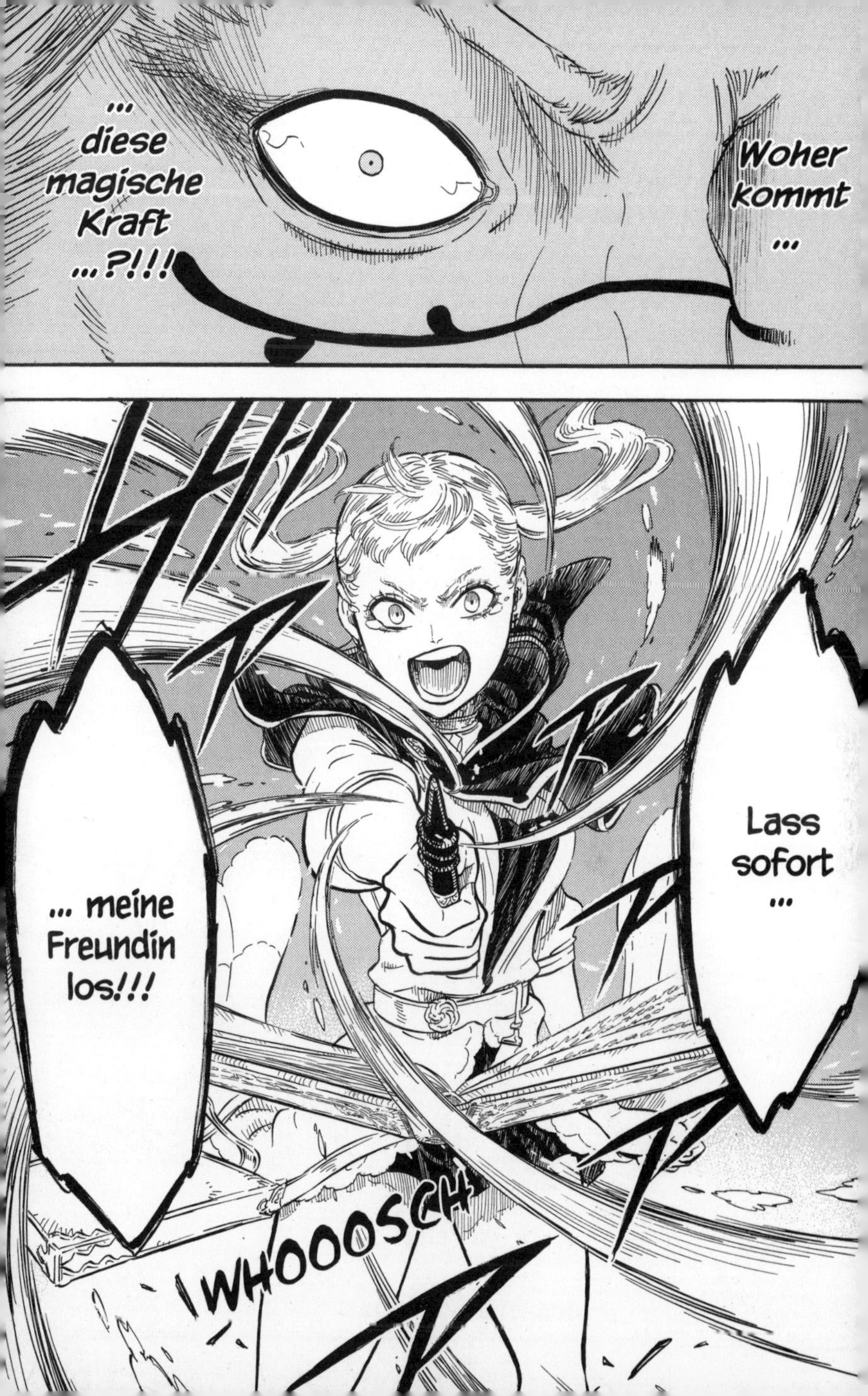
Woher kommt ...
... diese magische Kraft ...?!!!
Lass sofort ...
... meine Freundin los!!!
WHOOOSCH

Kahono

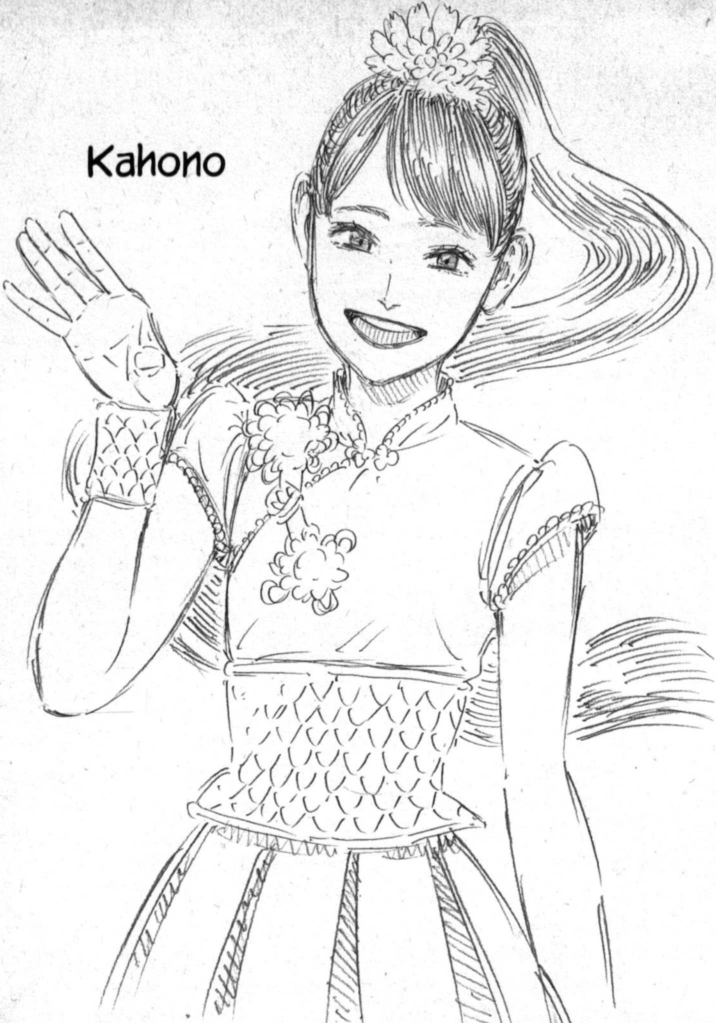

Alter: 15 Jahre Größe: 157 cm
Geburtstag: 15. November Sternzeichen: Skorpion
Blutgruppe: A Mag: Singen, Geld, Eis

CHARAKTERPROFIL

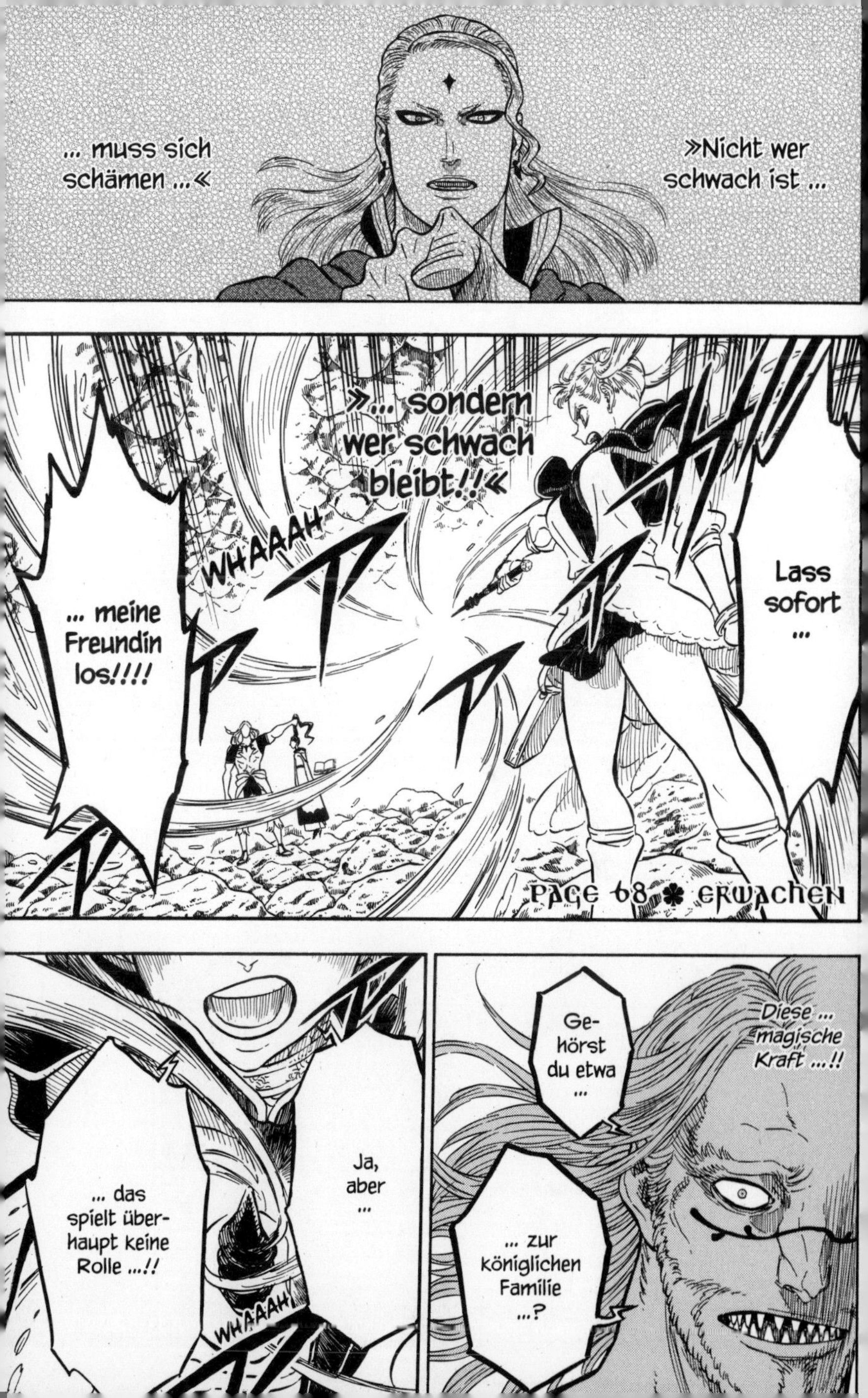
»Nicht wer schwach ist ...
... muss sich schämen ...«
»... sondern wer schwach bleibt!!«
Lass sofort ...
WHAAAH
... meine Freundin los!!!!
PAGE 68 ✤ ERWACHEN
Diese ... magische Kraft ...!!
Ge- hörst du etwa ...
... zur königlichen Familie ...?
Ja, aber ...
... das spielt über- haupt keine Rolle ...!!
WHAAAH

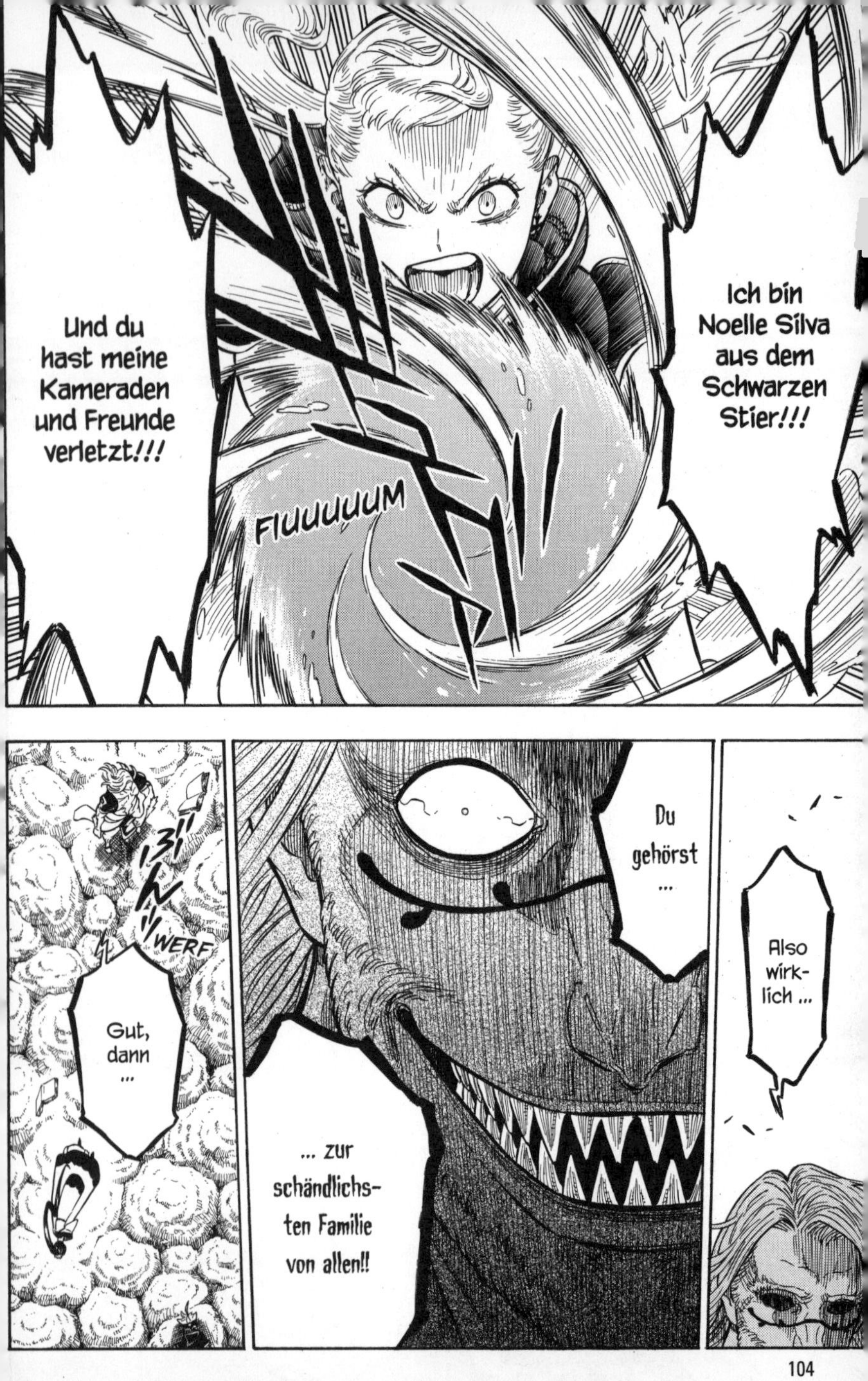
Ich bin Noelle Silva aus dem Schwarzen Stier!!!
Und du hast meine Kameraden und Freunde verletzt!!!
FIUUUUUM
Also wirk-lich ...
Du gehörst ...
... zur schändlichs-ten Familie von allen!!
WERF
Gut, dann ...

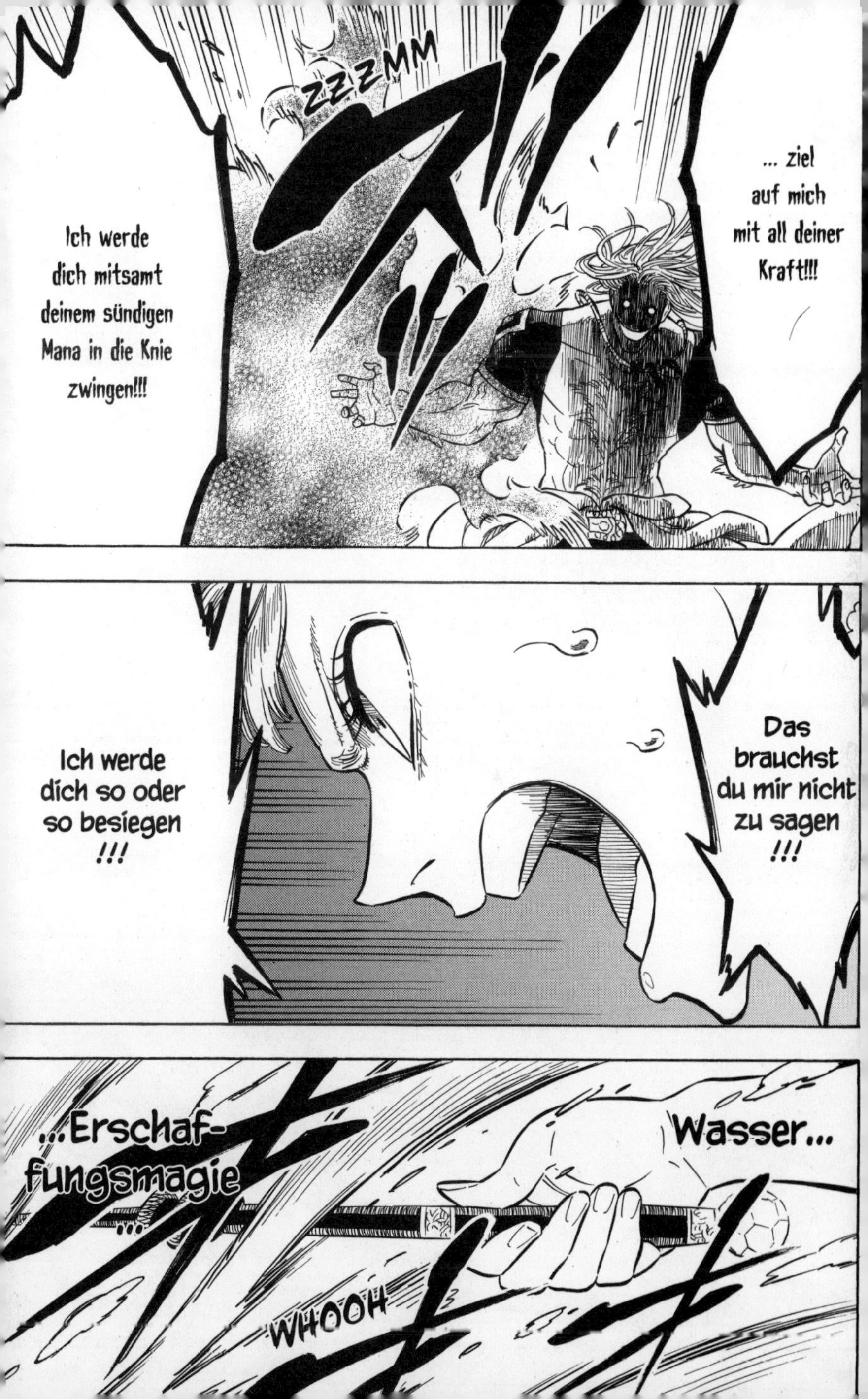
ZZZMM
... ziel auf mich mit all deiner Kraft!!!
Ich werde dich mitsamt deinem sündigen Mana in die Knie zwingen!!!
Das brauchst du mir nicht zu sagen !!!
Ich werde dich so oder so besiegen !!!
Wasser...
...Erschaffungsmagie ...
WHOOH

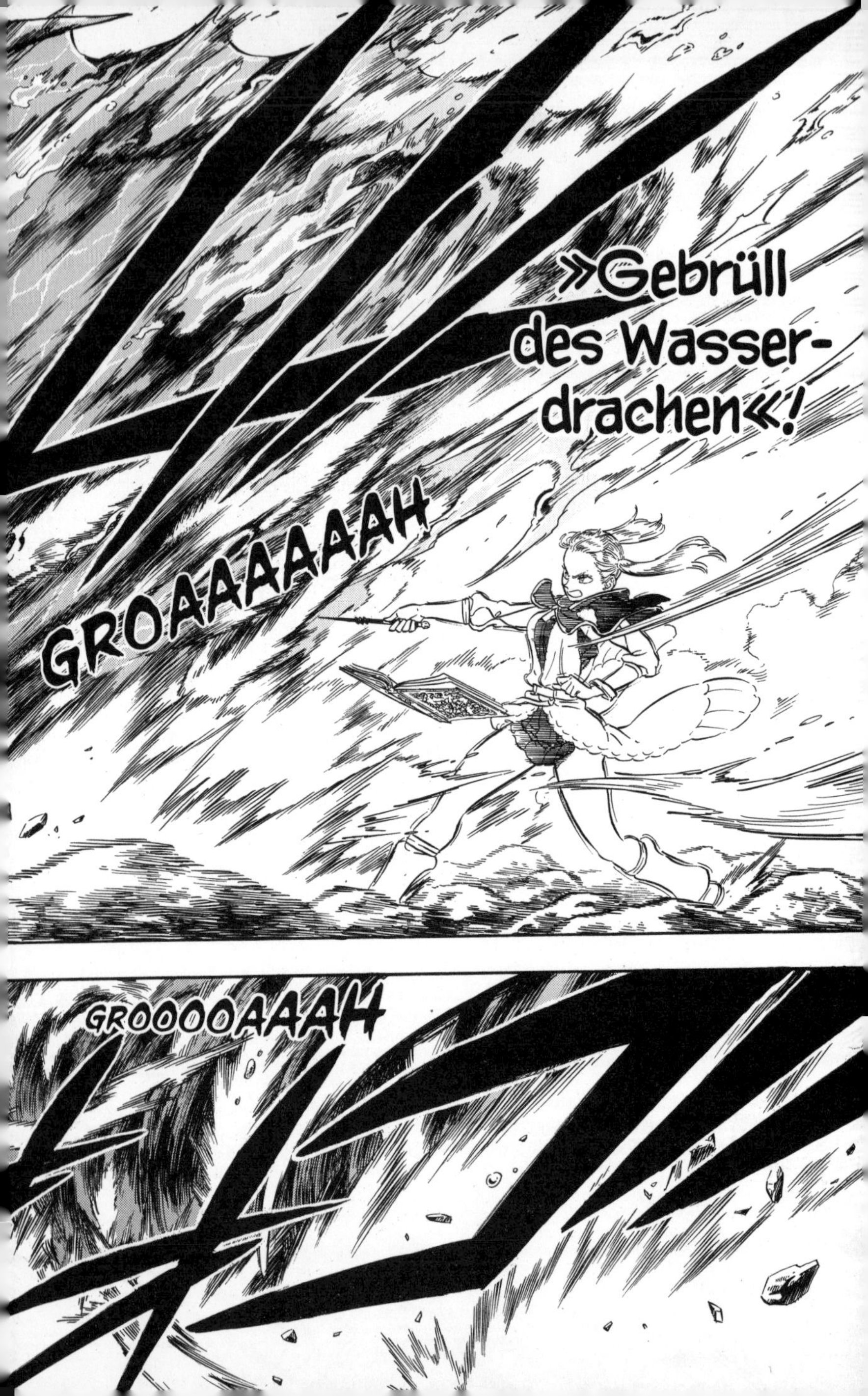
»Gebrüll
des Wasser-
drachen«!
GROAAAAAAAH
GROOOOAAAH

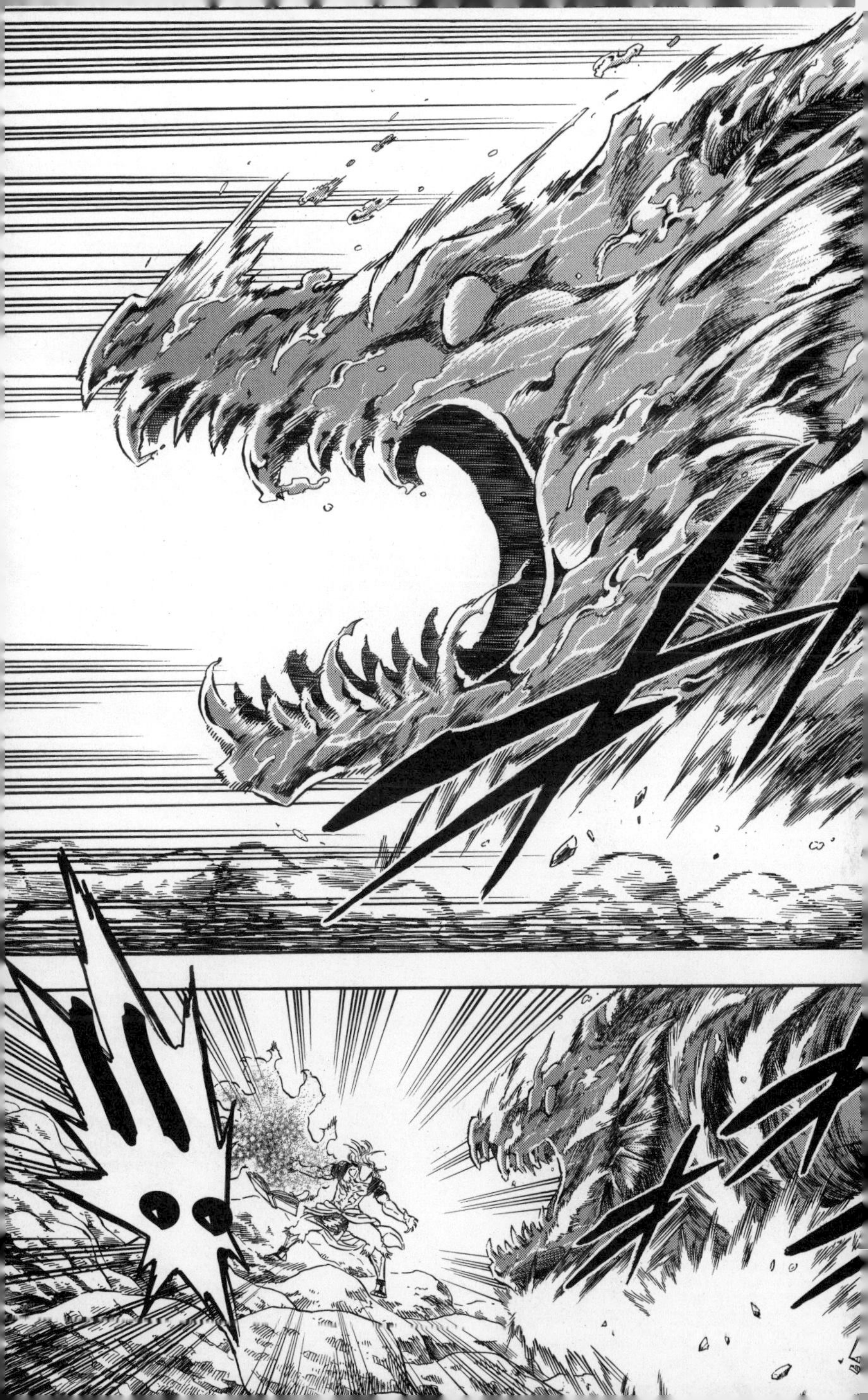

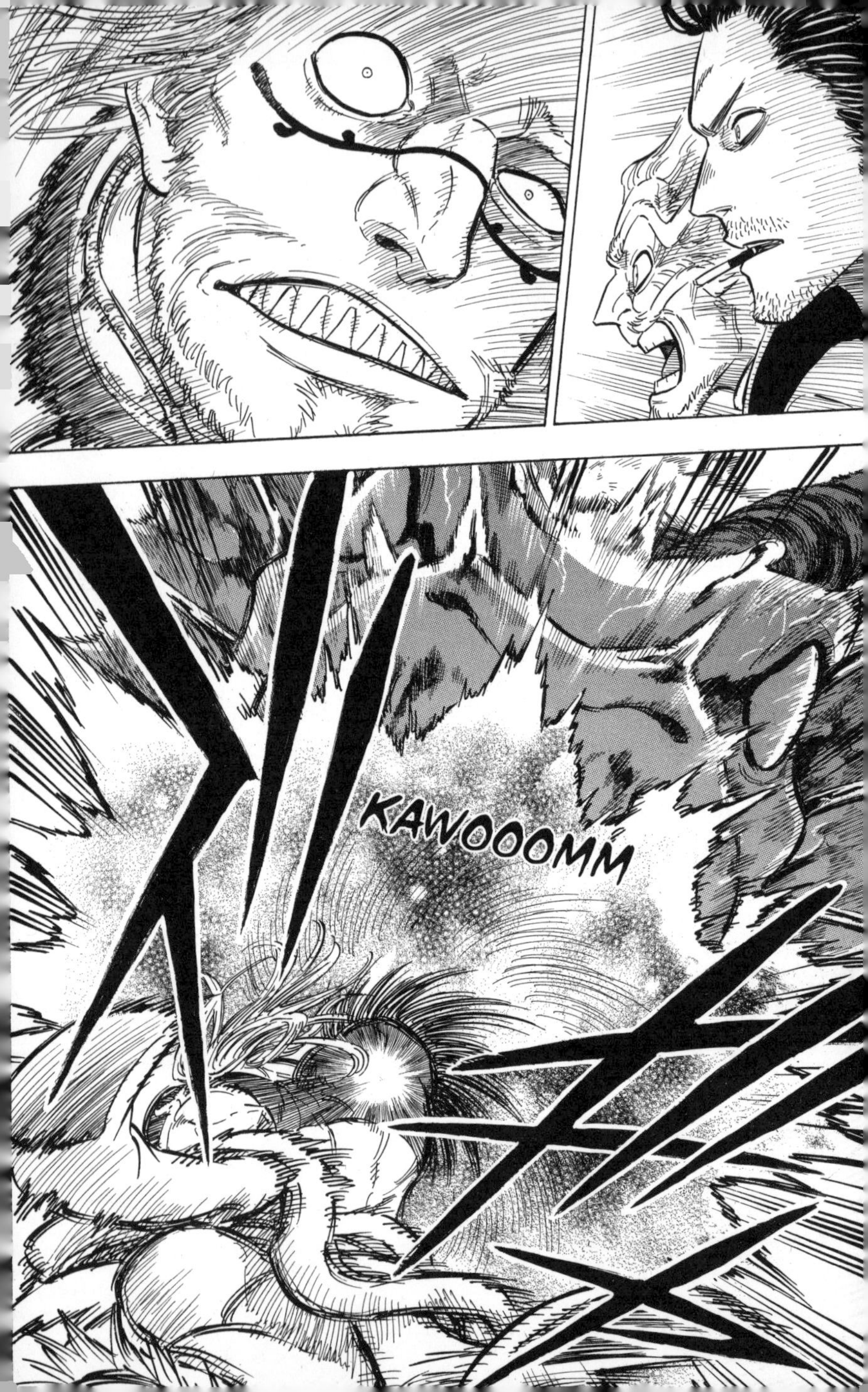
KAWOOOMM

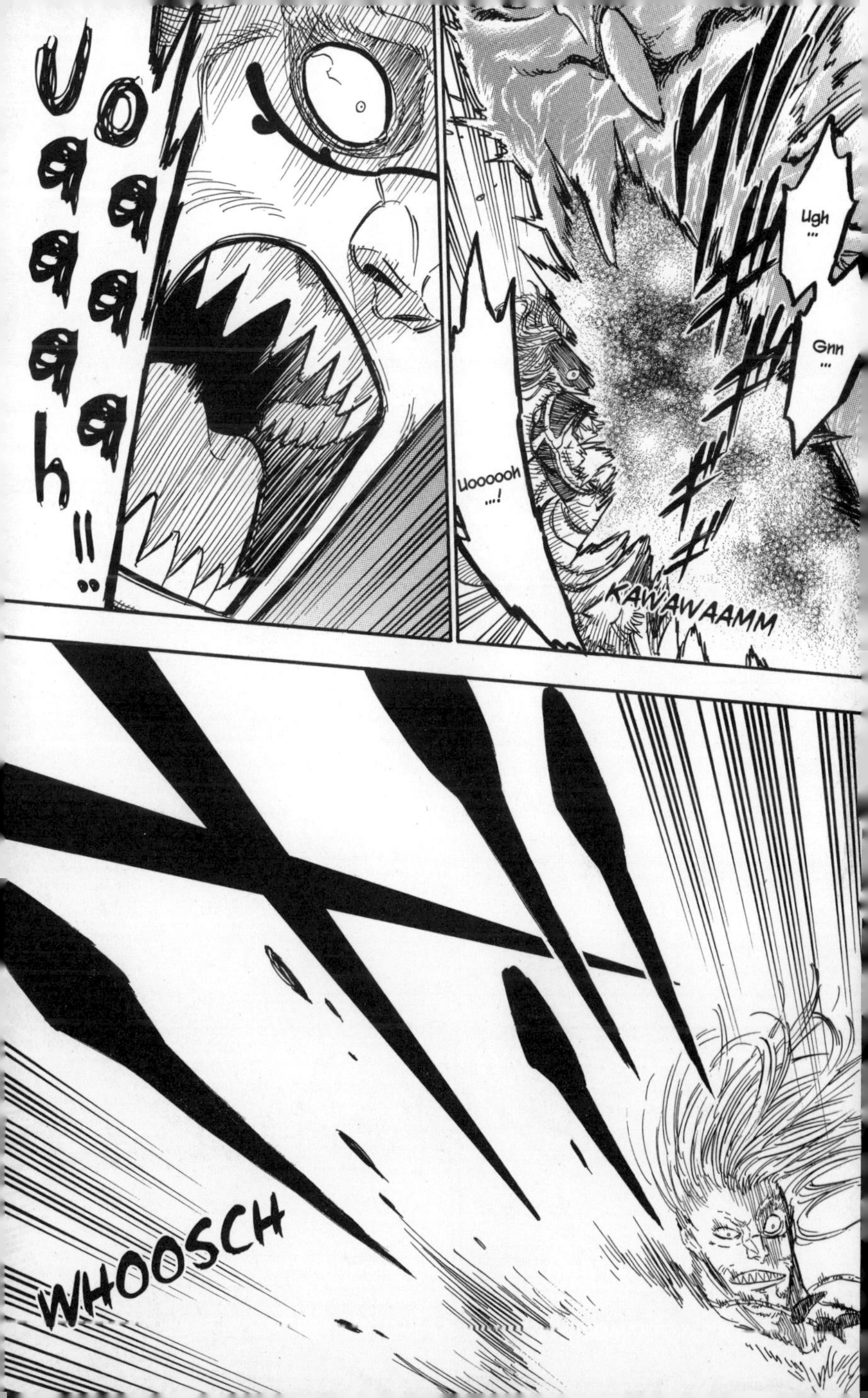
Ugh ...
Gnn ...
Uooooh ...!
KAWAWAAMM
Uoaaaaaaaaaaah!!
WHOOSCH

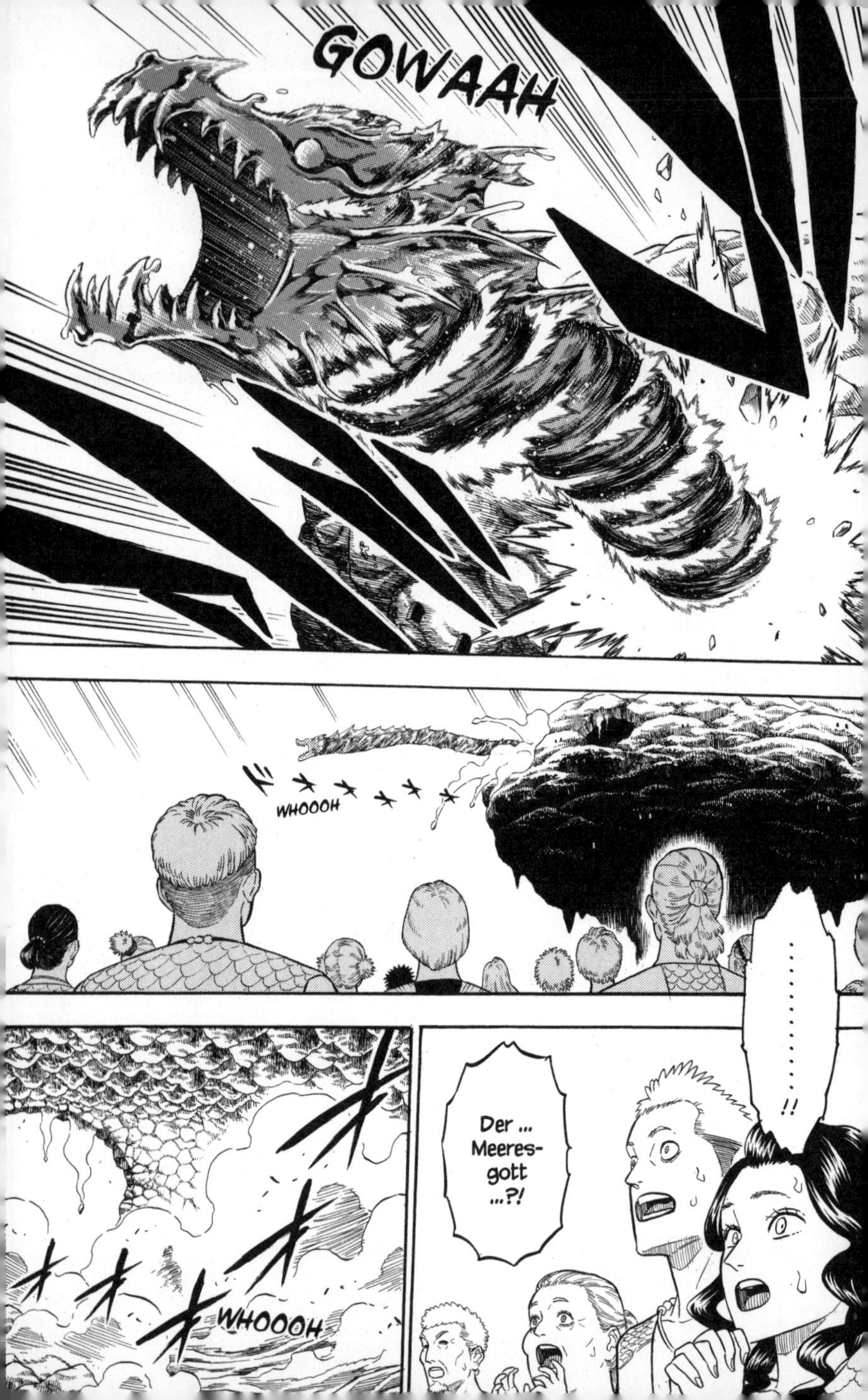
GOWAAH
WHOOOH
......!!
Der ... Meeres-gott ...?!
WHOOOH

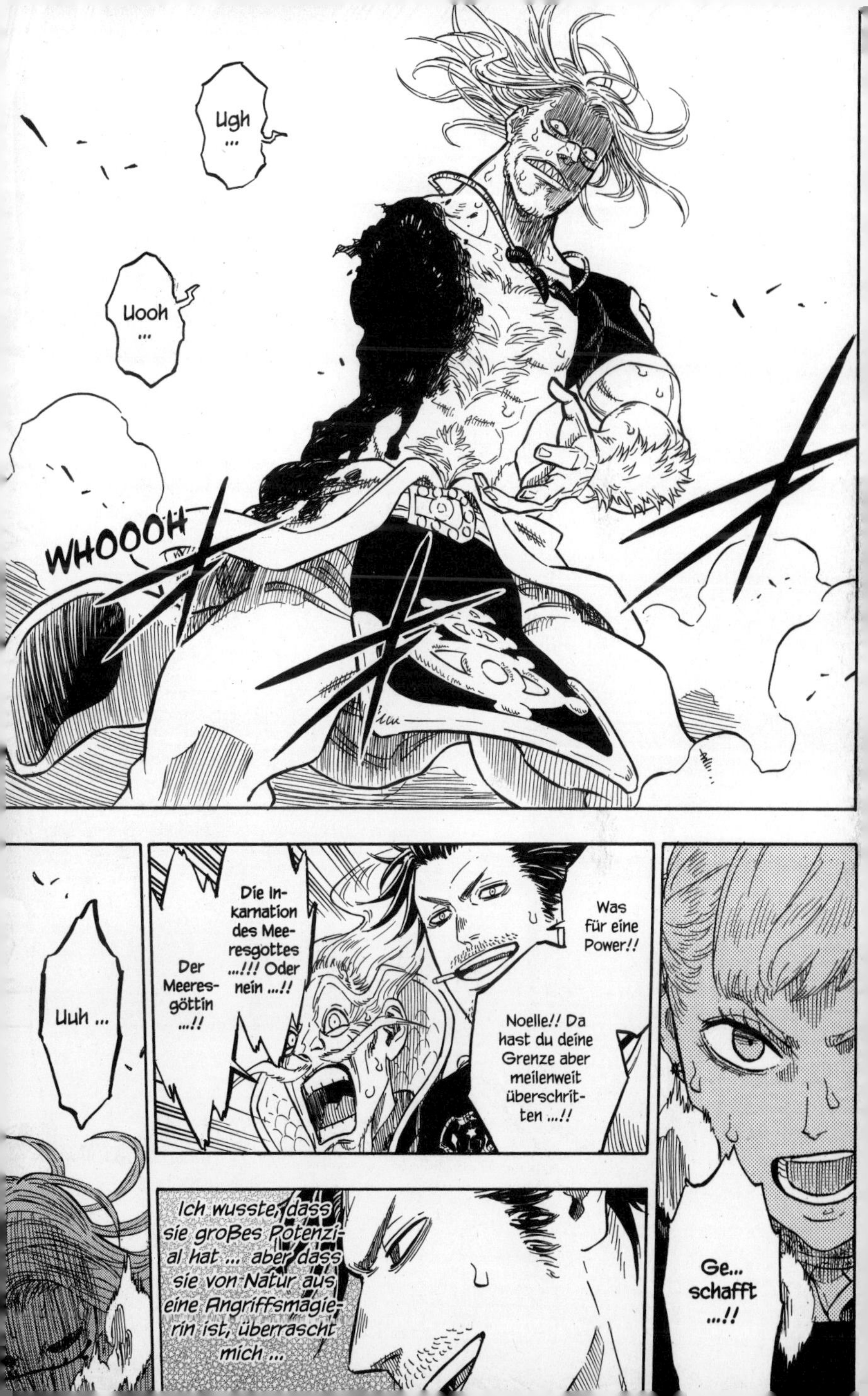
Ugh …
Uooh …
WHOOOH
Uuh …
Was für eine Power!!
Die Inkarnation des Meeresgottes …!!! Oder nein …!!
Der Meeresgöttin …!!
Noelle!! Da hast du deine Grenze aber meilenweit überschritten …!!
Ge… schafft …!!
Ich wusste, dass sie großes Potenzial hat … aber dass sie von Natur aus eine Angriffsmagierin ist, überrascht mich …

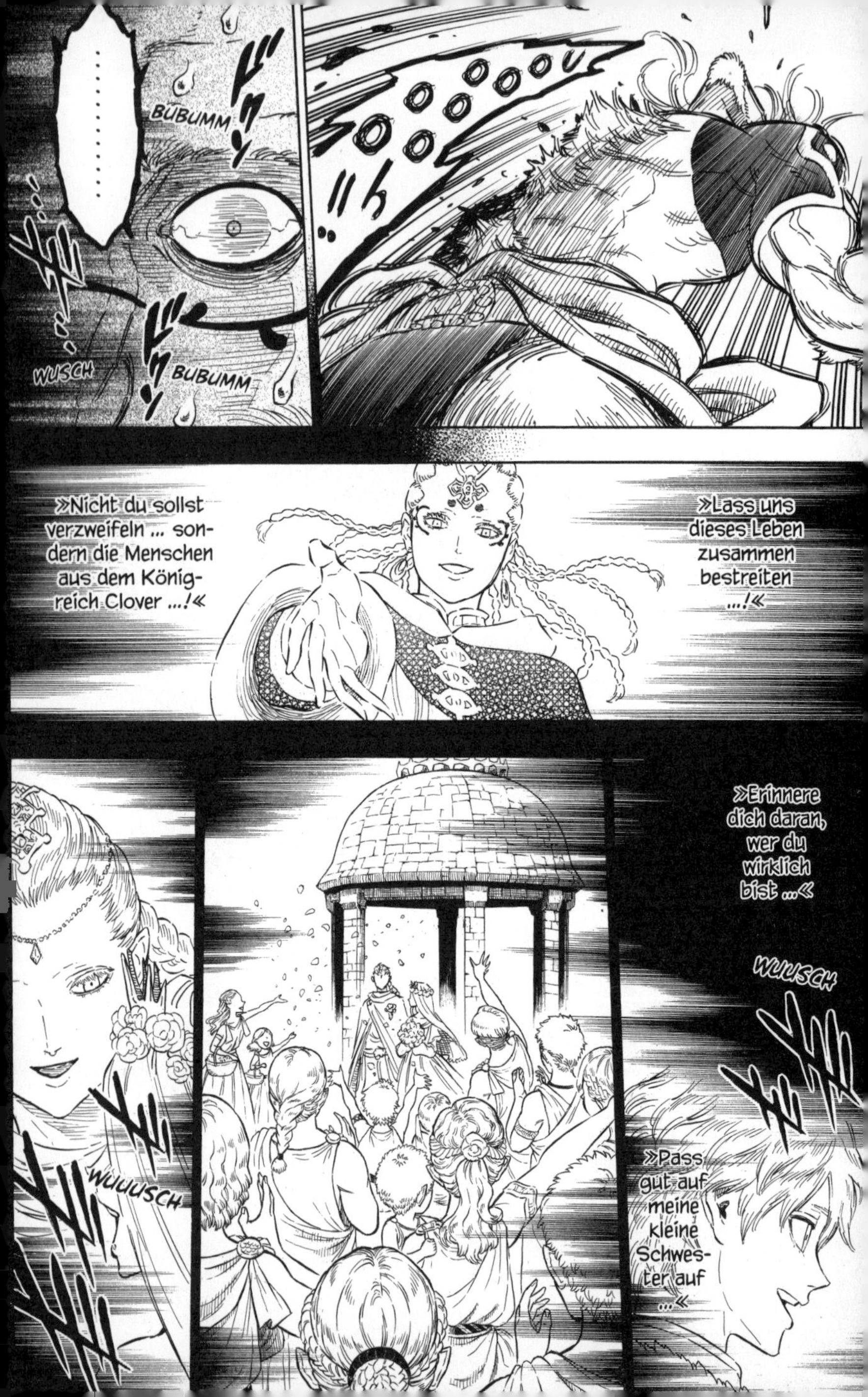
……
BUBUMM
BUBUMM
WUSCH
»Nicht du sollst verzweifeln … sondern die Menschen aus dem Königreich Clover …!«
»Lass uns dieses Leben zusammen bestreiten …!«
»Erinnere dich daran, wer du wirklich bist …«
WUUUSCH
WUUSCH
»Pass gut auf meine kleine Schwester auf …«

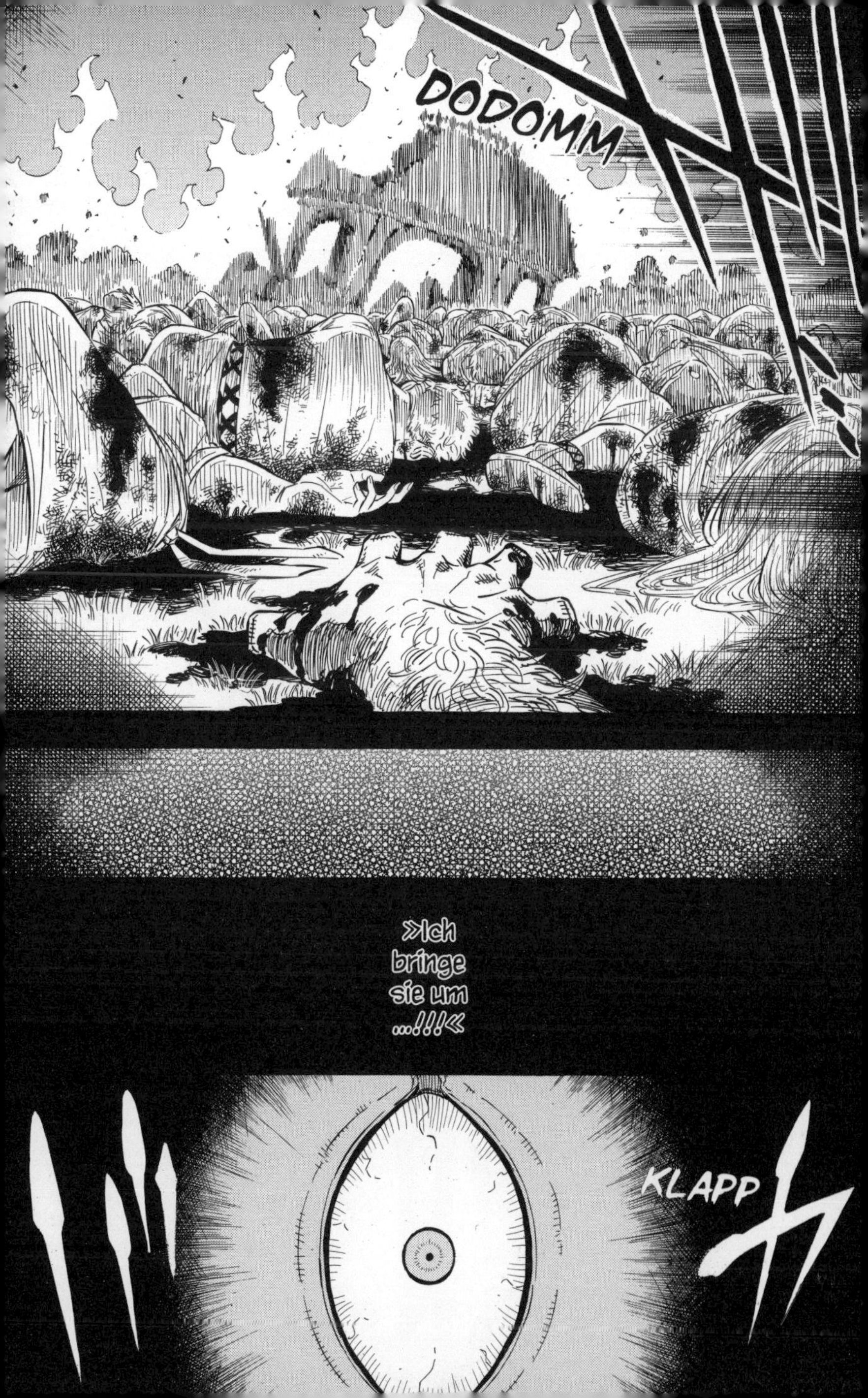
DODOMM
»Ich bringe sie um ...!!!«
KLAPP

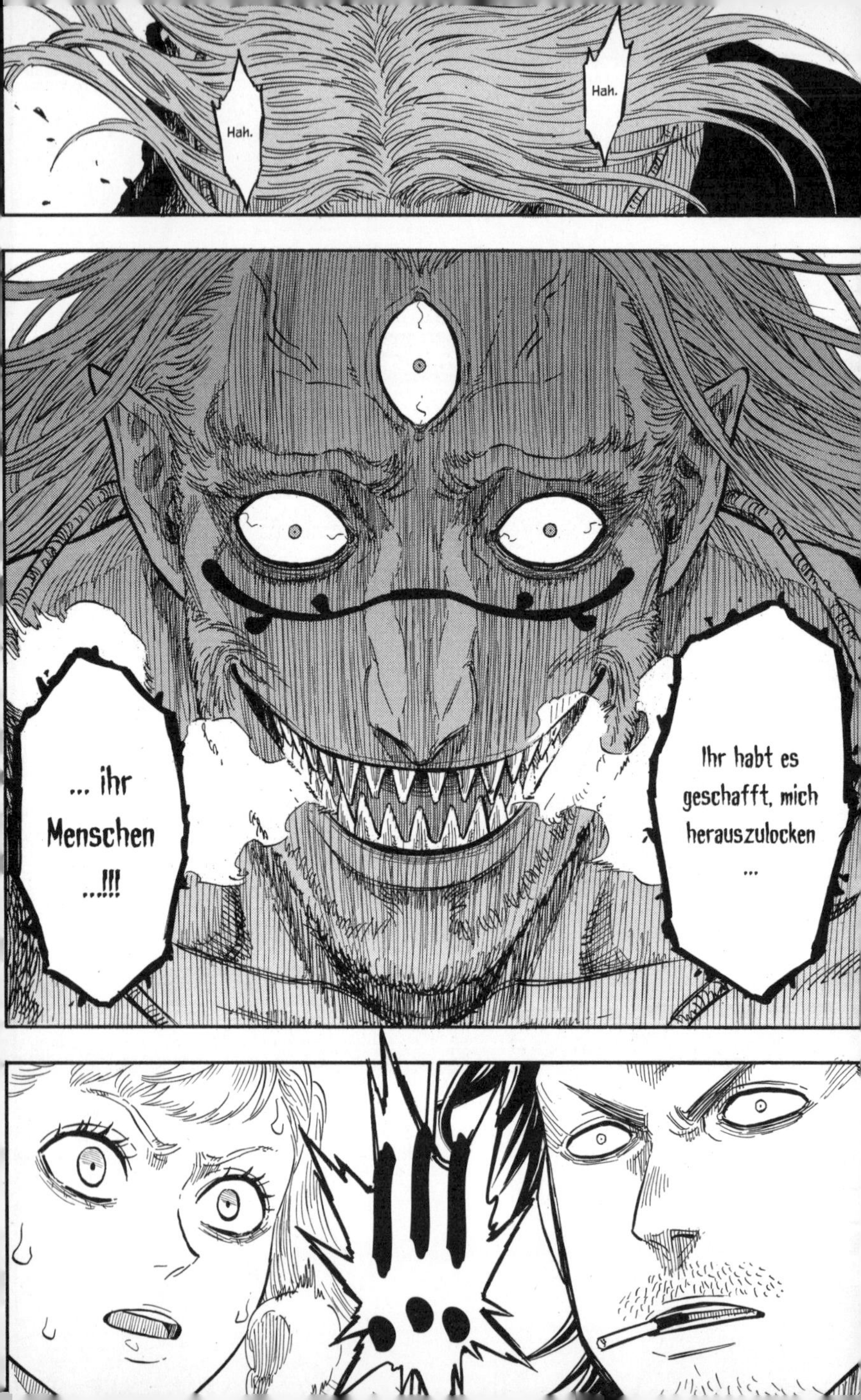
Hah.
Hah.
Ihr habt es geschafft, mich herauszulocken ...
... ihr Menschen ...!!!

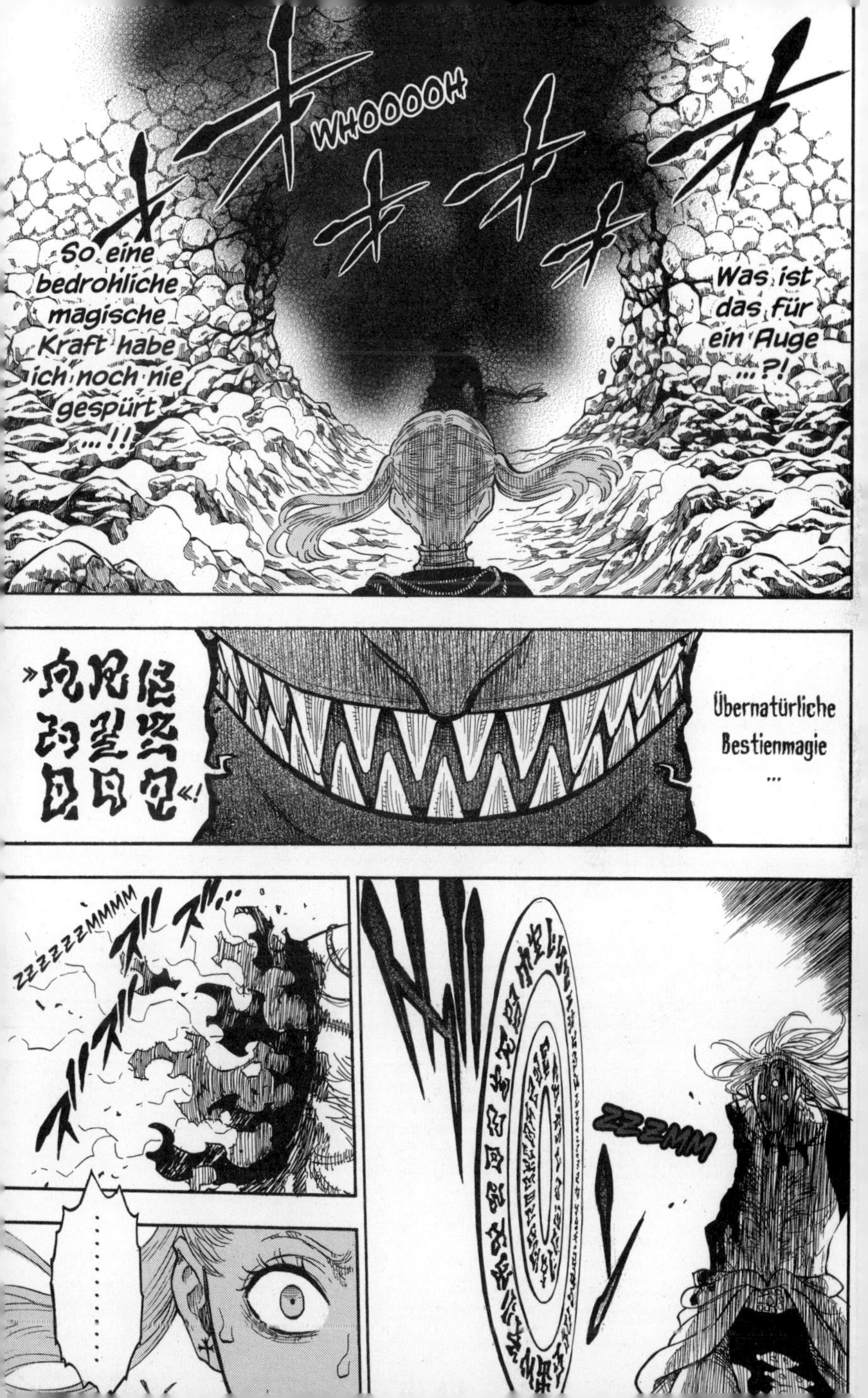
WHOOOOH
Was ist das für ein Auge ...?!
So eine bedrohliche magische Kraft habe ich noch nie gespürt ...!!
Übernatürliche Bestienmagie ...
ZZZMM
ZZZZZZMMMM
......

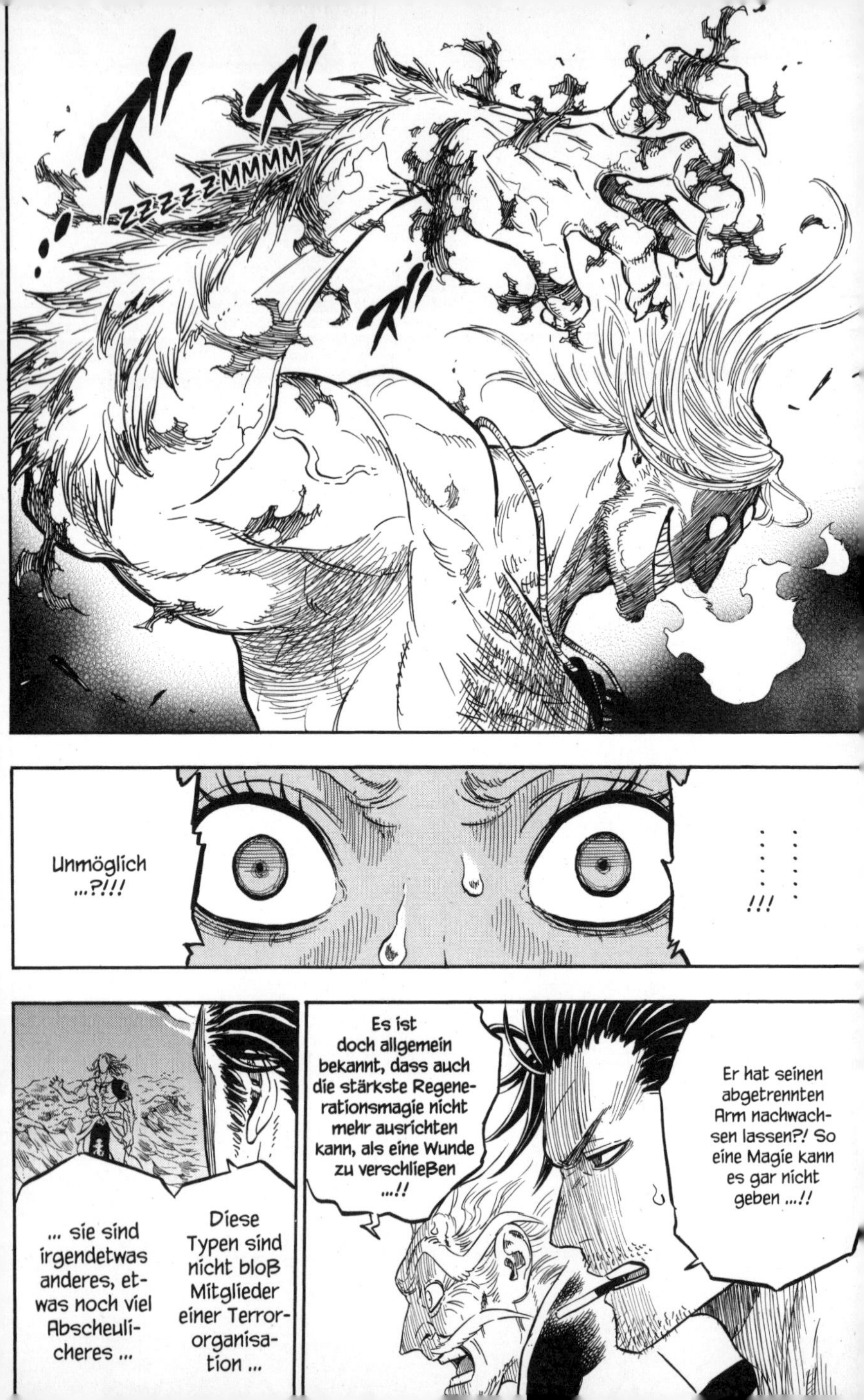

ズ
ズ
ZZZZZZMMMMM
ズ
……!!!
Unmöglich ...?!!!
Er hat seinen abgetrennten Arm nachwachsen lassen?! So eine Magie kann es gar nicht geben ...!!
Es ist doch allgemein bekannt, dass auch die stärkste Regenerationsmagie nicht mehr ausrichten kann, als eine Wunde zu verschließen ...!!
Diese Typen sind nicht bloß Mitglieder einer Terrororganisation ...
... sie sind irgendetwas anderes, etwas noch viel Abscheulicheres ...

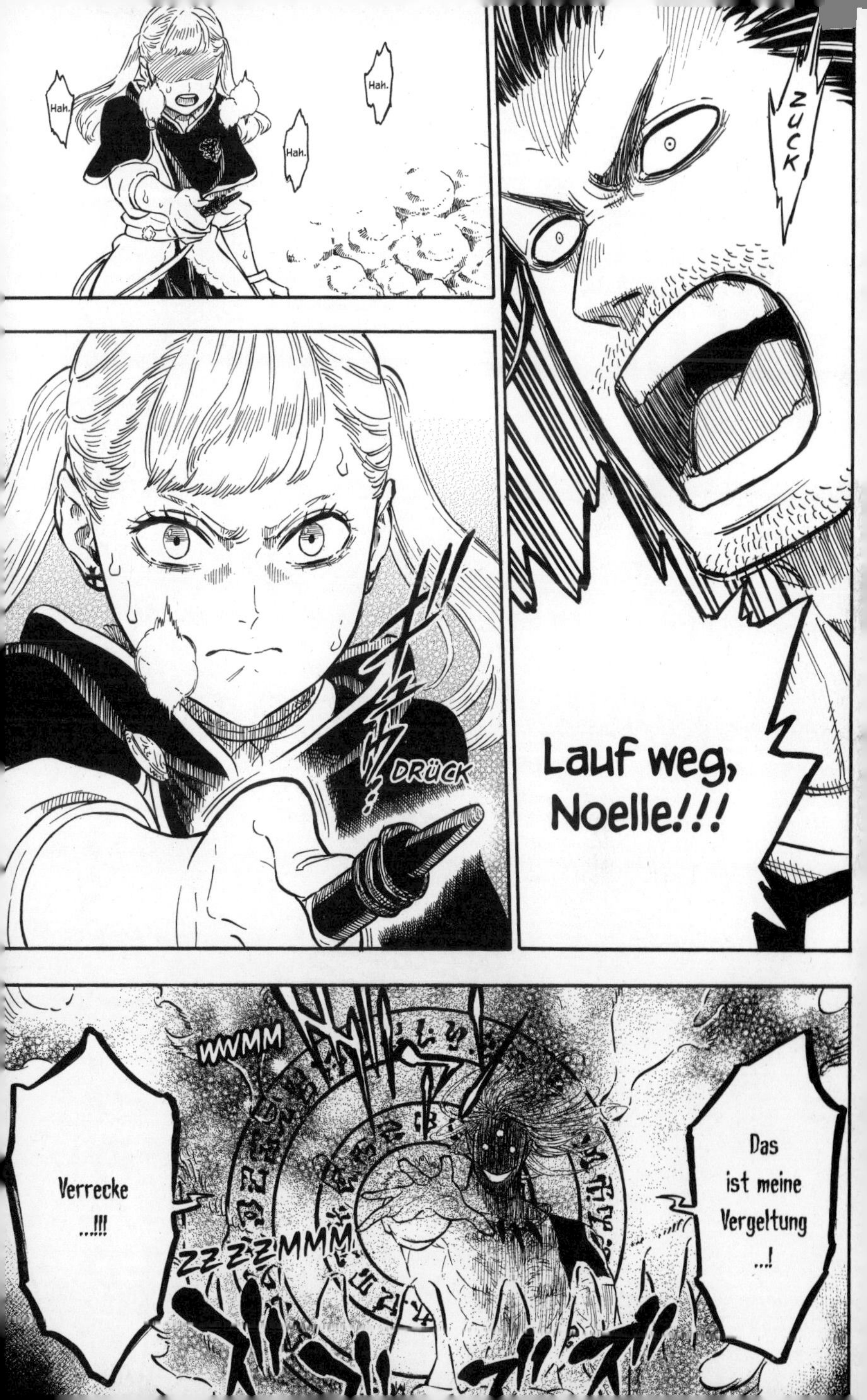
ZUCK
Hah.
Hah.
Hah.
Lauf weg, Noelle!!!
DRÜCK
Das ist meine Vergeltung ...!
WWMM
Verrecke ...!!!
ZZZZMMM

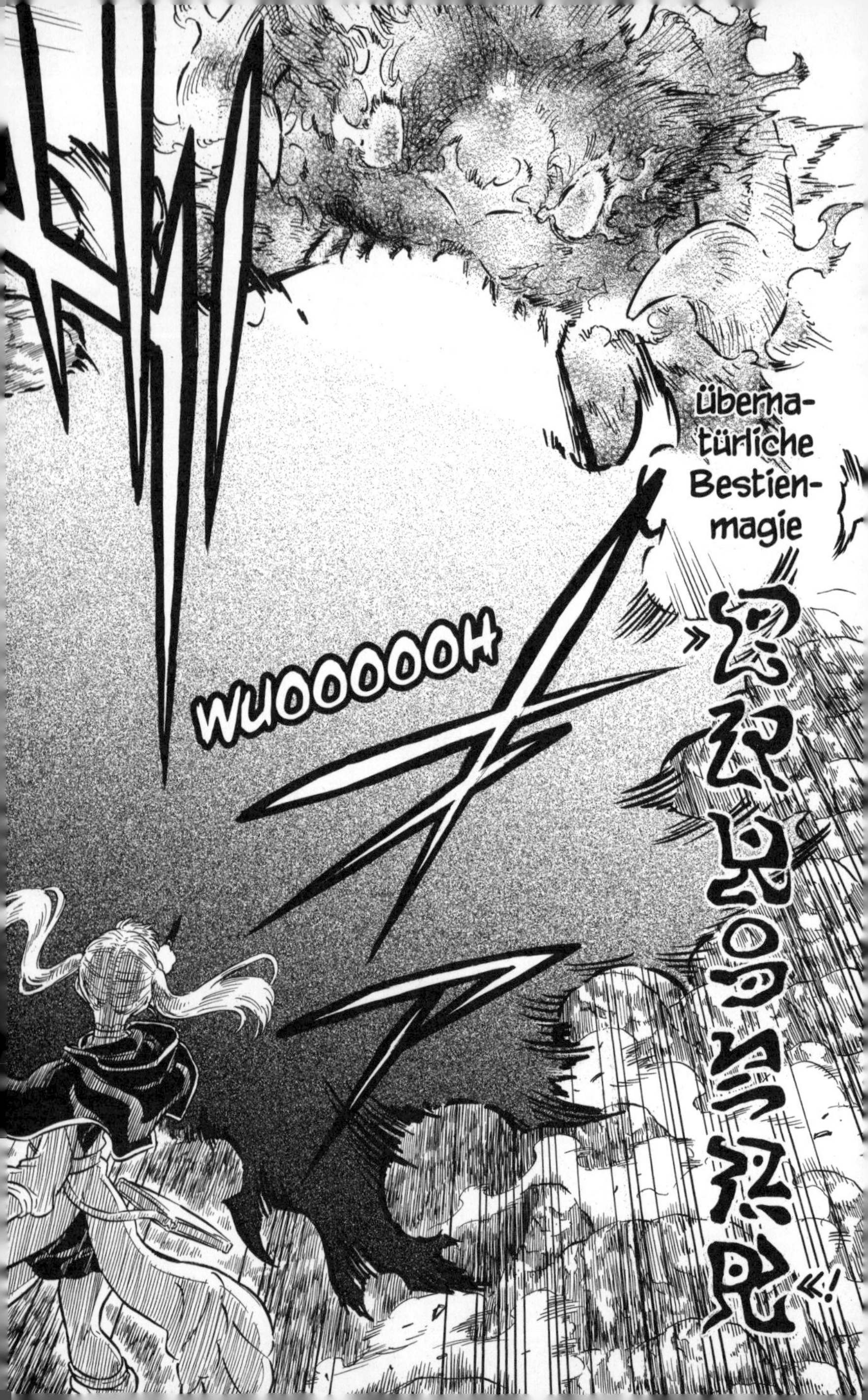
überna-
türliche
Bestien-
magie
WUOOOOOOH

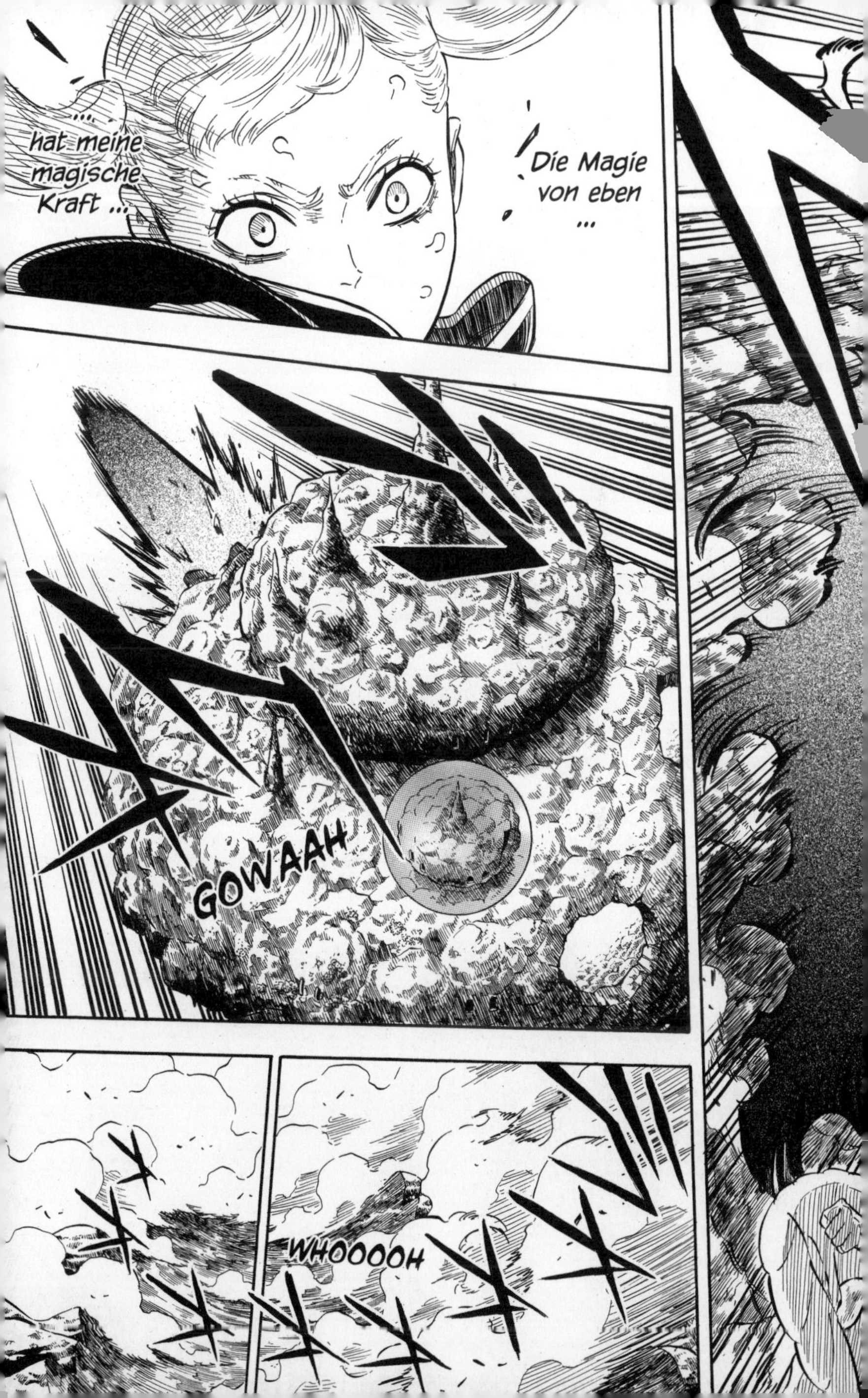
Die Magie von eben …
… hat meine magische Kraft …
GOWAAH
WHOOOOH

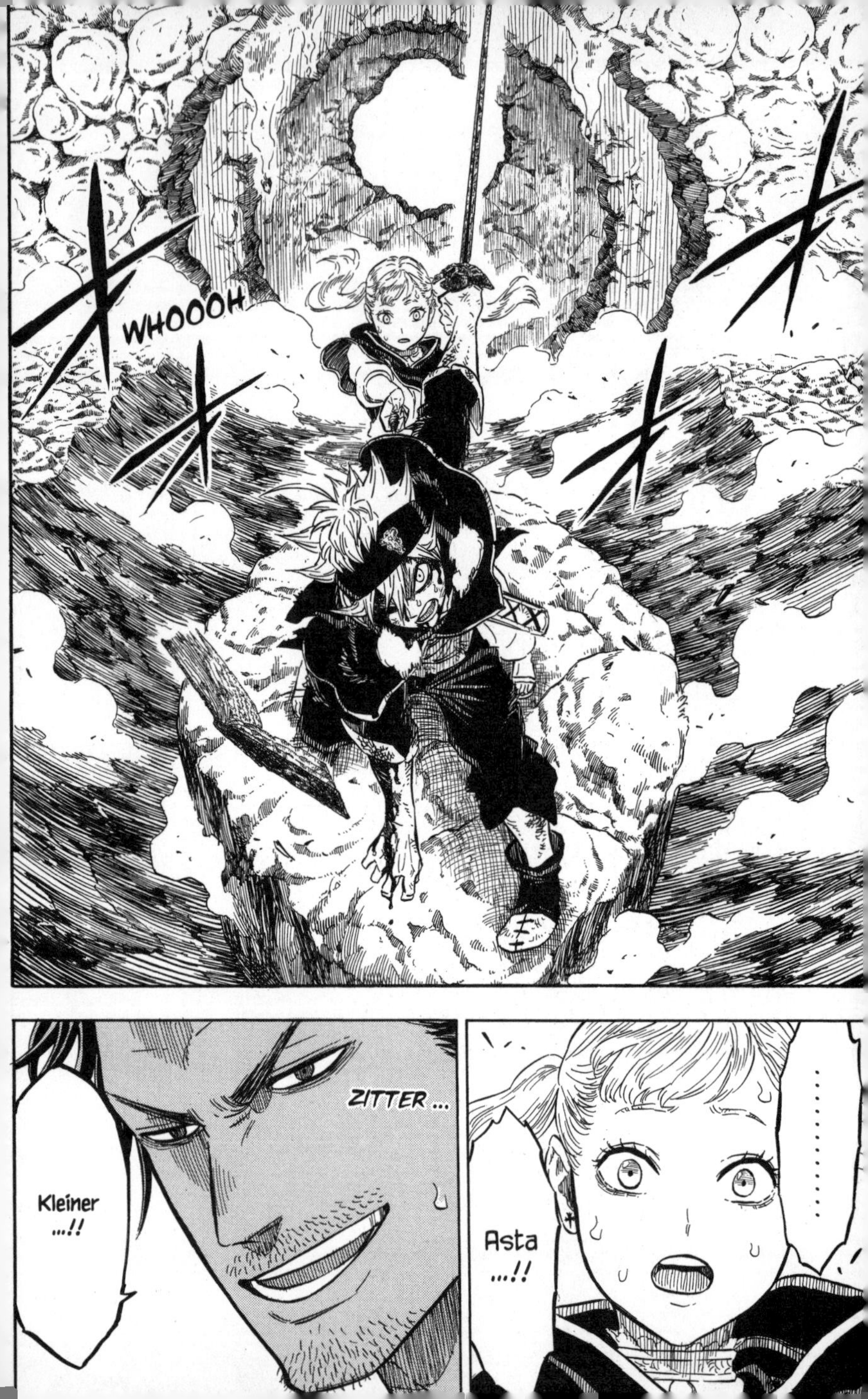
WHOOOH
......
Asta ...!!
ZITTER ...
Kleiner ...!!

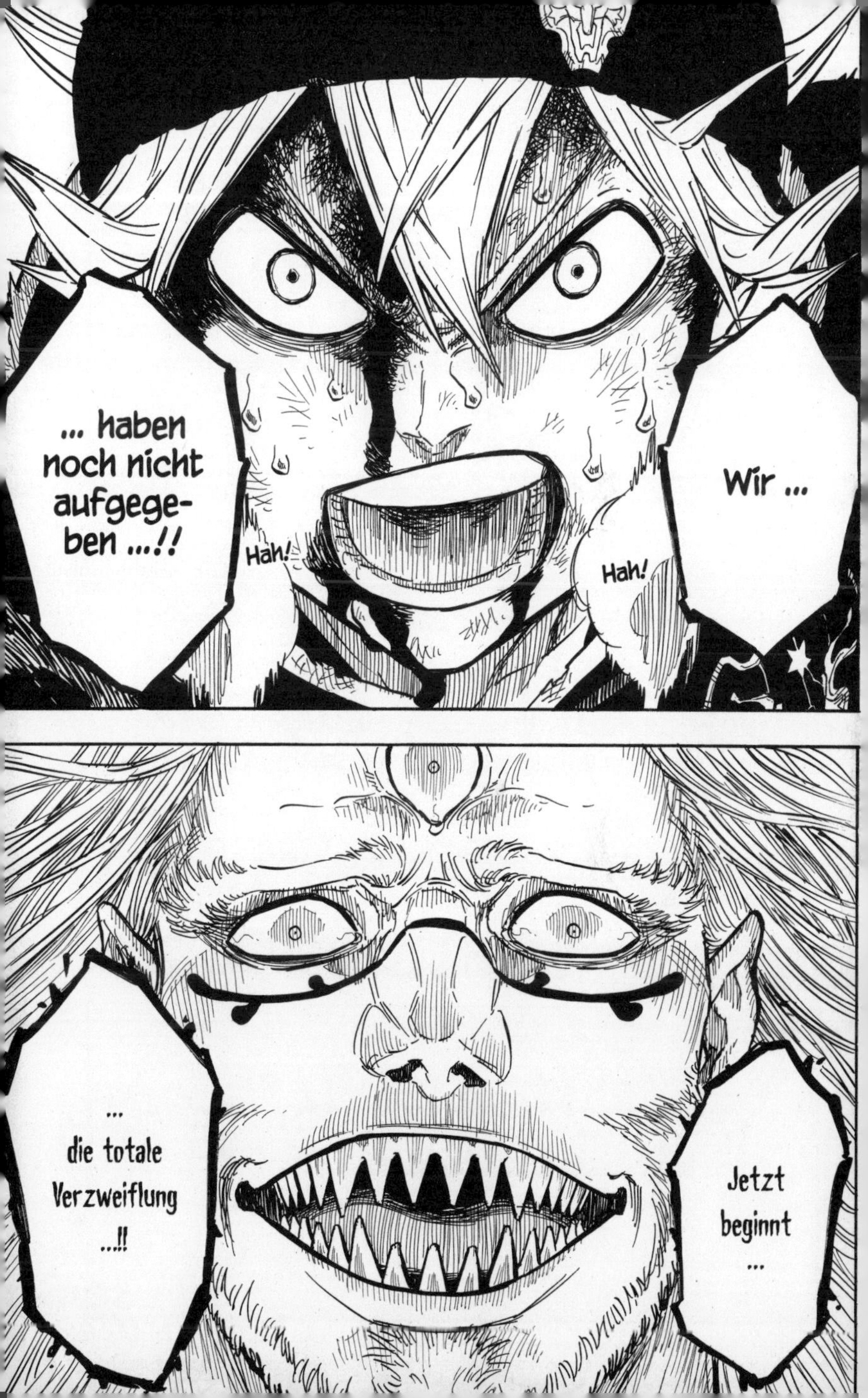
Wir ...
Hah!
Hah!
... haben noch nicht aufgegeben ...!!
Jetzt beginnt ...
... die totale Verzweiflung ...!!

DER SCHWARZ-WEISSE BILDERORDEN NR. 2

Makoto

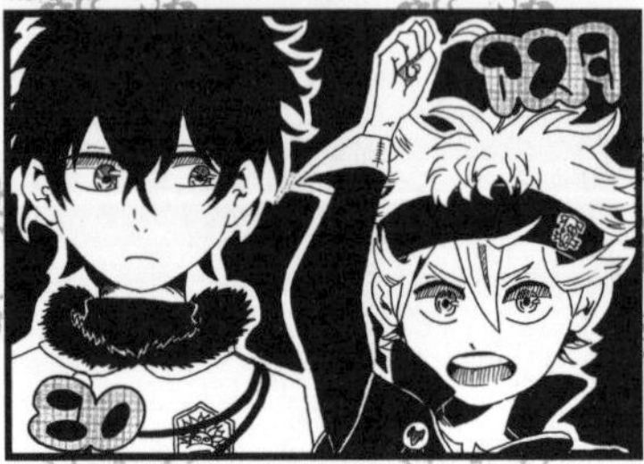

Die beiden Rivalen!

Reiko Murakami aus Kyoto

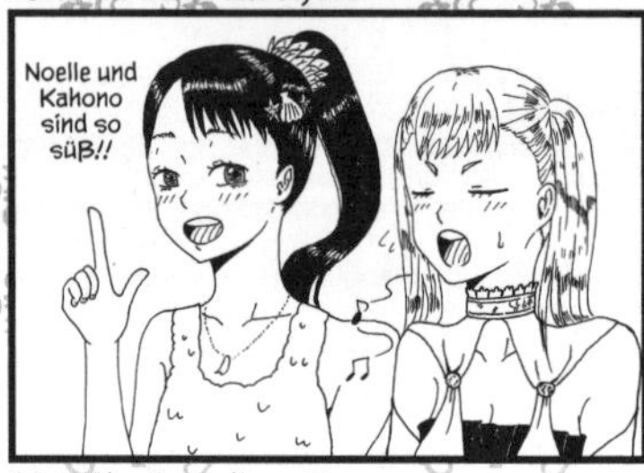

Die beiden Freundinnen!!

Aber wirklich ...

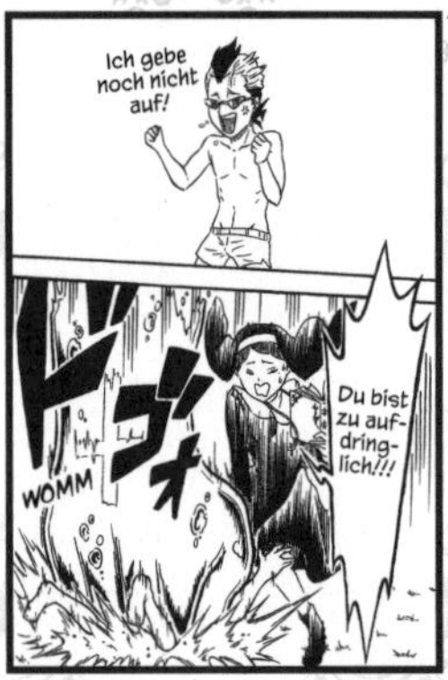

Takumi Aoyagi aus Shizuoka

Das Ziel ist es, der König der Magier zu werden!

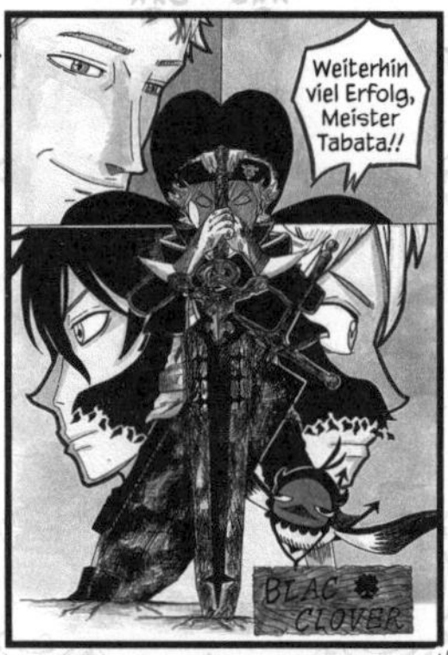

Ryo Matsuura aus Aichi

AUFGEPASST!

✿ Liebe Leser, auch im nächsten Band wird es einen Bereich wie diesen geben.

Ich präsentiere euch wieder Fanarts zu Black Clover und beantworte Fragen!

Danke für eure Unterstützung!

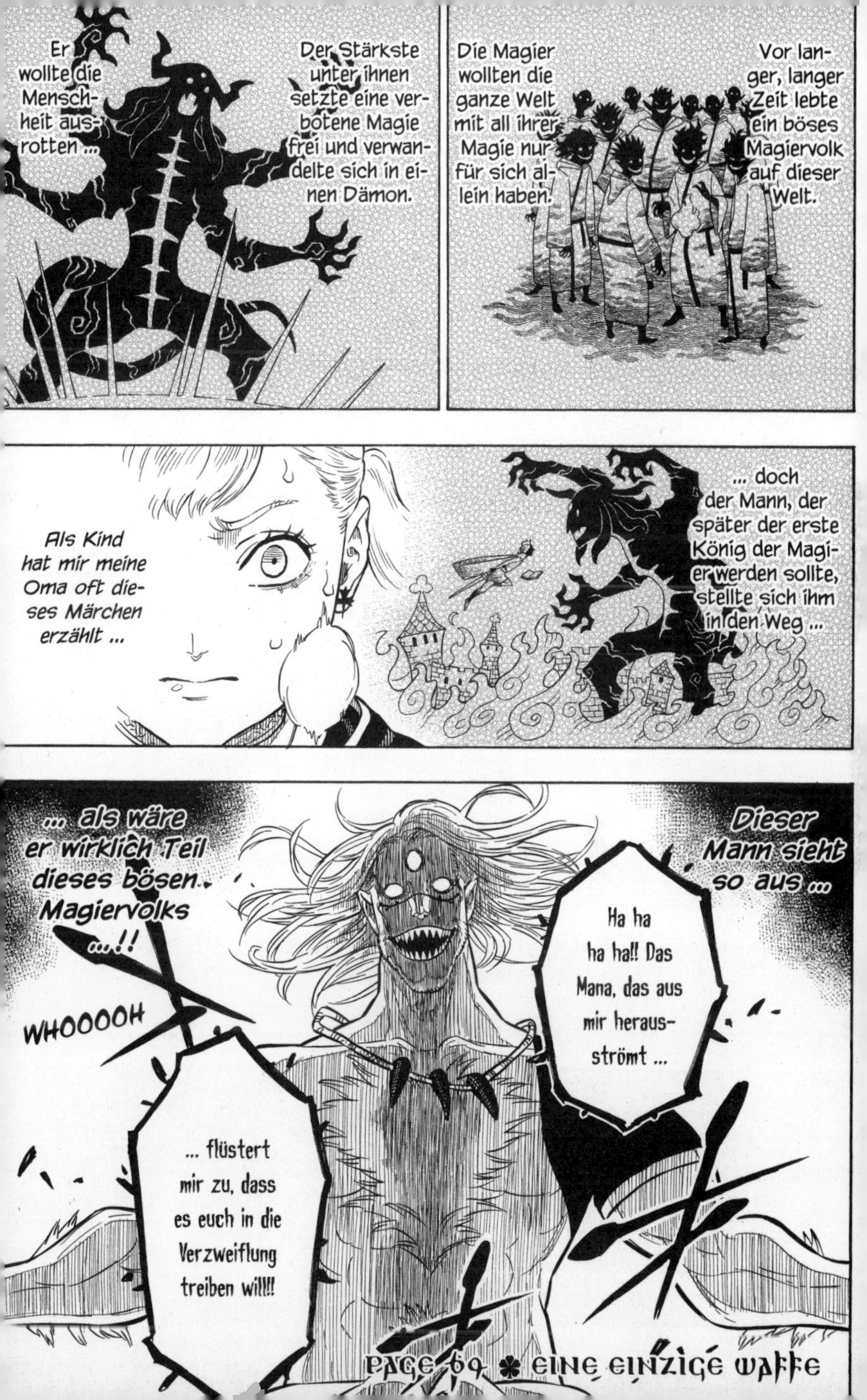
Vor langer, langer Zeit lebte ein böses Magiervolk auf dieser Welt.
Die Magier wollten die ganze Welt mit all ihrer Magie nur für sich allein haben.
Der Stärkste unter ihnen setzte eine verbotene Magie frei und verwandelte sich in einen Dämon.
Er wollte die Menschheit ausrotten ...
... doch der Mann, der später der erste König der Magier werden sollte, stellte sich ihm in den Weg ...
Als Kind hat mir meine Oma oft dieses Märchen erzählt ...
Dieser Mann sieht so aus ...
... als wäre er wirklich Teil dieses bösen Magiervolks ...!!
Ha ha ha ha!! Das Mana, das aus mir herausströmt ...
WHOOOOH
... flüstert mir zu, dass es euch in die Verzweiflung treiben will!!
PAGE 69 ✤ EINE EINZIGE WAFFE

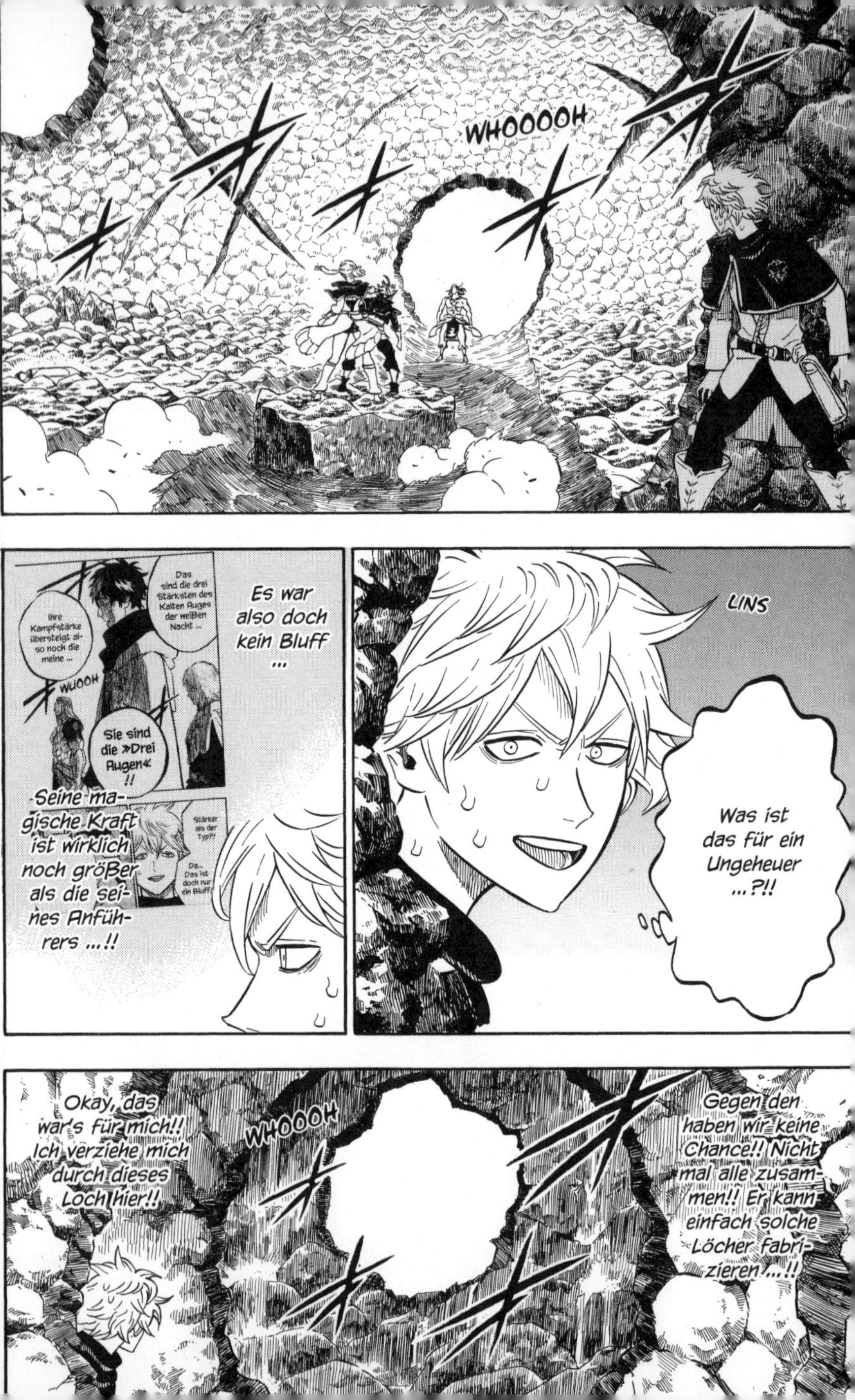
WHOOOOH
LINS
Was ist das für ein Ungeheuer ...?!!
Es war also doch kein Bluff ...
Das sind die drei Stärksten des Kalten Auges der weißen Nacht ...
Ihre Kampfstärke übersteigt also noch die meine ...
WUOOH
Sie sind die »Drei Augen« !!
Stärker als der Typ?!
Da... Das ist doch nur ein Bluff?!
Seine magische Kraft ist wirklich noch größer als die seines Anführers ...!!
Gegen den haben wir keine Chance!! Nicht mal alle zusammen!! Er kann einfach solche Löcher fabrizieren ...!!
WHOOOH
Okay, das war's für mich!! Ich verziehe mich durch dieses Loch hier!!

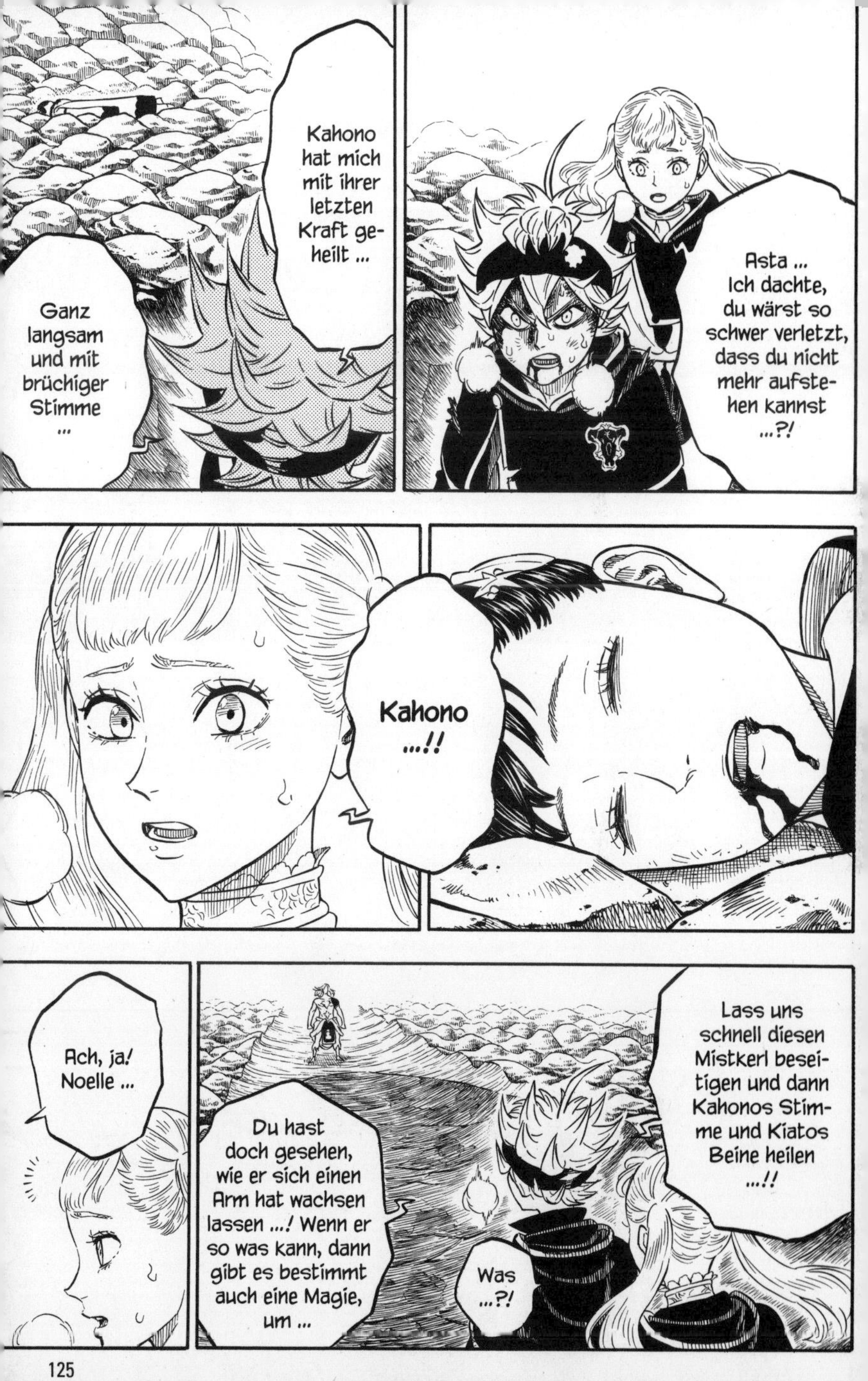
Asta ... Ich dachte, du wärst so schwer verletzt, dass du nicht mehr aufstehen kannst ...?!
Kahono hat mich mit ihrer letzten Kraft geheilt ...
Ganz langsam und mit brüchiger Stimme ...
Kahono ...!!
Lass uns schnell diesen Mistkerl beseitigen und dann Kahonos Stimme und Kiatos Beine heilen ...!!
Was ...?!
Du hast doch gesehen, wie er sich einen Arm hat wachsen lassen ...! Wenn er so was kann, dann gibt es bestimmt auch eine Magie, um ...
Ach, ja! Noelle ...

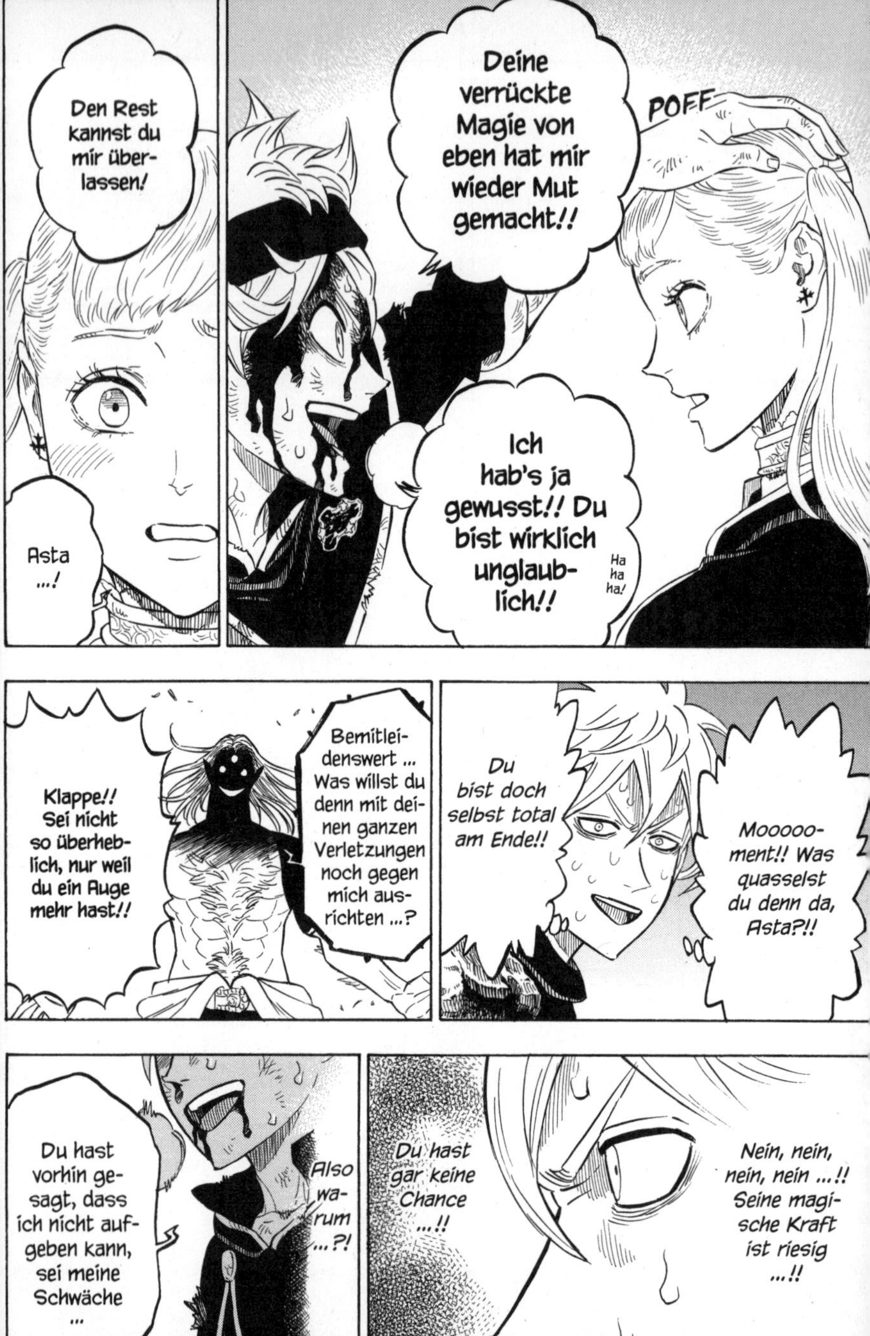
POFF
Deine verrückte Magie von eben hat mir wieder Mut gemacht!!
Ich hab's ja gewusst!! Du bist wirklich unglaub-lich!!
Ha ha ha!
Den Rest kannst du mir über-lassen!
Asta ...!
Mooooo-ment!! Was quasselst du denn da, Asta?!!
Du bist doch selbst total am Ende!!
Bemitlei-denswert ... Was willst du denn mit dei-nen ganzen Verletzungen noch gegen mich aus-richten ...?
Klappe!! Sei nicht so überheb-lich, nur weil du ein Auge mehr hast!!
Nein, nein, nein, nein ...!! Seine magi-sche Kraft ist riesig ...!!
Du hast gar keine Chance ...!!
Also wa-rum ...?!
Du hast vorhin ge-sagt, dass ich nicht auf-geben kann, sei meine Schwäche ...

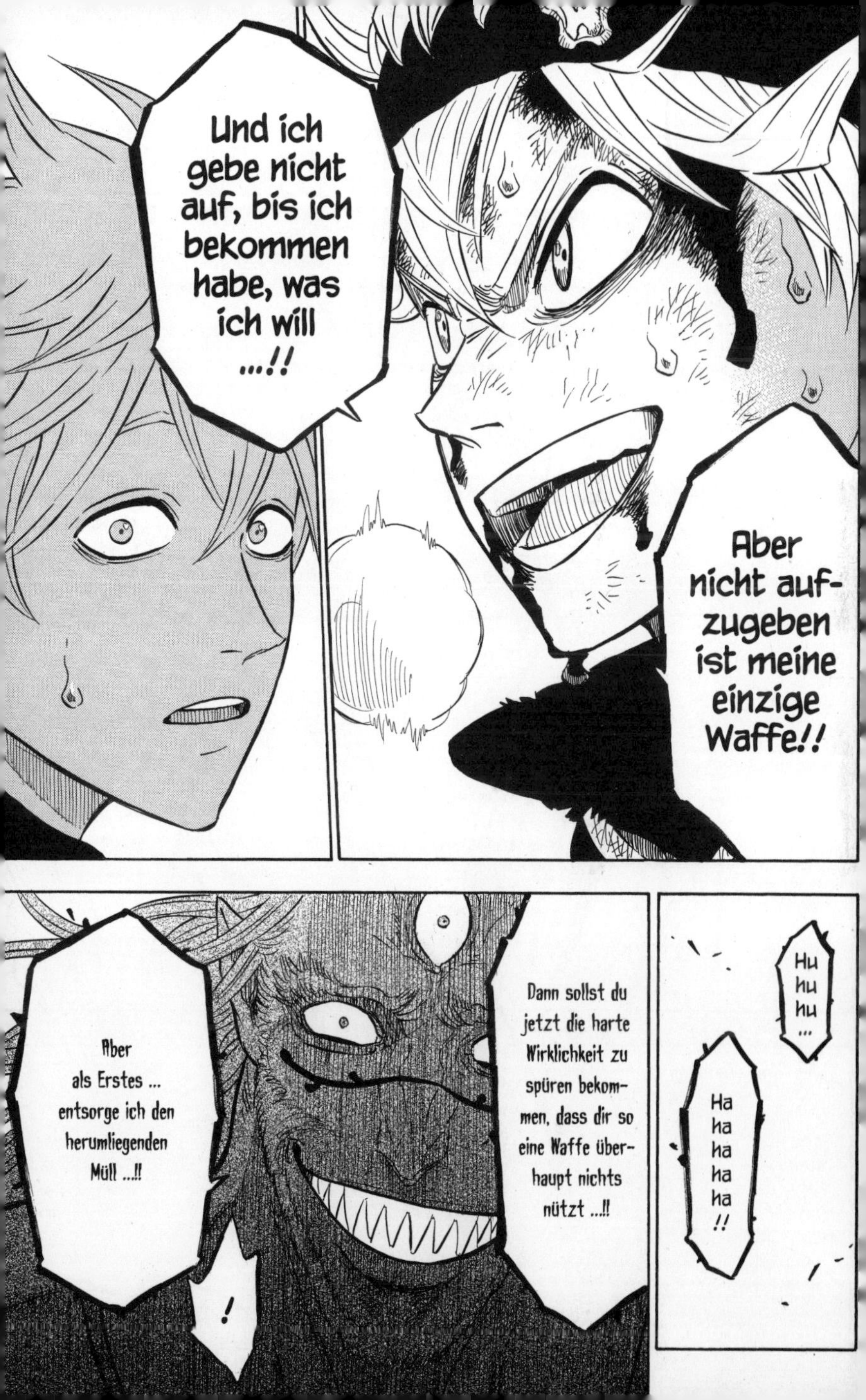

Aber nicht auf-zugeben ist meine einzige Waffe!!
Und ich gebe nicht auf, bis ich bekommen habe, was ich will ...!!
Hu hu hu ...
Ha ha ha ha ha!!
Dann sollst du jetzt die harte Wirklichkeit zu spüren bekommen, dass dir so eine Waffe überhaupt nichts nützt ...!!
Aber als Erstes ... entsorge ich den herumliegenden Müll ...!!
!

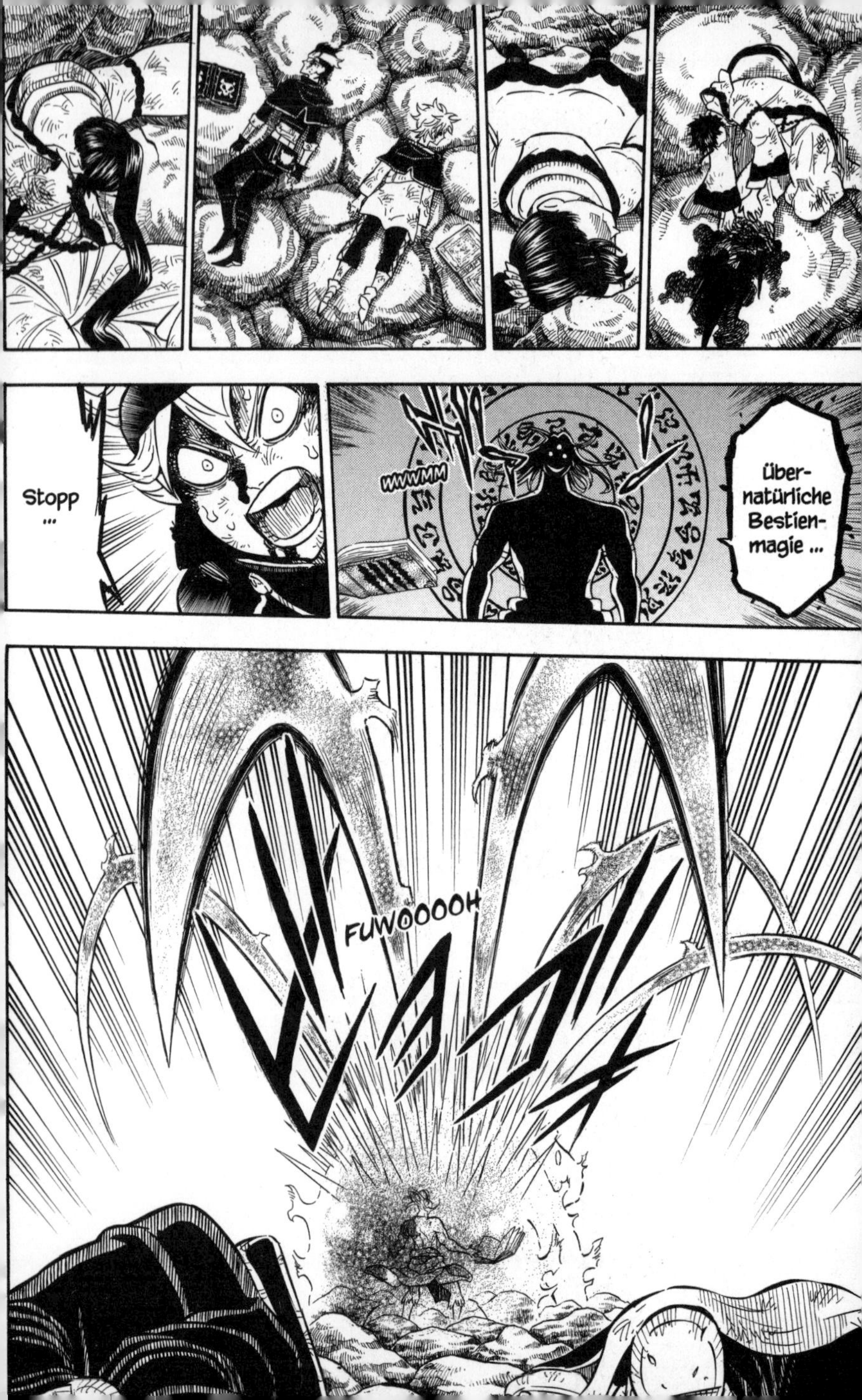
Über-
natürliche
Bestien-
magie ...
WWWMM
Stopp
...
FUWOOOOH

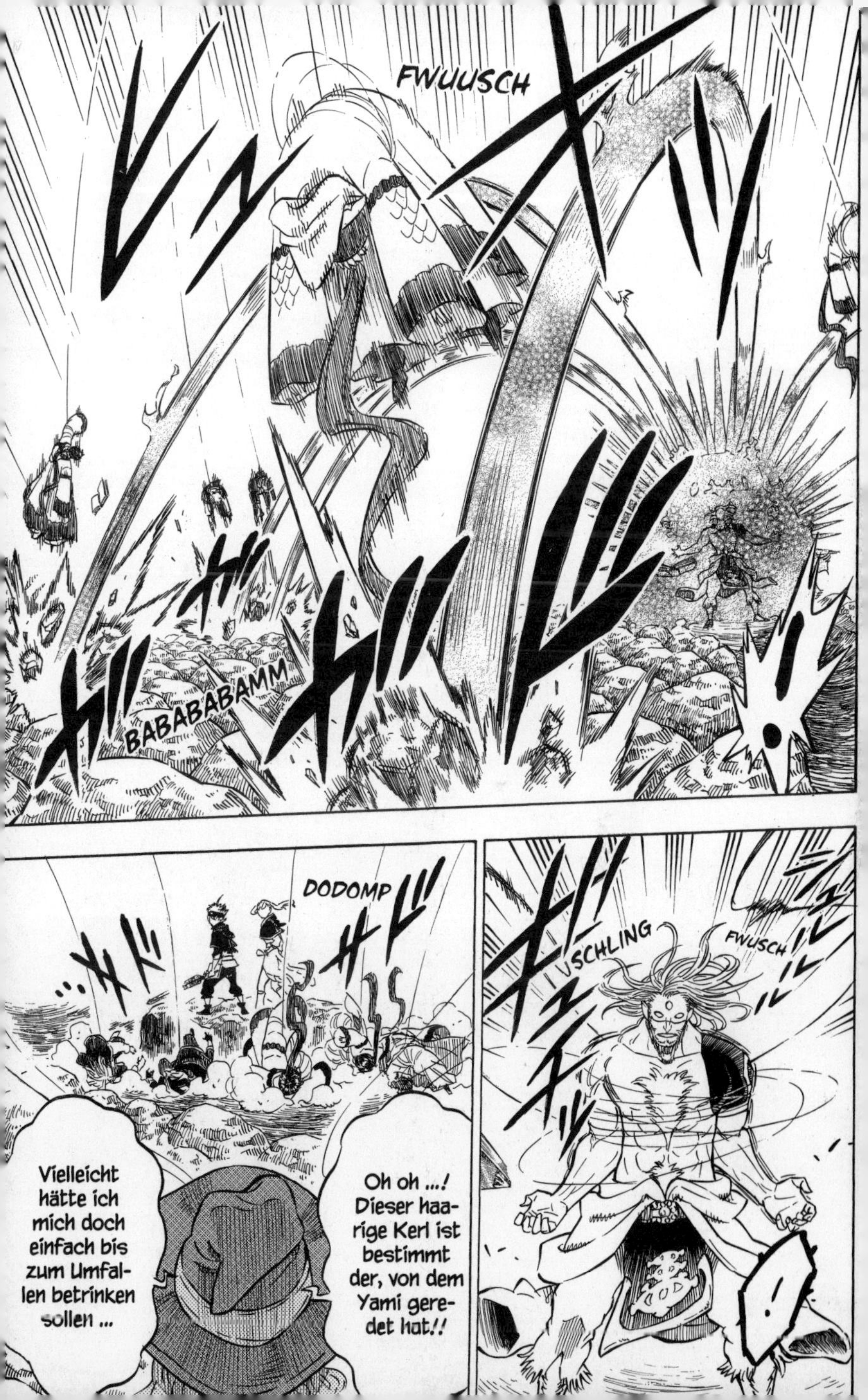
FWUUSCH
BABABABAMM
DODOMP
SCHLING
FWUSCH
Oh oh ...! Dieser haarige Kerl ist bestimmt der, von dem Yami geredet hat!!
Vielleicht hätte ich mich doch einfach bis zum Umfallen betrinken sollen ...

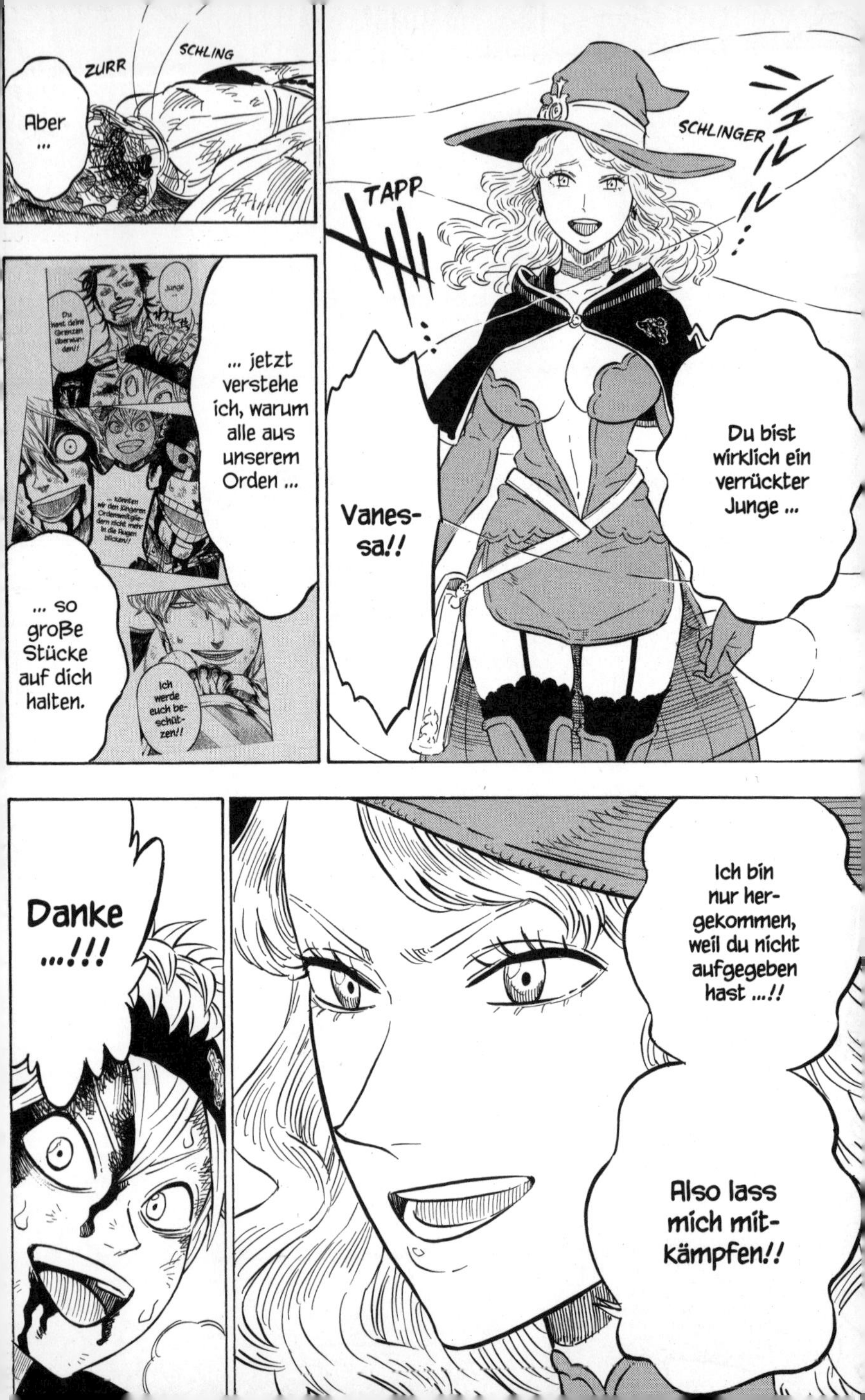
SCHLINGER
TAPP
Du bist wirklich ein verrückter Junge ...
Vanes-sa!!
SCHLING
ZURR
Aber ...
... jetzt verstehe ich, warum alle aus unserem Orden ...
Junge ...
Du hast deine Grenzen überwunden!!
... könnten wir den jüngeren Ordensmitglie-dern nicht mehr in die Augen blicken!!
... so große Stücke auf dich halten.
Ich werde euch be-schüt-zen!!
Ich bin nur her-gekommen, weil du nicht aufgegeben hast ...!!
Also lass mich mit-kämpfen!!
Danke ...!!!

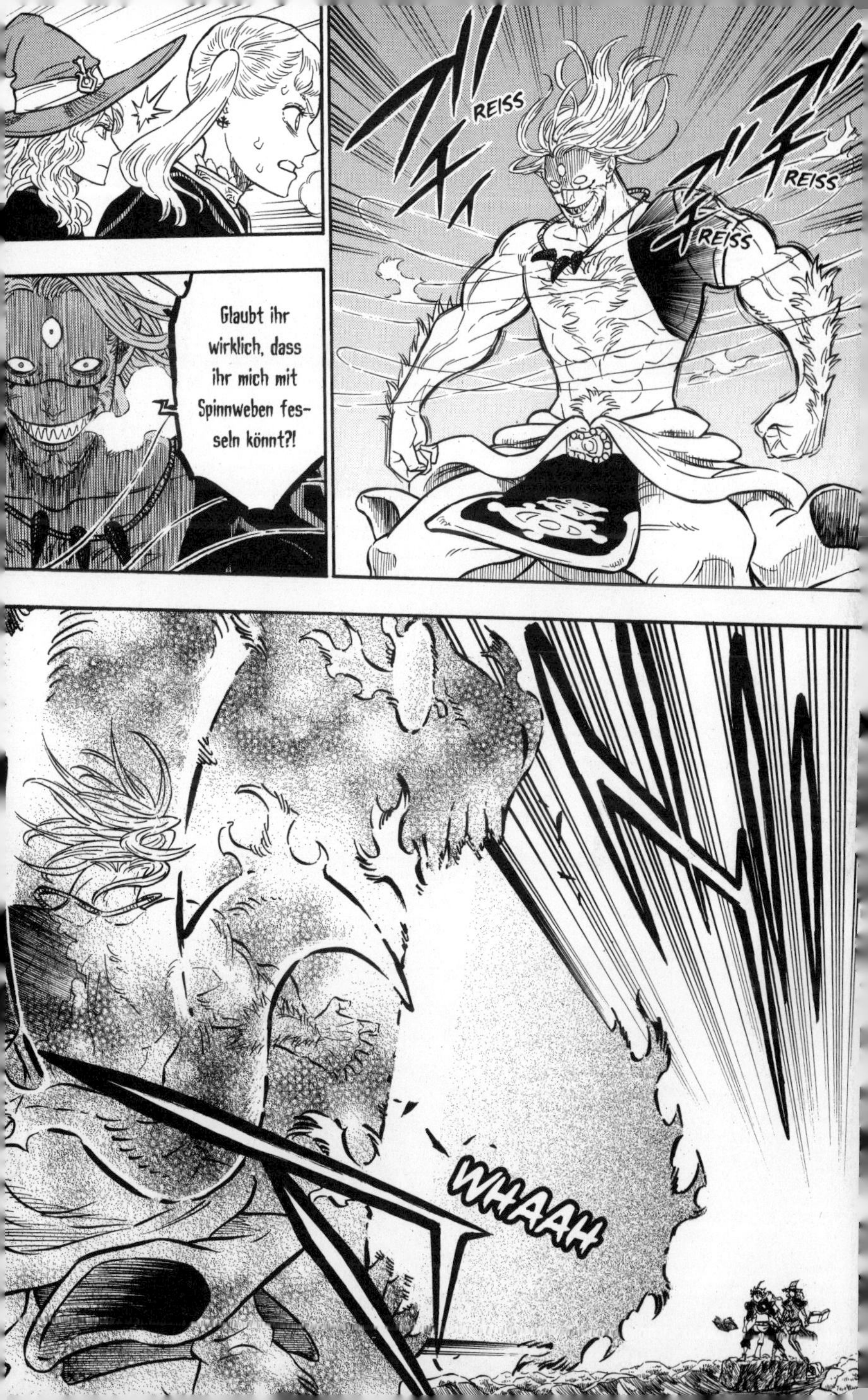
REISS
REISS
REISS
Glaubt ihr wirklich, dass ihr mich mit Spinnweben fesseln könnt?!
WHAAAH

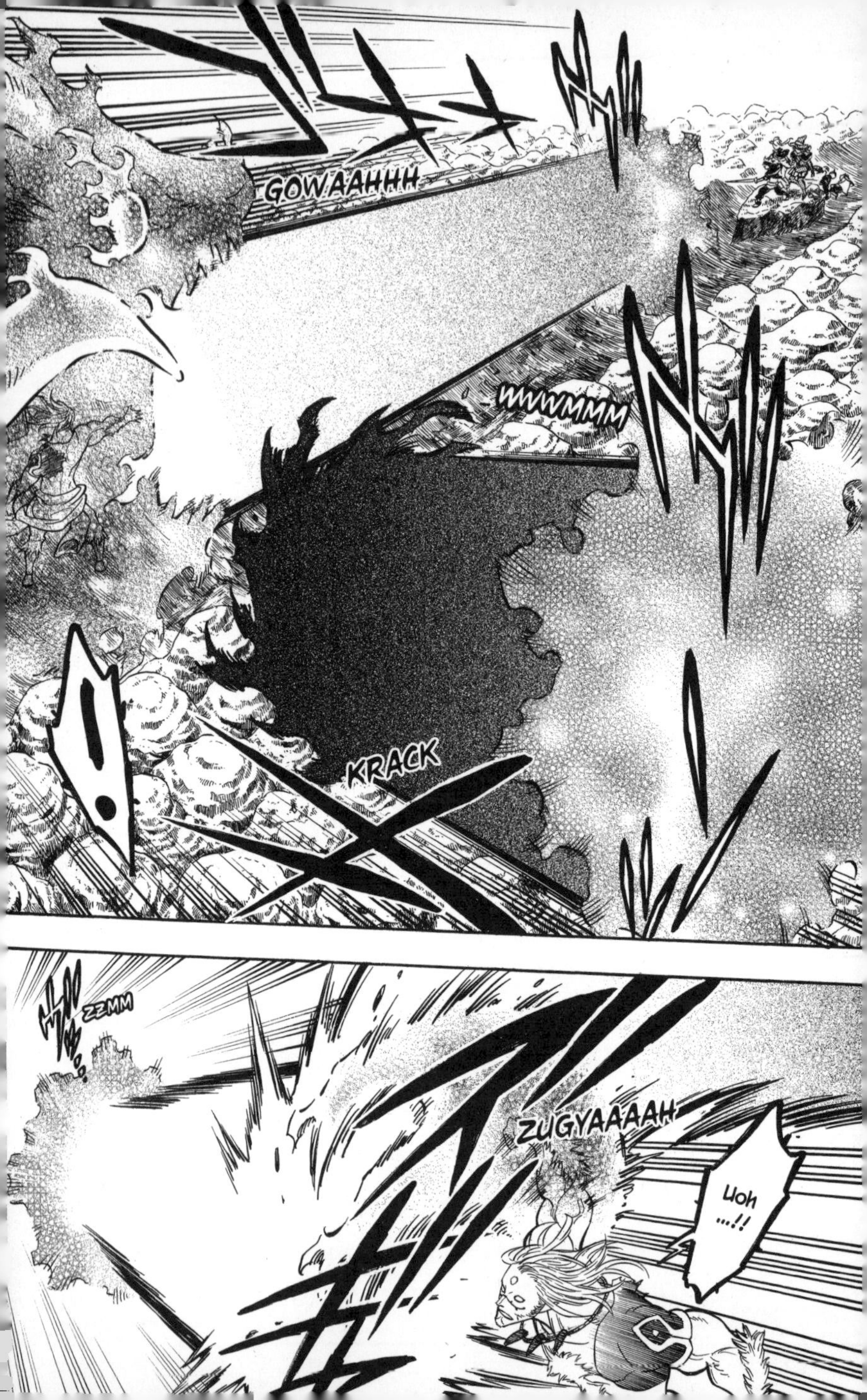
GOWAAHHH
WWWMMM
!
KRACK
Uoh ...!!
ZUGYAAAAH
ZZMM

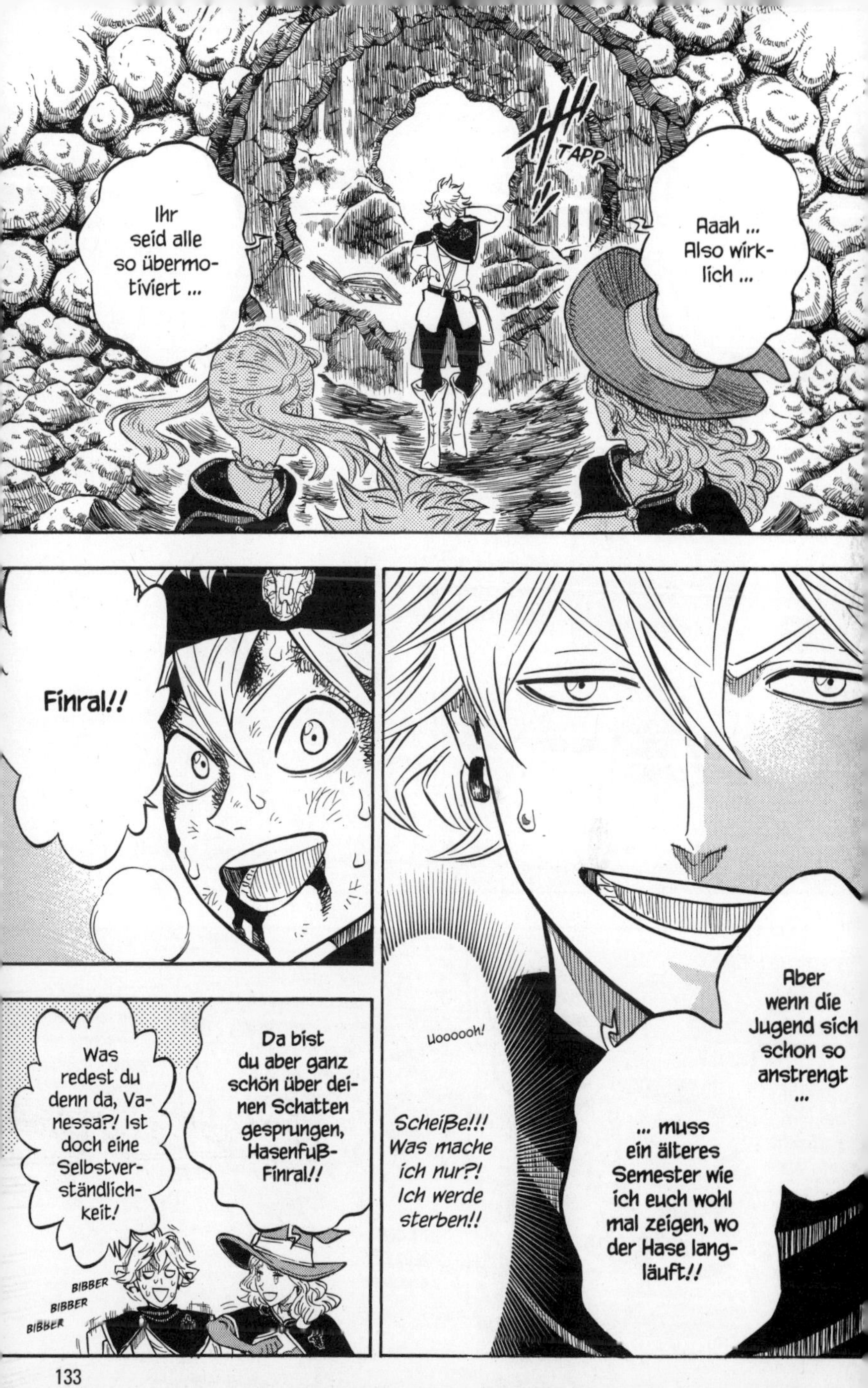
Aaah ... Also wirklich ...
TAPP
Ihr seid alle so übermotiviert ...
Aber wenn die Jugend sich schon so anstrengt ...
... muss ein älteres Semester wie ich euch wohl mal zeigen, wo der Hase langläuft!!
Uoooooh!
Scheiße!!! Was mache ich nur?! Ich werde sterben!!
Finral!!
Da bist du aber ganz schön über deinen Schatten gesprungen, Hasenfuß-Finral!!
Was redest du denn da, Vanessa?! Ist doch eine Selbstverständlichkeit!
BIBBER
BIBBER
BIBBER

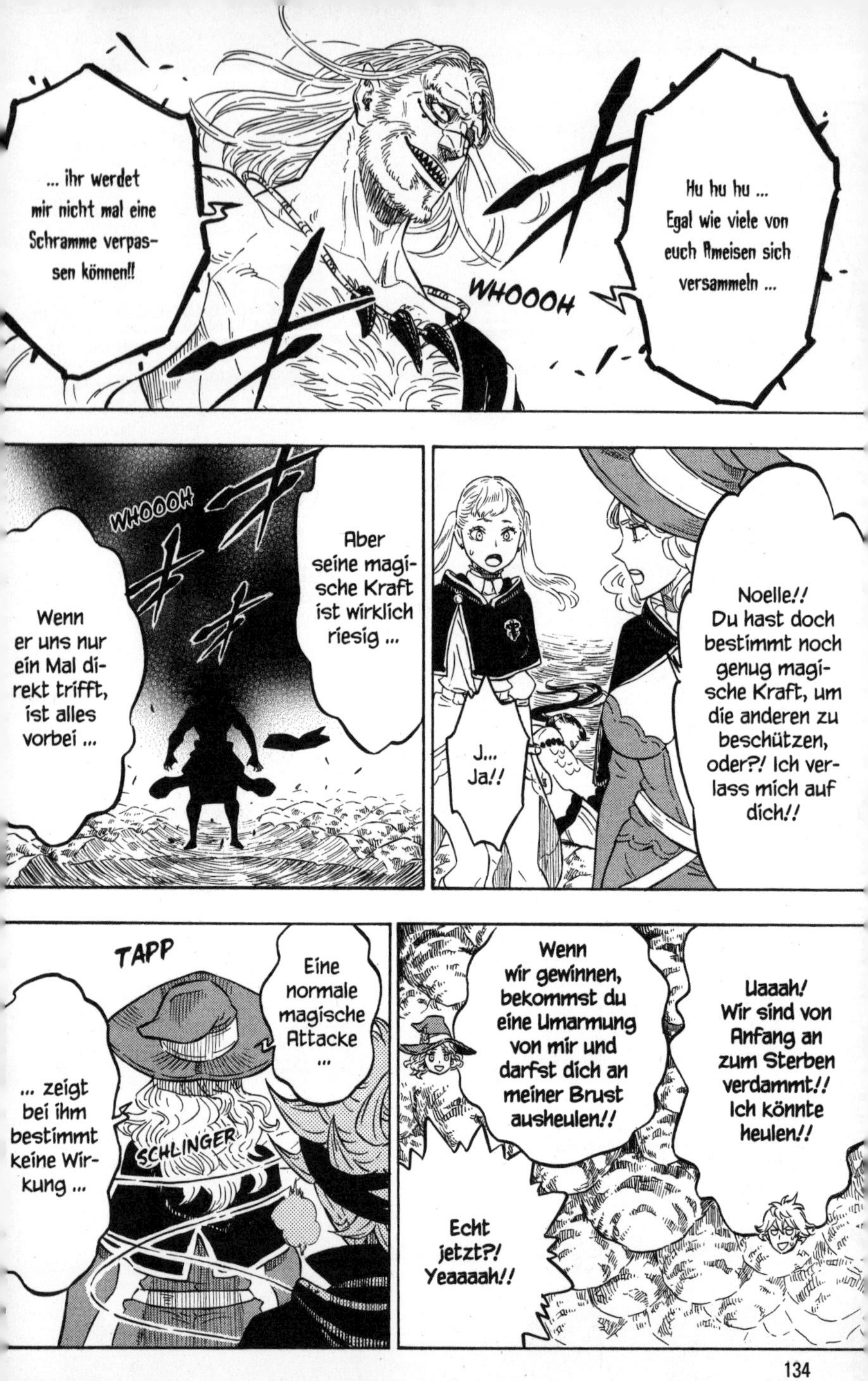

Hu hu hu ... Egal wie viele von euch Ameisen sich versammeln ...
WHOOOH
... ihr werdet mir nicht mal eine Schramme verpassen können!!
Noelle!! Du hast doch bestimmt noch genug magische Kraft, um die anderen zu beschützen, oder?! Ich verlass mich auf dich!!
J... Ja!!
Aber seine magische Kraft ist wirklich riesig ...
WHOOOH
Wenn er uns nur ein Mal direkt trifft, ist alles vorbei ...
Uaaah! Wir sind von Anfang an zum Sterben verdammt!! Ich könnte heulen!!
Wenn wir gewinnen, bekommst du eine Umarmung von mir und darfst dich an meiner Brust ausheulen!!
Echt jetzt?! Yeaaaah!!
TAPP
Eine normale magische Attacke ...
... zeigt bei ihm bestimmt keine Wirkung ...
SCHLINGER

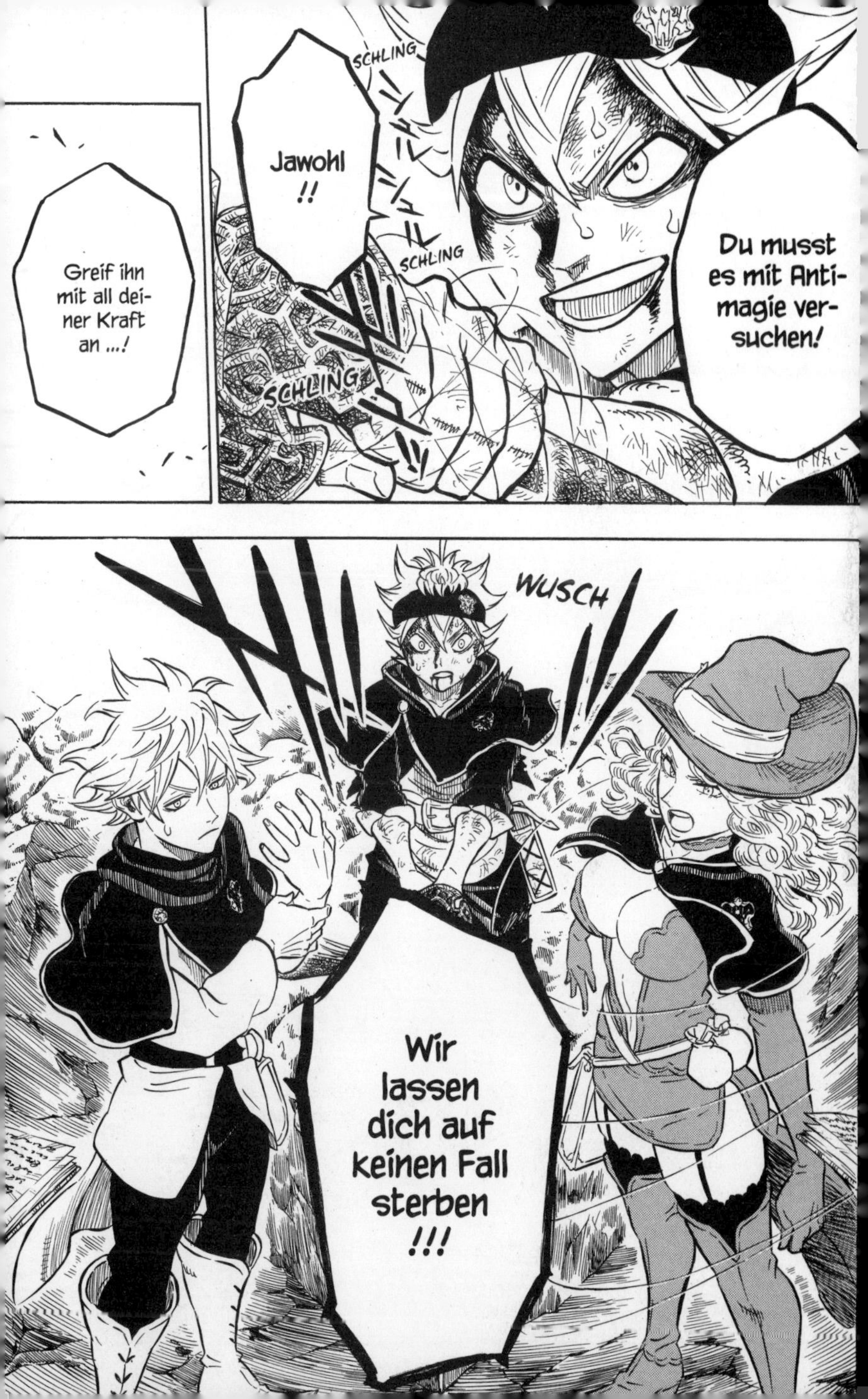
Du musst es mit Antimagie versuchen!
SCHLING
Jawohl !!
SCHLING
SCHLING
Greif ihn mit all deiner Kraft an ...!
WUSCH
Wir lassen dich auf keinen Fall sterben !!!

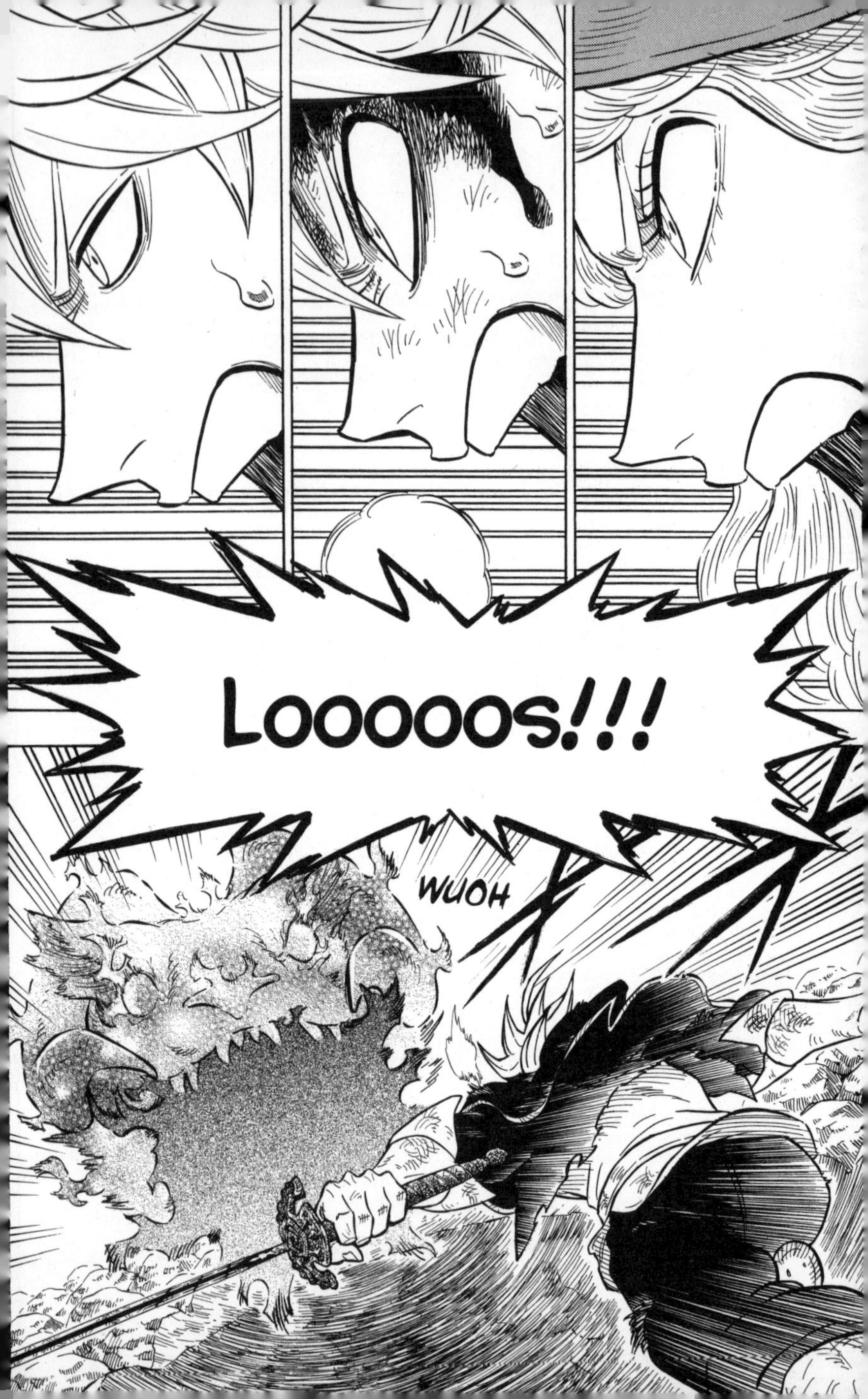
LOOOOOS!!!
WUOH

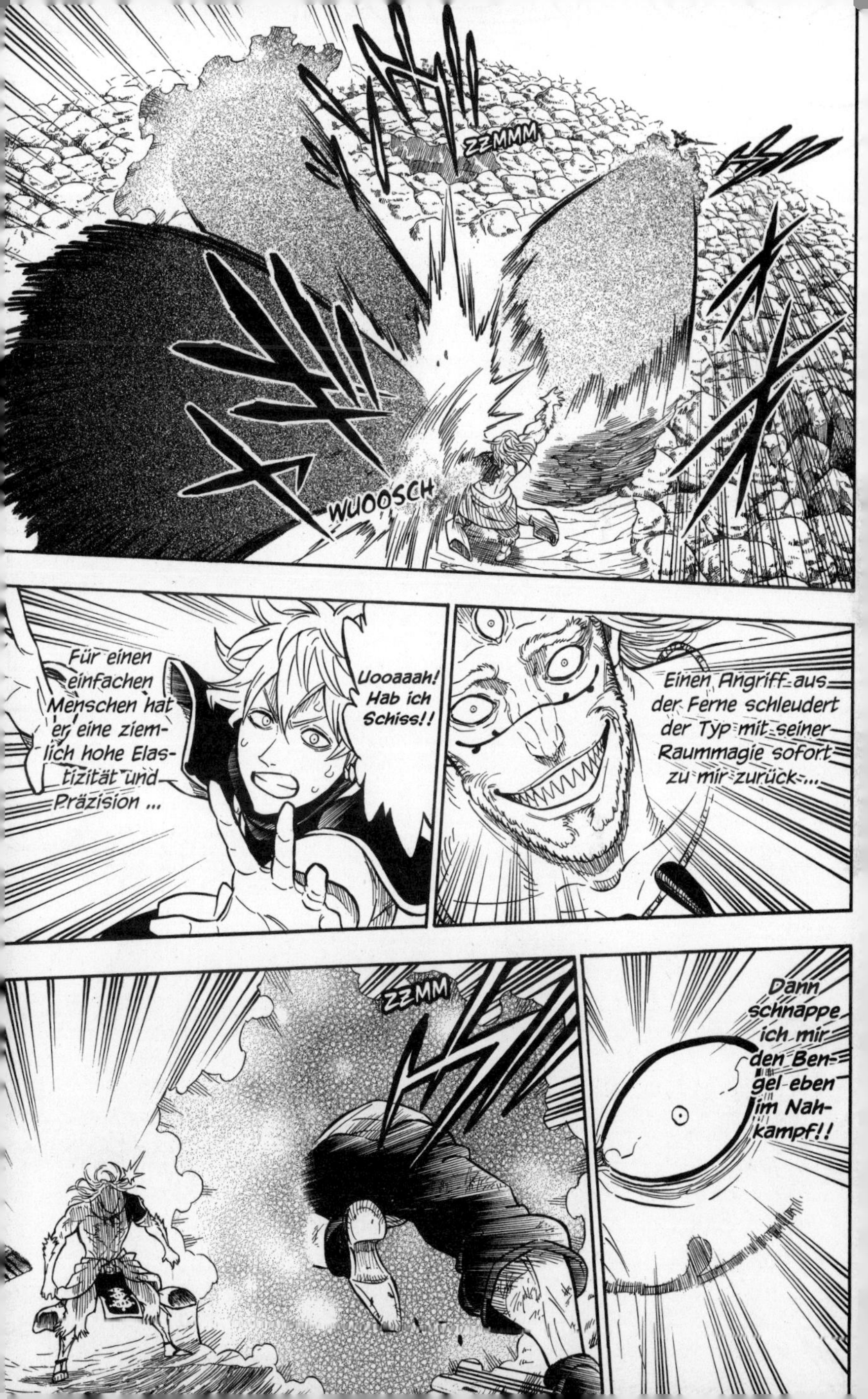
ZZMMM
KSSSSS
WUOOSCH
Einen Angriff aus der Ferne schleudert der Typ mit seiner Raummagie sofort zu mir zurück ...
Uooaaah! Hab ich Schiss!!
Für einen einfachen Menschen hat er eine ziemlich hohe Elastizität und Präzision ...
Dann schnappe ich mir den Bengel eben im Nahkampf!!
ZZMM

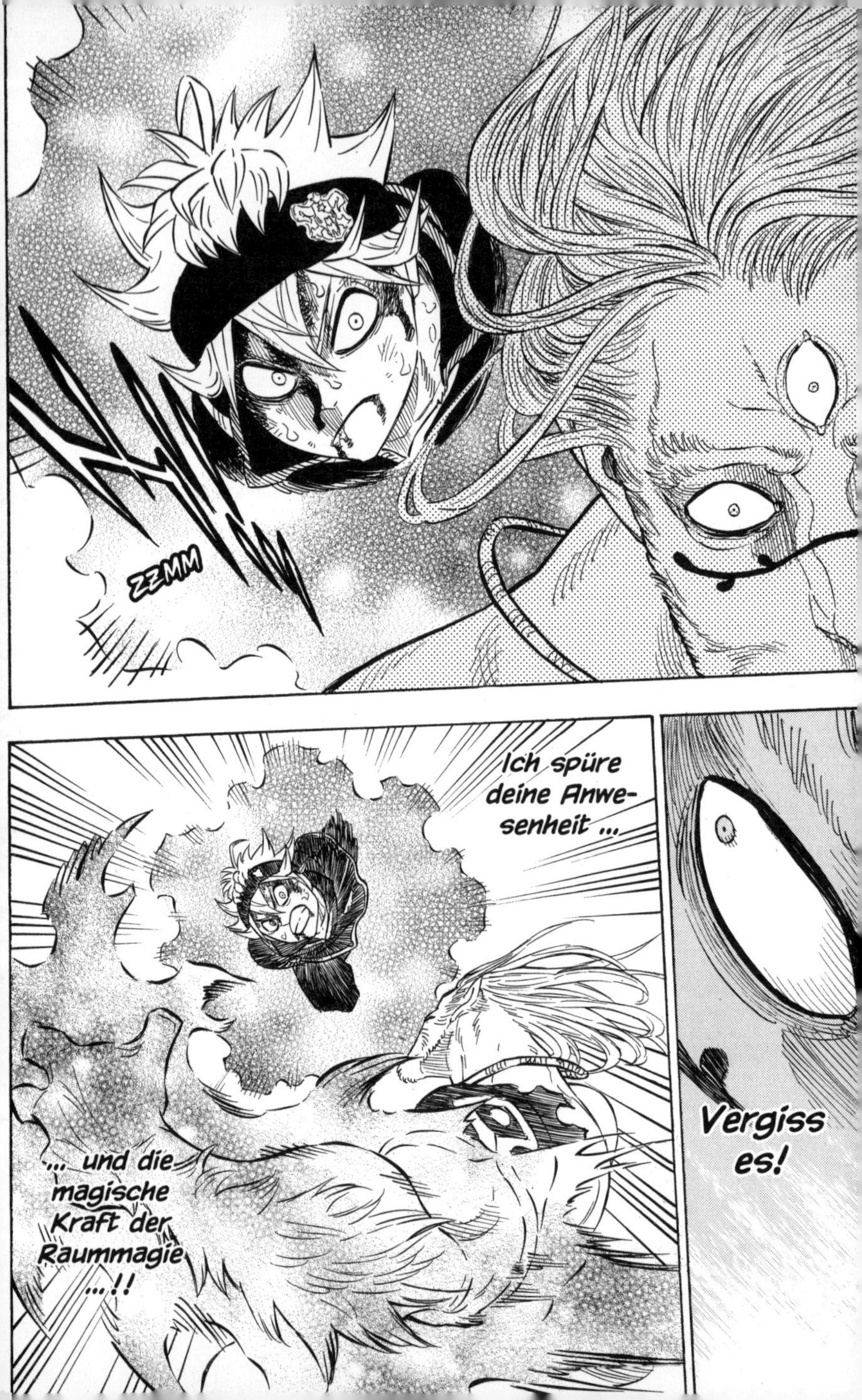

ZZMM
Vergiss es!
Ich spüre deine Anwesenheit ...
... und die magische Kraft der Raummagie ...!!

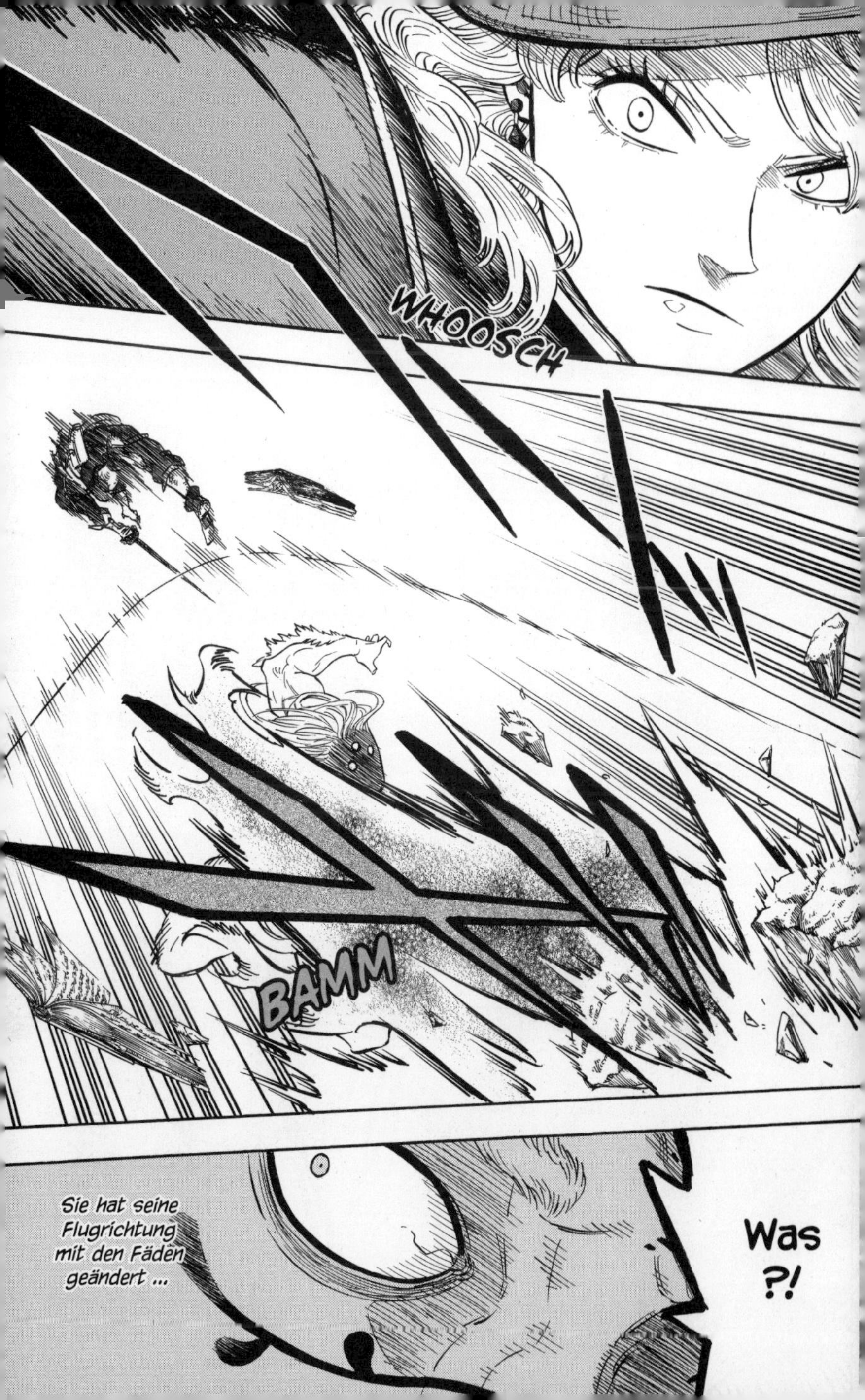
WHOOSCH
BAMM
Sie hat seine Flugrichtung mit den Fäden geändert ...
Was ?!

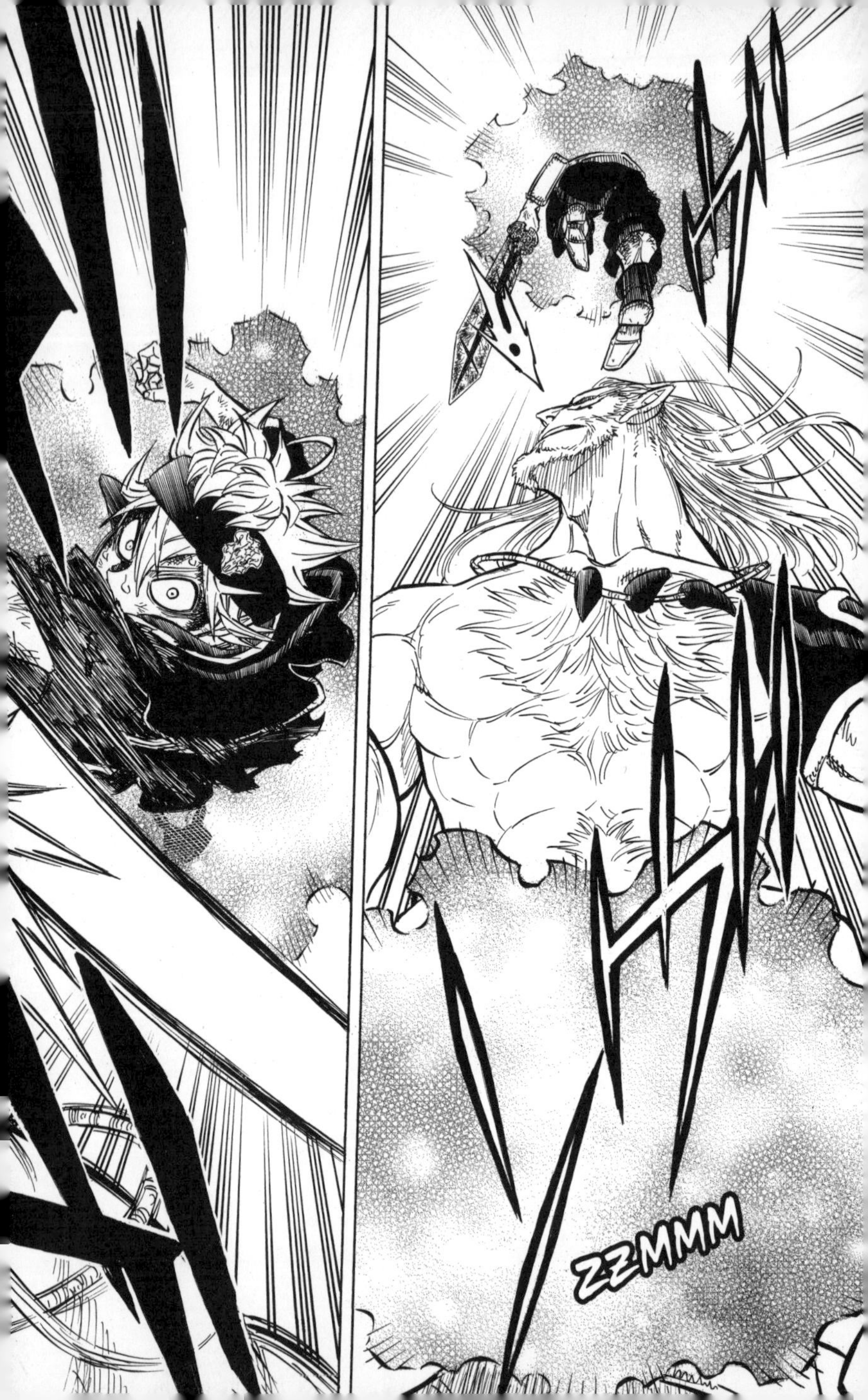
ZZMMM

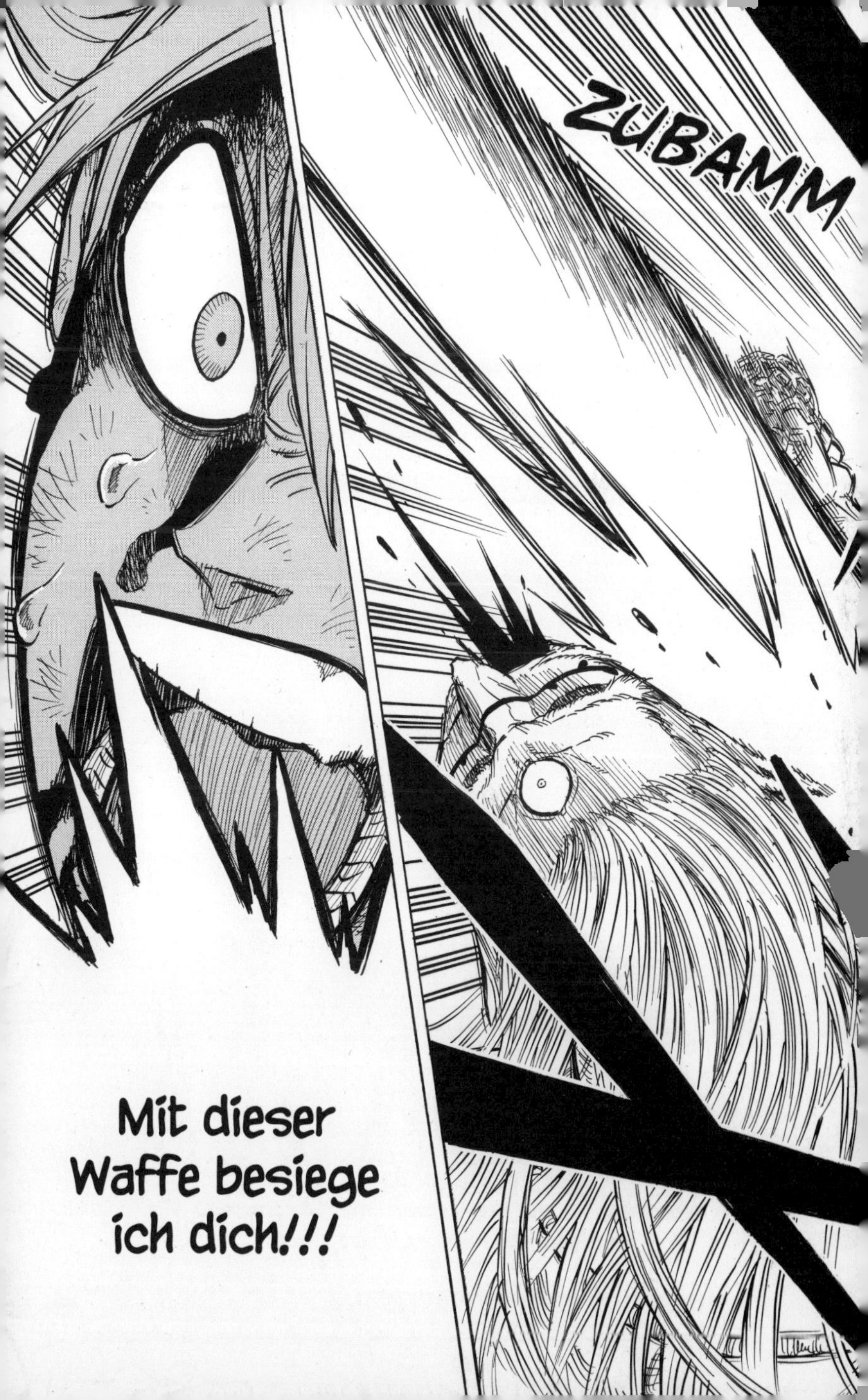
ZUBAMM
Mit dieser Waffe besiege ich dich!!!

Vanessa Enoteca

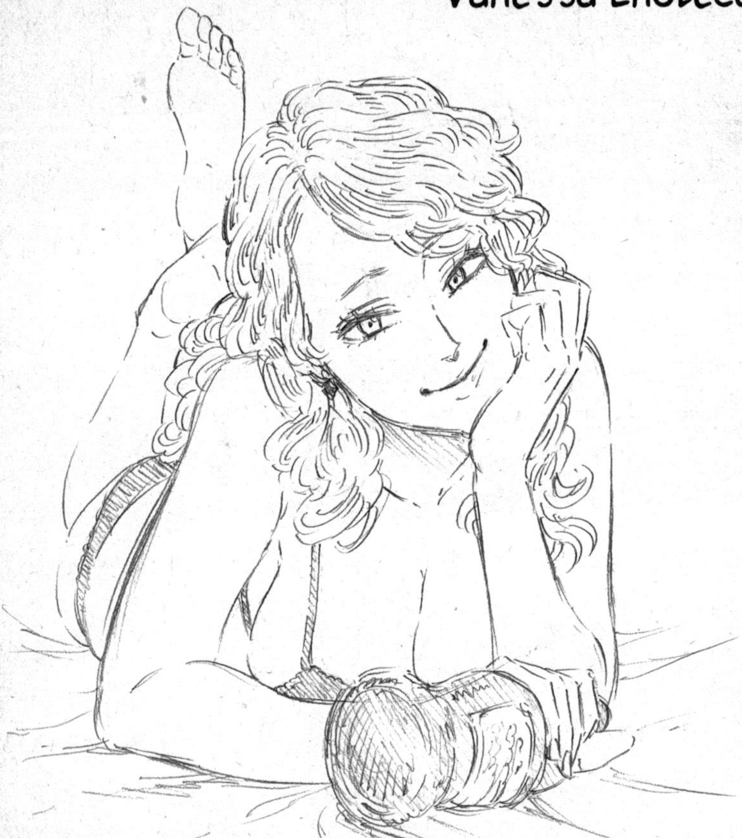

Alter: 24 Jahre Größe: 170 cm
Geburtstag: 16. Mai Sternzeichen: Stier Blutgruppe: 0
Mag: Alkohol, Käse und andere Snacks

CHARAKTERPROFIL

PAGE 70 ✤ VERZWEIFLUNG VS. HOFFNUNG

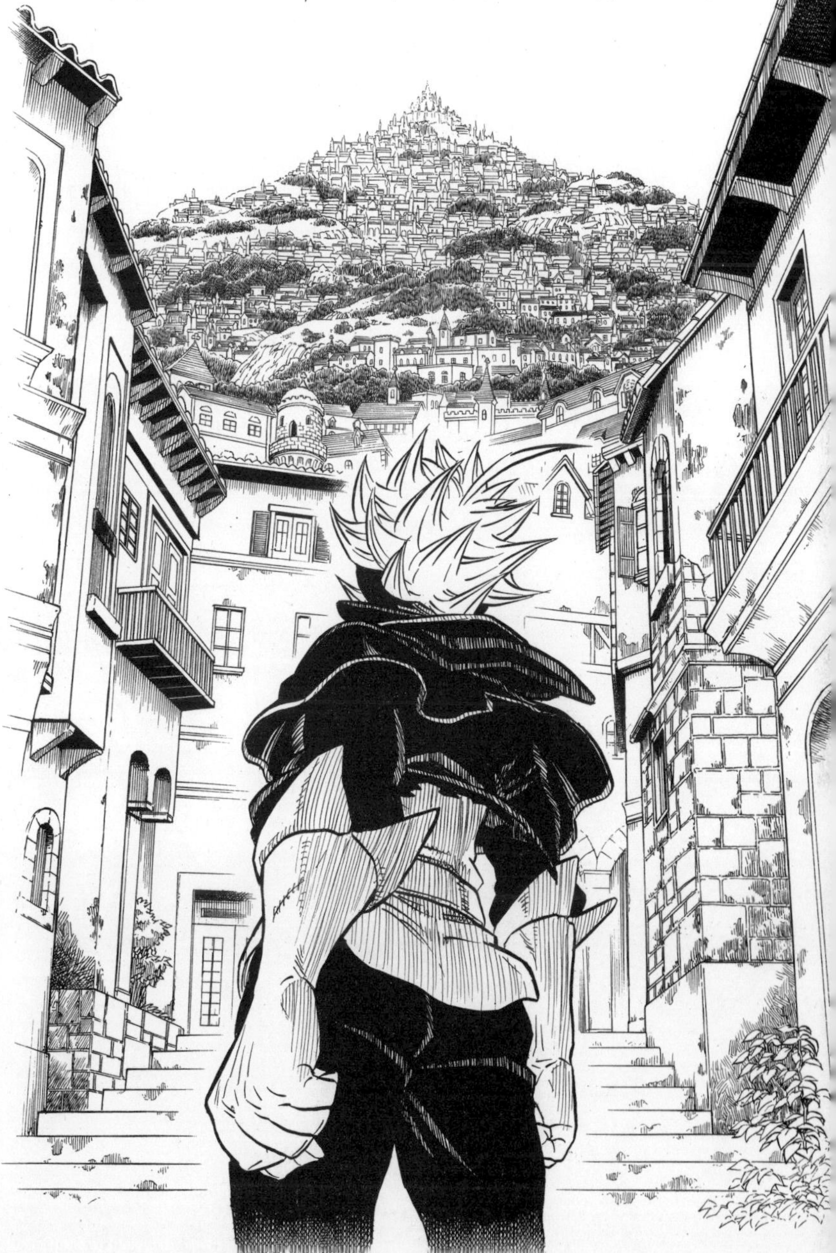

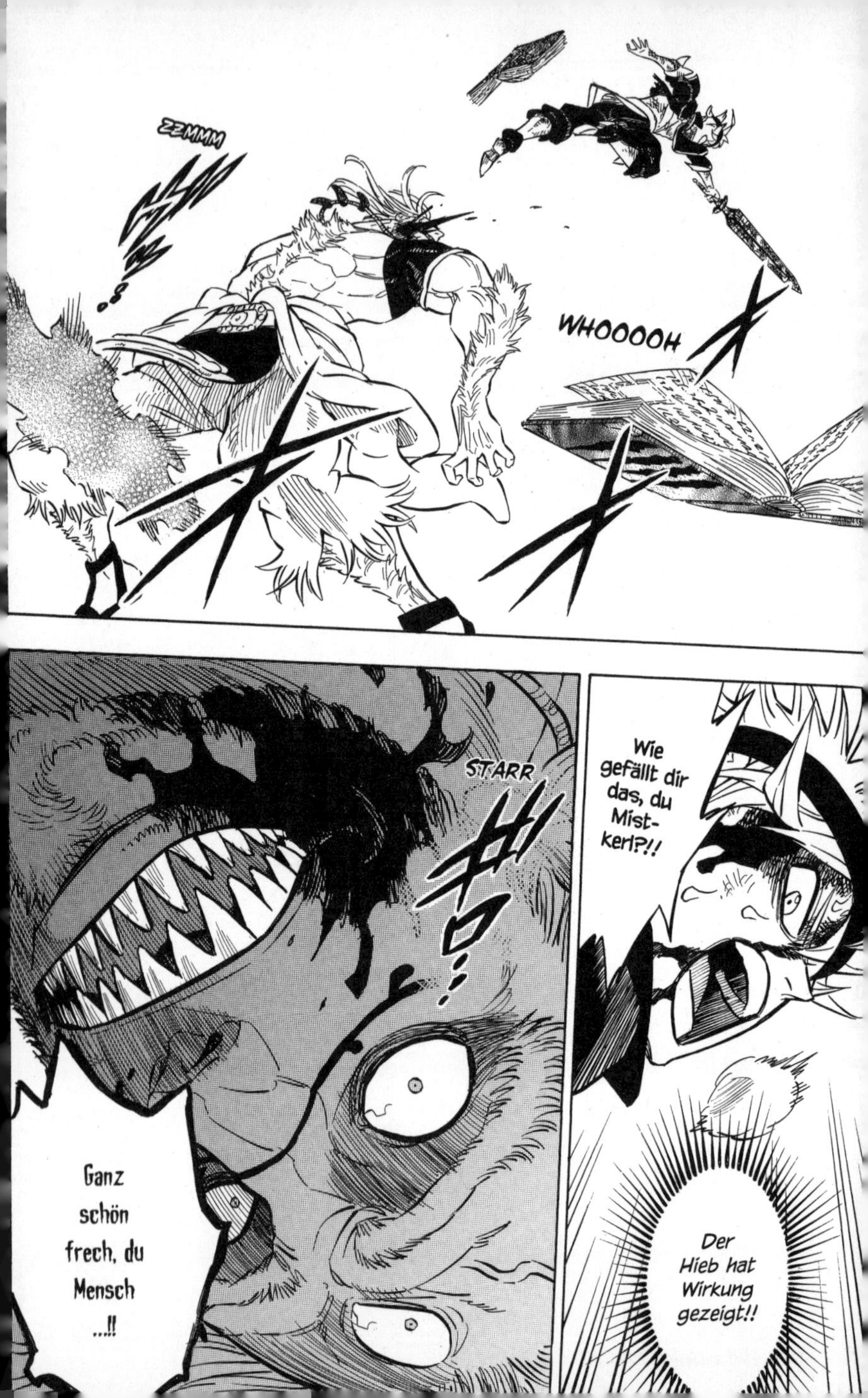
ZZMMM
WHOOOOH
Wie gefällt dir das, du Mist-kerl?!!
STARR
Ganz schön frech, du Mensch ...!!
Der Hieb hat Wirkung gezeigt!!

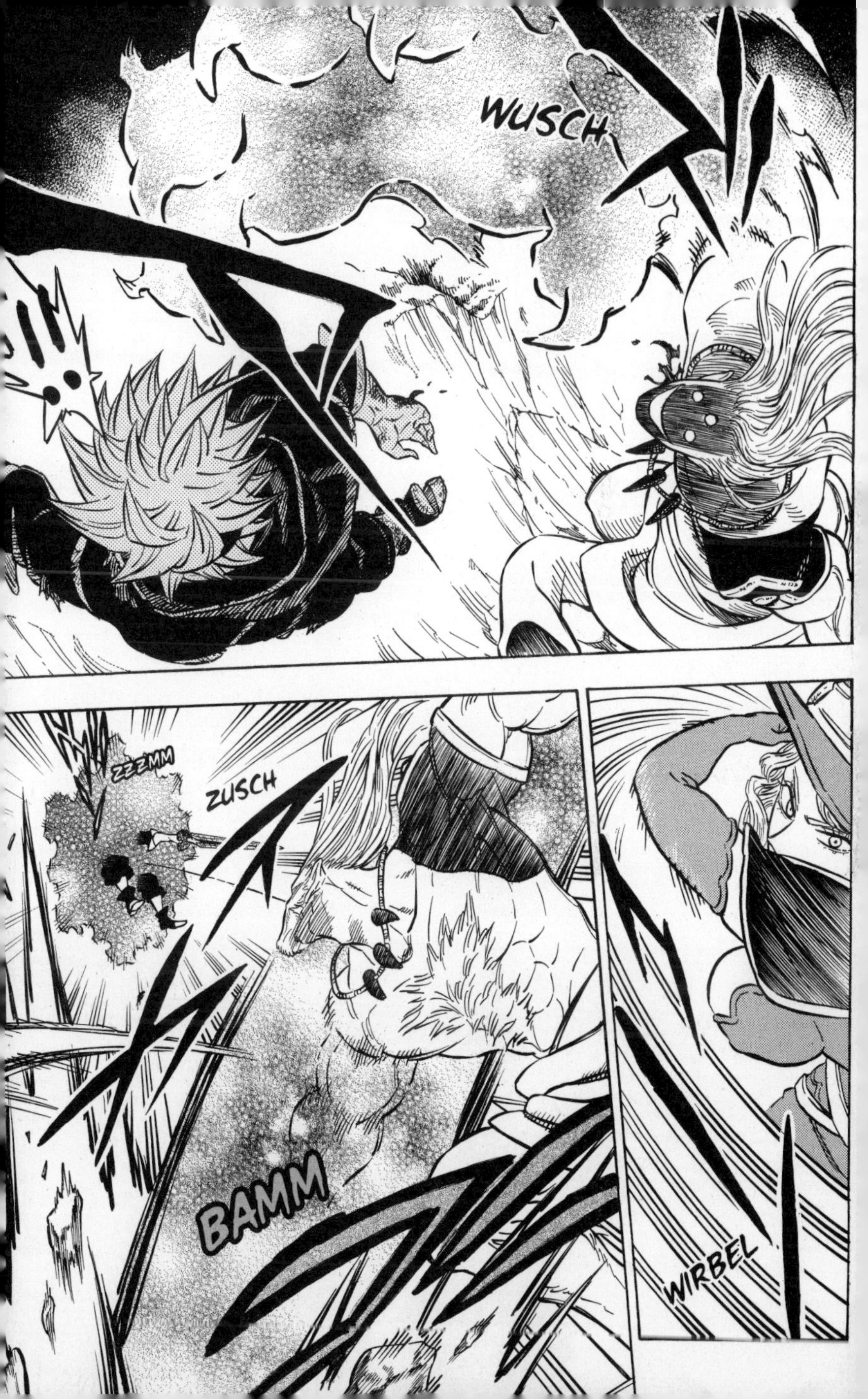
WUSCH
ZZZMM
ZUSCH
BAMM
WIRBEL

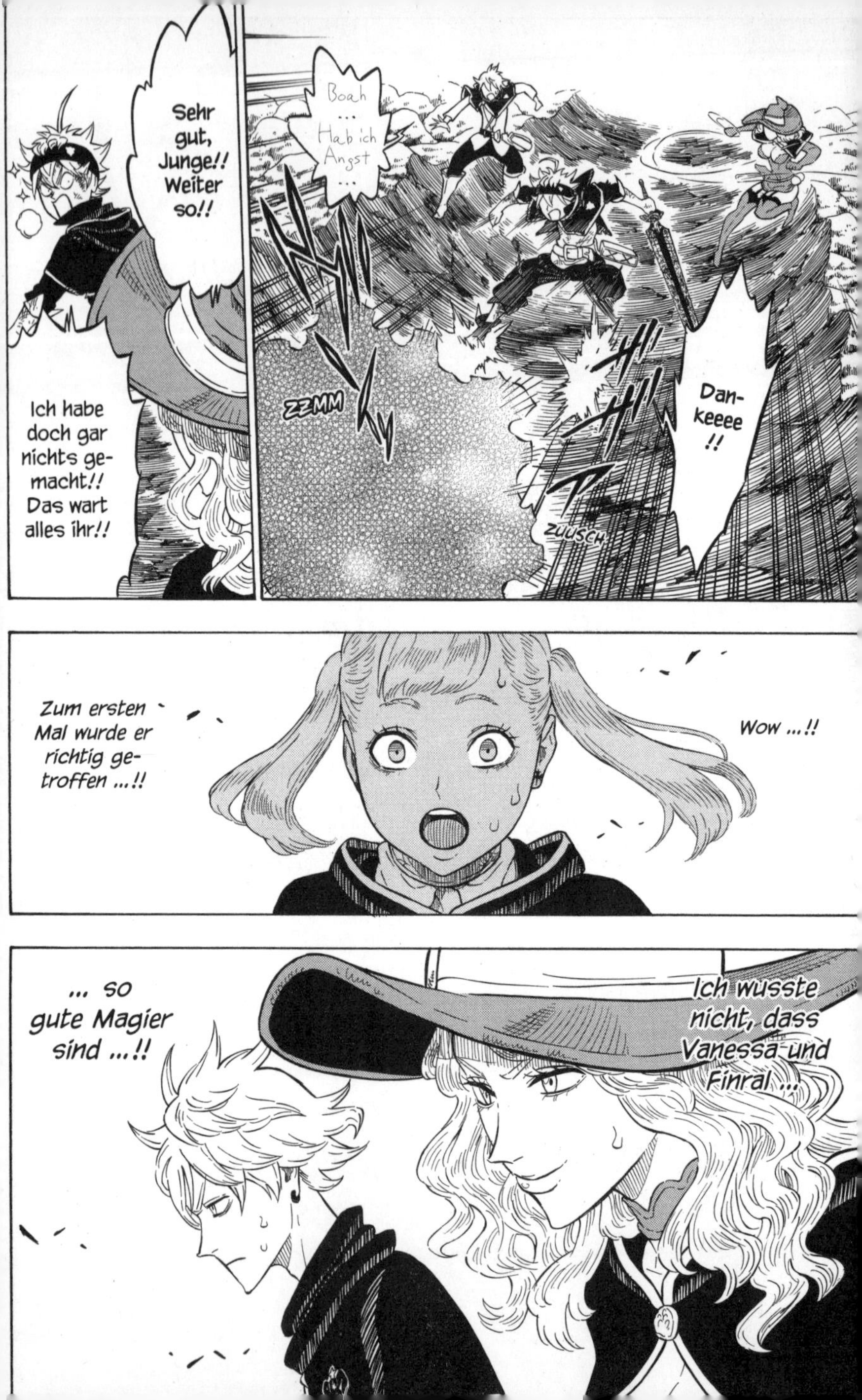
Dan-
keeee
!!
ZUUSCH
ZZMM
Boah … Hab ich Angst …
Sehr gut, Junge!! Weiter so!!
Ich habe doch gar nichts gemacht!! Das wart alles ihr!!
Wow …!!
Zum ersten Mal wurde er richtig getroffen …!!
Ich wusste nicht, dass Vanessa und Finral …
… so gute Magier sind …!!

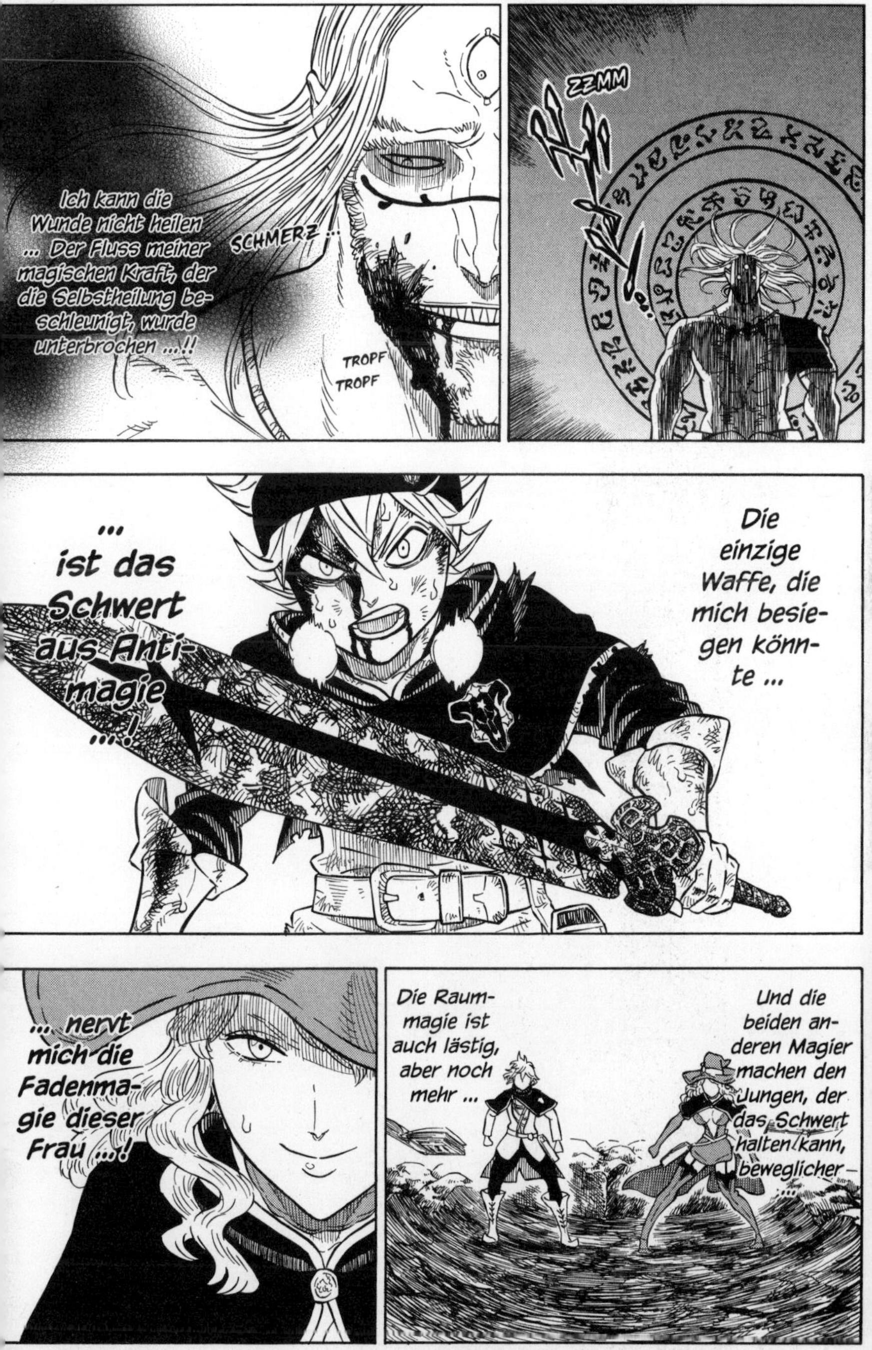
ZZMM
Ich kann die Wunde nicht heilen ... Der Fluss meiner magischen Kraft, der die Selbstheilung beschleunigt, wurde unterbrochen ...!!
SCHMERZ ...
TROPF TROPF
Die einzige Waffe, die mich besiegen könnte ...
... ist das Schwert aus Antimagie ...!
Und die beiden anderen Magier machen den Jungen, der das Schwert halten kann, beweglicher ...
Die Raummagie ist auch lästig, aber noch mehr ...
... nervt mich die Fadenmagie dieser Frau ...!

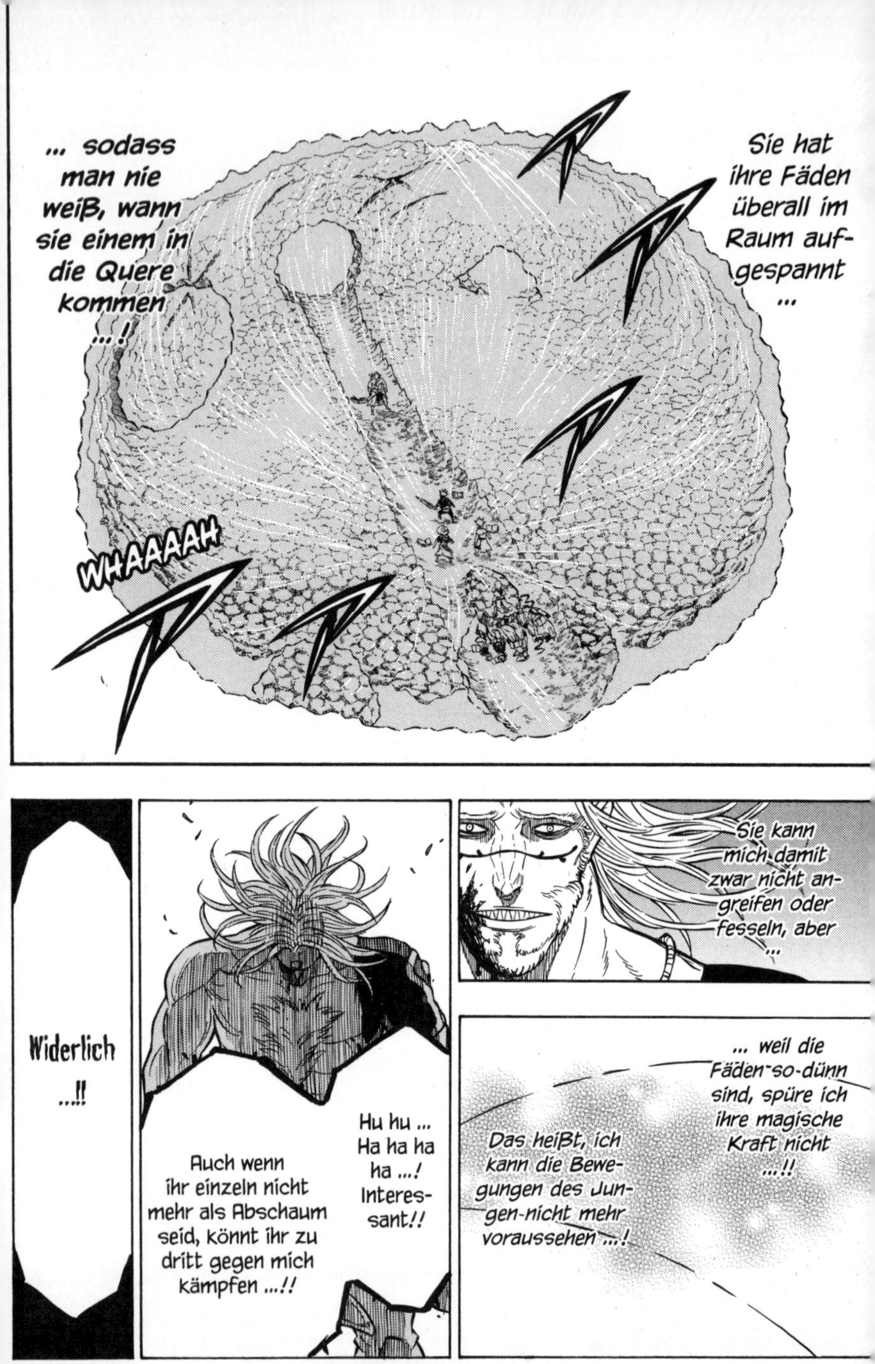

Sie hat ihre Fäden überall im Raum aufgespannt ...
... sodass man nie weiß, wann sie einem in die Quere kommen ...!
WHAAAAH
Sie kann mich damit zwar nicht angreifen oder fesseln, aber ...
... weil die Fäden so dünn sind, spüre ich ihre magische Kraft nicht ...!!
Das heißt, ich kann die Bewegungen des Jungen nicht mehr voraussehen ...!
Hu hu ... Ha ha ha ha ...! Interessant!!
Auch wenn ihr einzeln nicht mehr als Abschaum seid, könnt ihr zu dritt gegen mich kämpfen ...!!
Widerlich ...!!

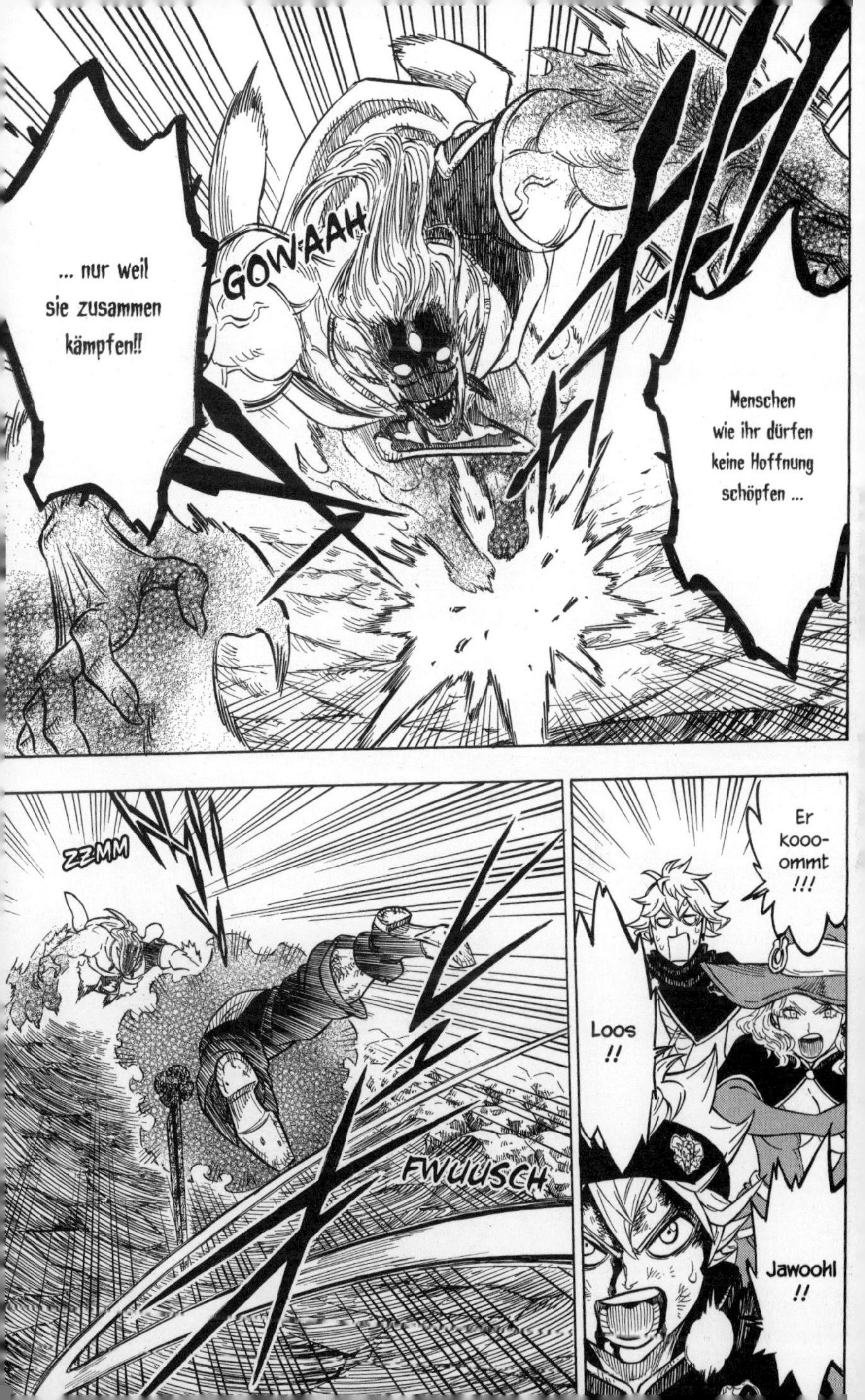
Menschen
wie ihr dürfen
keine Hoffnung
schöpfen ...
GOWAAH
... nur weil
sie zusammen
kämpfen!!
Er
kooo-
ommt
!!!
Loos
!!
Jawoohl
!!
ZZMM
FWUUSCH

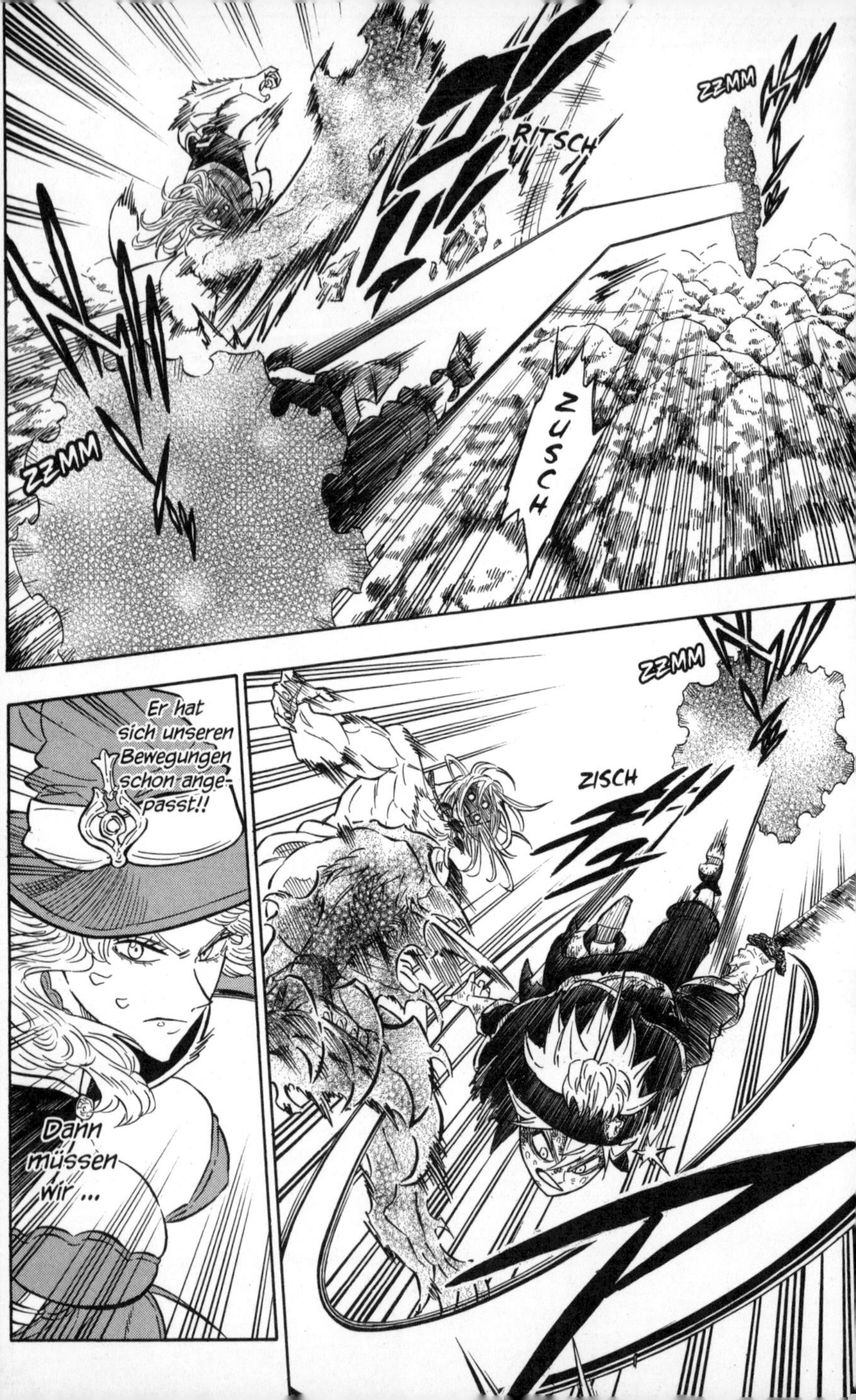
ZZMM
RITSCH
ZUSCH
ZZMM
ZZMM
ZISCH
Er hat sich unseren Bewegungen schon angepasst!!
Dann müssen wir ...

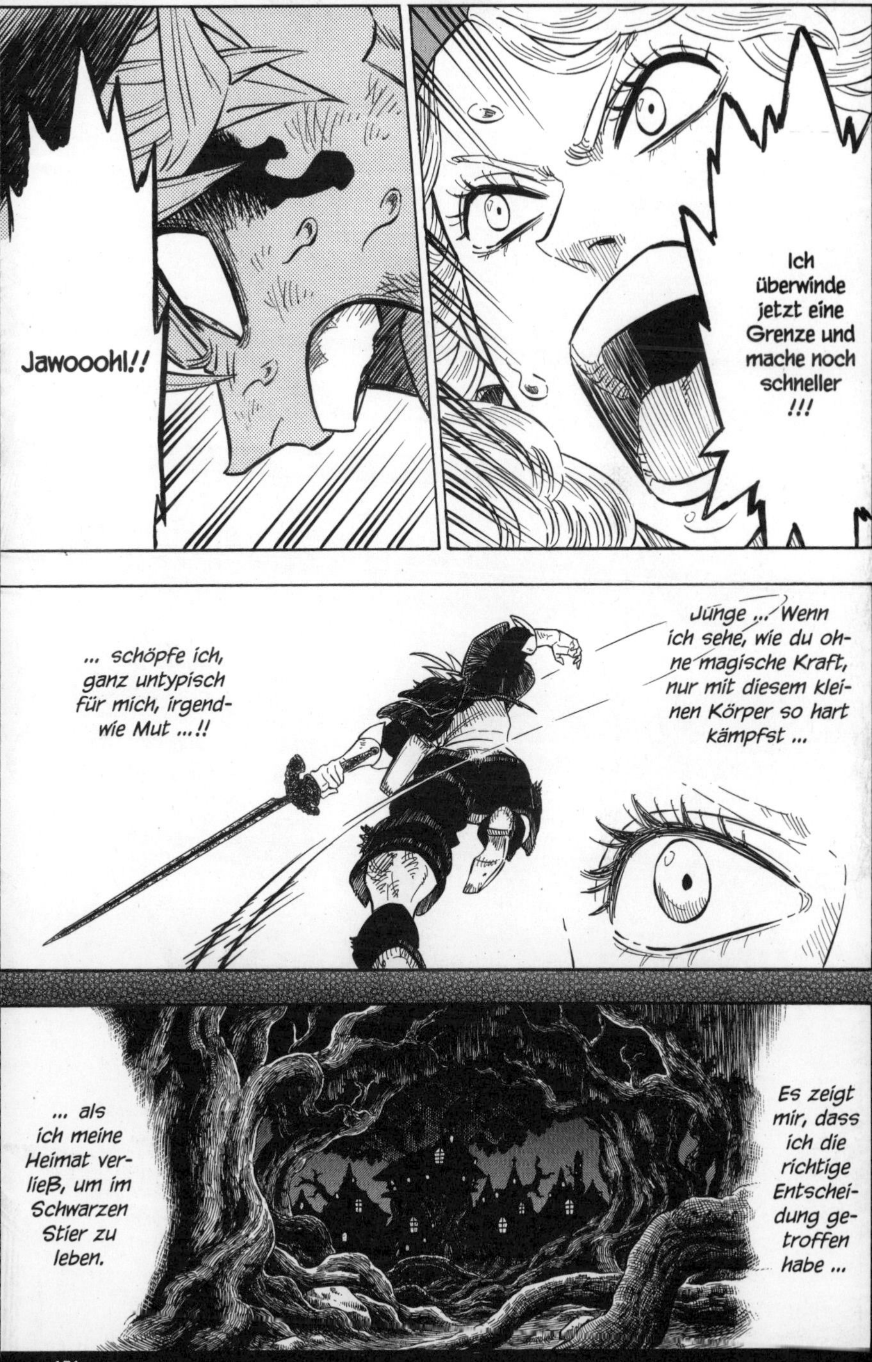
Ich überwinde jetzt eine Grenze und mache noch schneller !!!
Jawooohl!!
Junge ... Wenn ich sehe, wie du ohne magische Kraft, nur mit diesem kleinen Körper so hart kämpfst ...
... schöpfe ich, ganz untypisch für mich, irgendwie Mut ...!!
Es zeigt mir, dass ich die richtige Entscheidung getroffen habe ...
... als ich meine Heimat verließ, um im Schwarzen Stier zu leben.

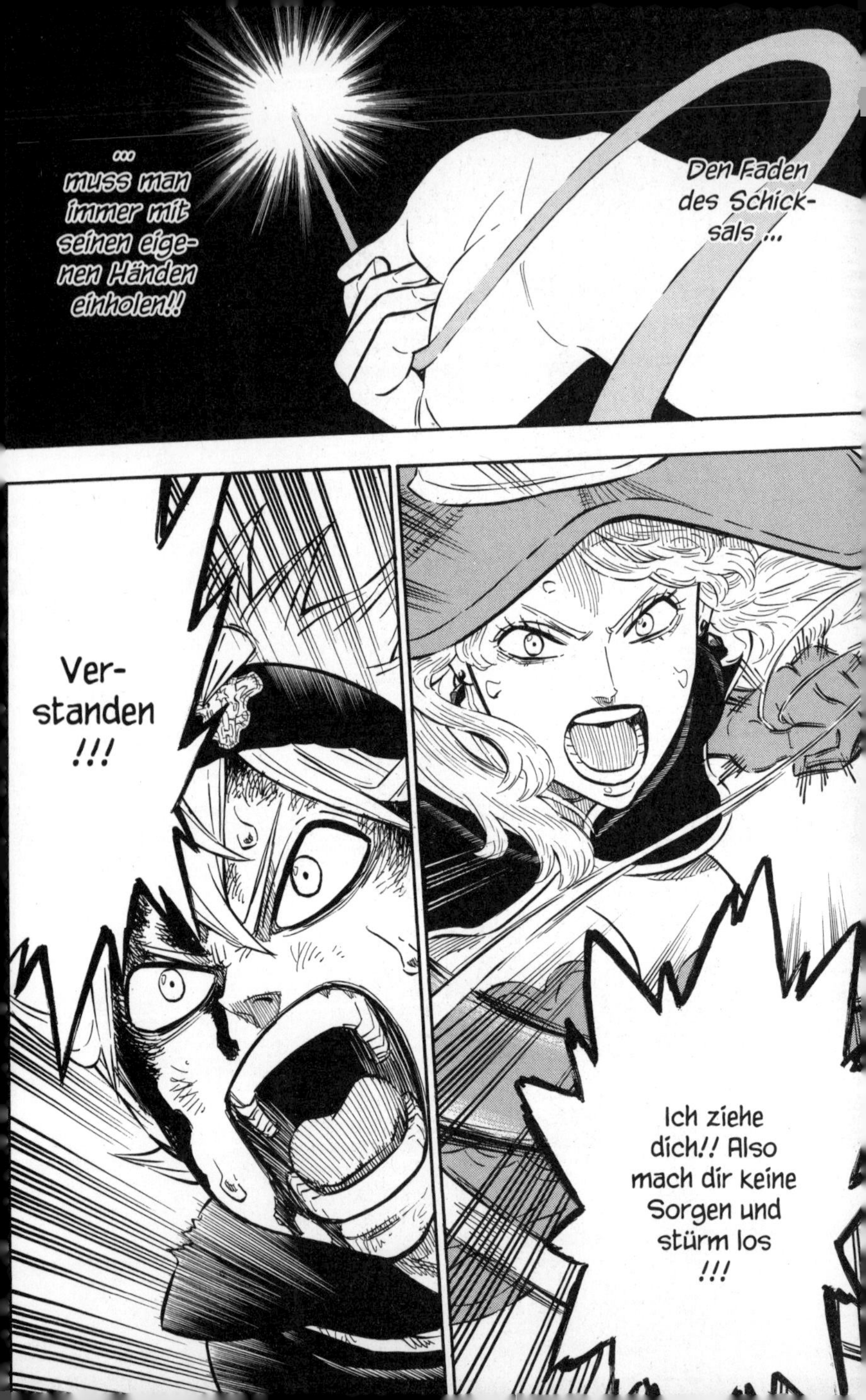
Den Faden des Schick-sals ...
... muss man immer mit seinen eige-nen Händen einholen!!
Ich ziehe dich!! Also mach dir keine Sorgen und stürm los !!!
Ver-standen !!!

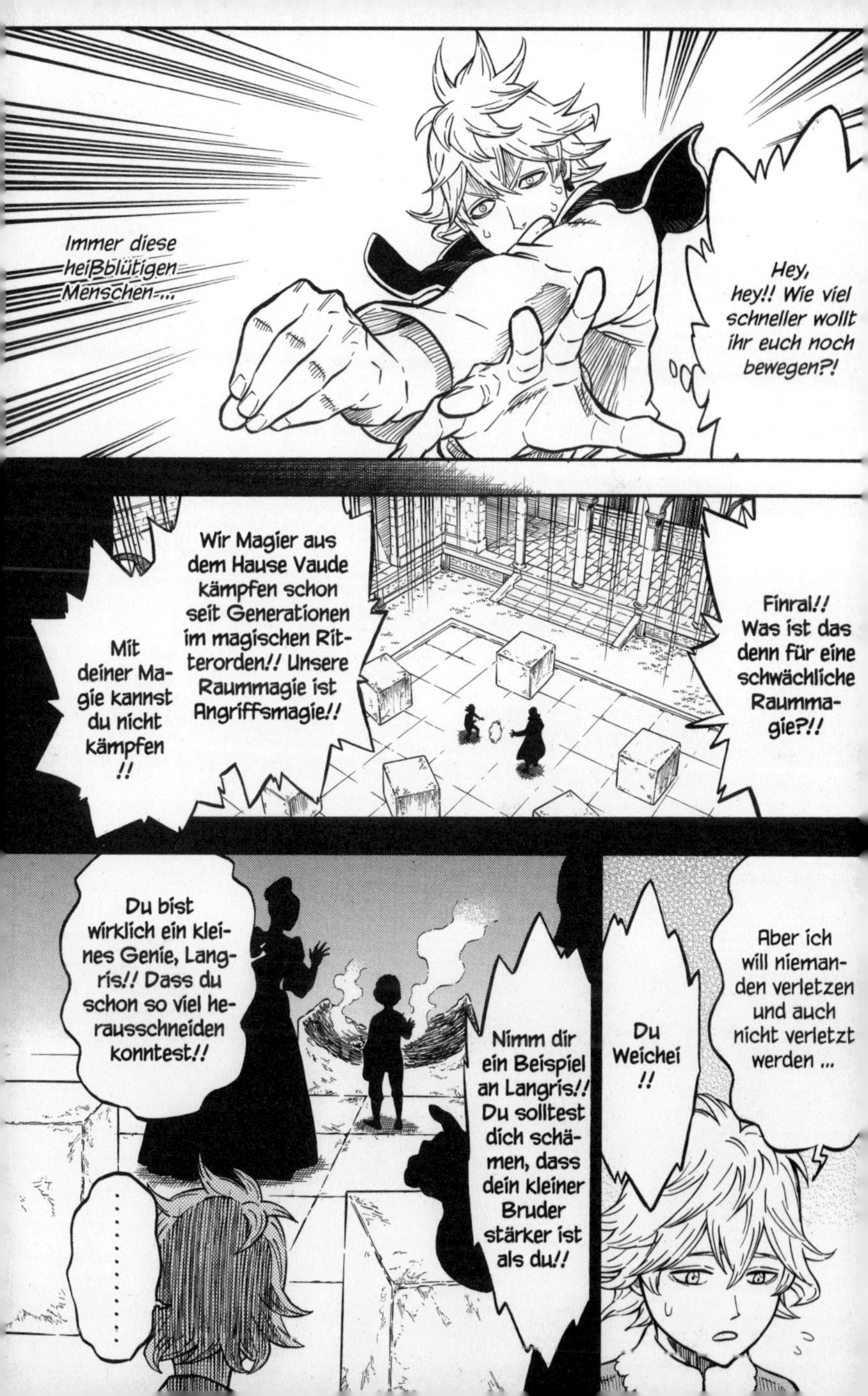

Hey, hey!! Wie viel schneller wollt ihr euch noch bewegen?!
Immer diese heißblütigen Menschen ...
Finral!! Was ist das denn für eine schwächliche Raummagie?!!
Wir Magier aus dem Hause Vaude kämpfen schon seit Generationen im magischen Ritterorden!! Unsere Raummagie ist Angriffsmagie!!
Mit deiner Magie kannst du nicht kämpfen!!
Aber ich will niemanden verletzen und auch nicht verletzt werden ...
Du Weichei!!
Nimm dir ein Beispiel an Langris!! Du solltest dich schämen, dass dein kleiner Bruder stärker ist als du!!
Du bist wirklich ein kleines Genie, Langris!! Dass du schon so viel herausschneiden konntest!!
....

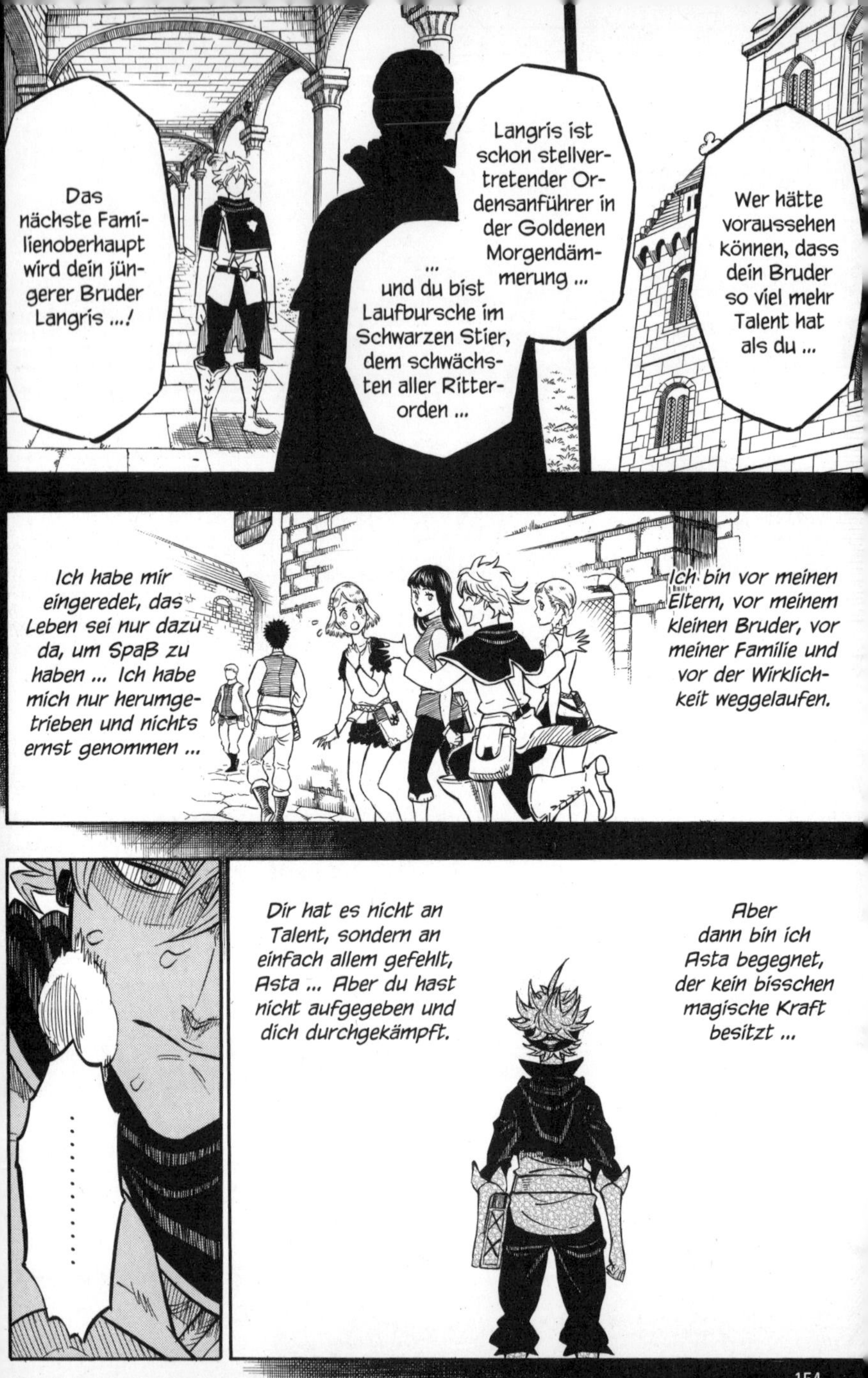

Wer hätte voraussehen können, dass dein Bruder so viel mehr Talent hat als du ...
Langris ist schon stellvertretender Ordensanführer in der Goldenen Morgendämmerung ...
... und du bist Laufbursche im Schwarzen Stier, dem schwächsten aller Ritterorden ...
Das nächste Familienoberhaupt wird dein jüngerer Bruder Langris ...!
Ich bin vor meinen Eltern, vor meinem kleinen Bruder, vor meiner Familie und vor der Wirklichkeit weggelaufen.
Ich habe mir eingeredet, das Leben sei nur dazu da, um Spaß zu haben ... Ich habe mich nur herumgetrieben und nichts ernst genommen ...
Aber dann bin ich Asta begegnet, der kein bisschen magische Kraft besitzt ...
Dir hat es nicht an Talent, sondern an einfach allem gefehlt, Asta ... Aber du hast nicht aufgegeben und dich durchgekämpft.
....

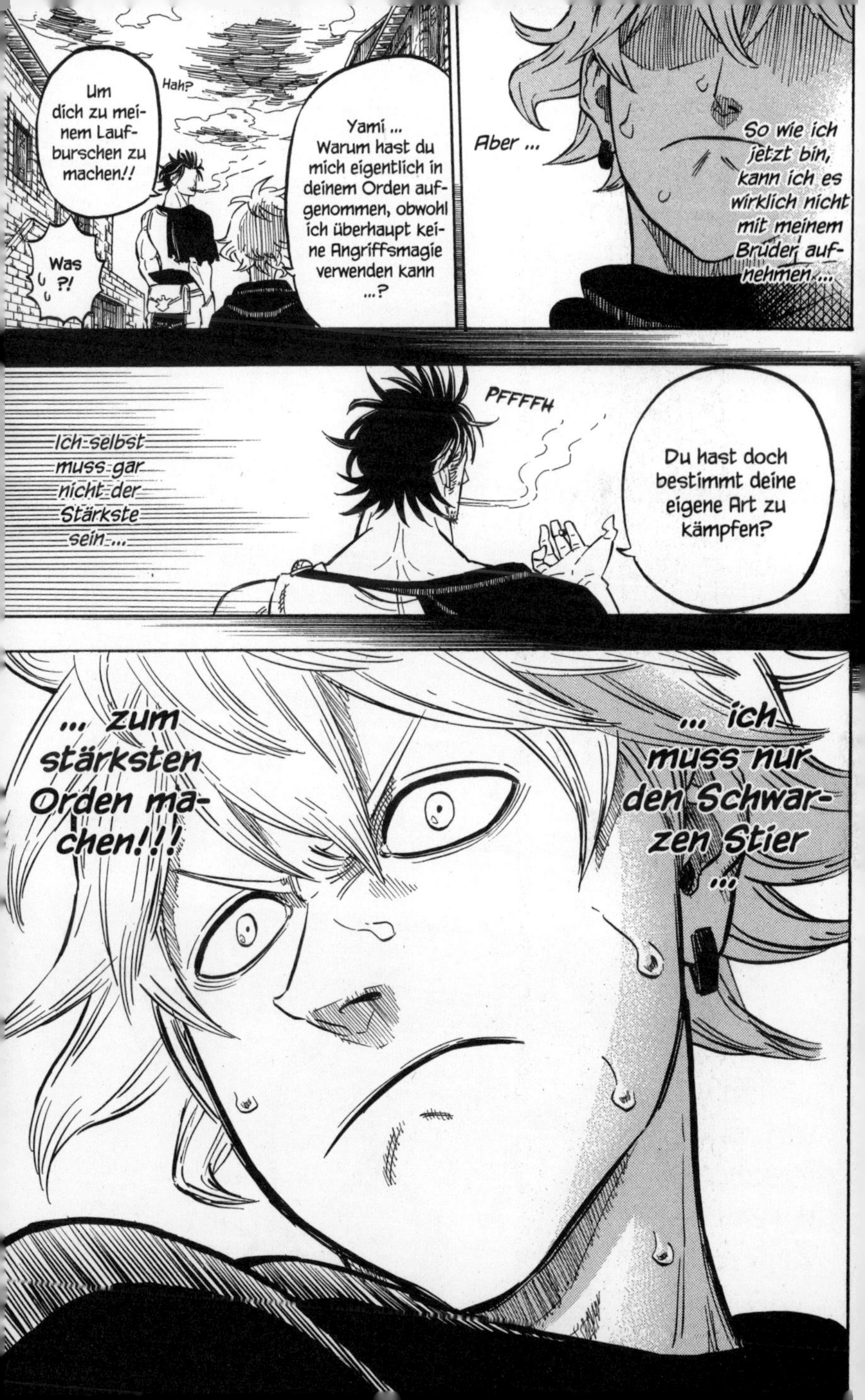
Aber ...
So wie ich jetzt bin, kann ich es wirklich nicht mit meinem Bruder aufnehmen ...
Yami ... Warum hast du mich eigentlich in deinem Orden aufgenommen, obwohl ich überhaupt keine Angriffsmagie verwenden kann ...?
Hah?
Um dich zu meinem Laufburschen zu machen!!
Was ?!
Du hast doch bestimmt deine eigene Art zu kämpfen?
PFFFFH
Ich selbst muss gar nicht der Stärkste sein ...
... ich muss nur den Schwarzen Stier ...
... zum stärksten Orden machen!!!

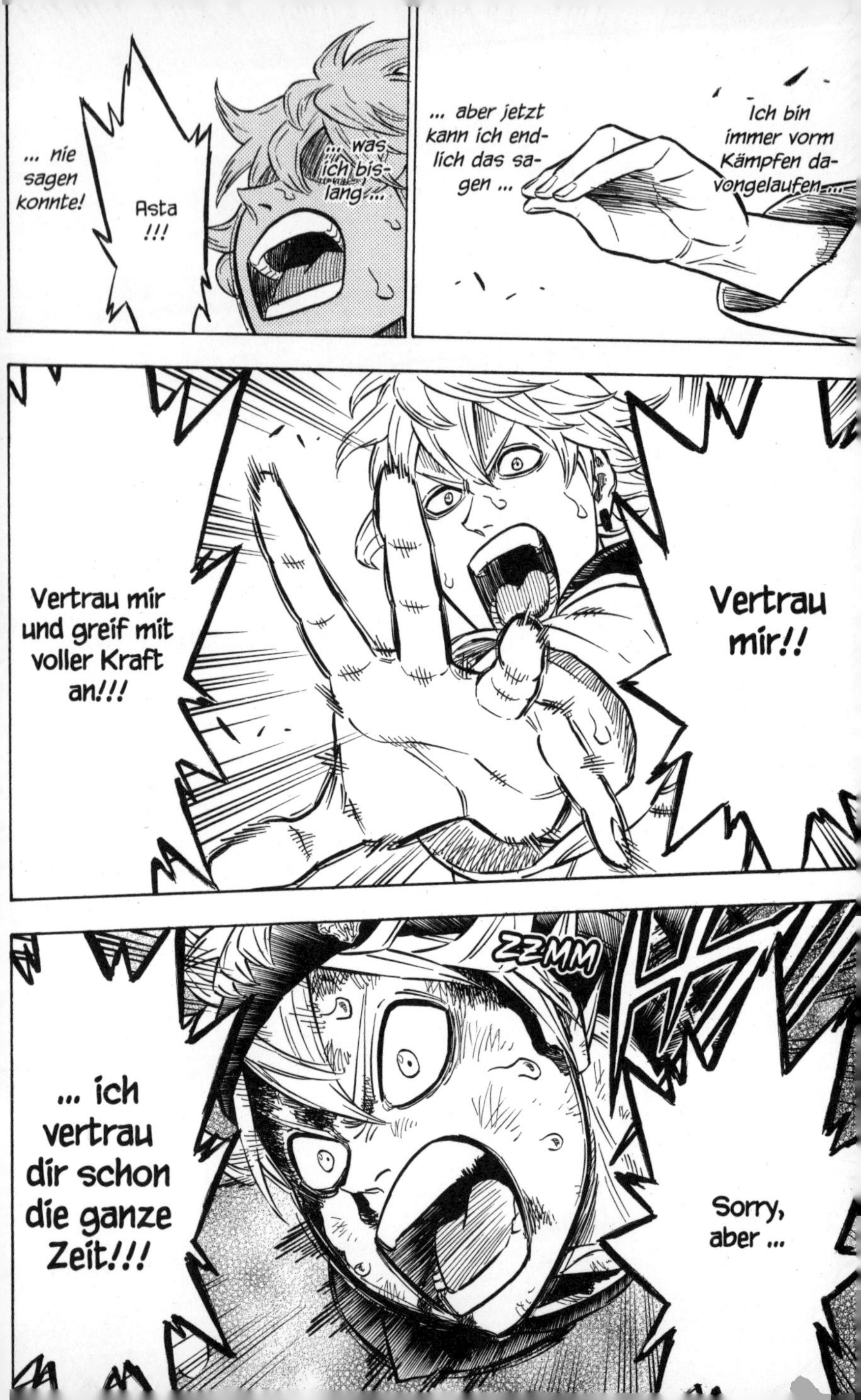
Ich bin immer vorm Kämpfen davongelaufen ...
... aber jetzt kann ich endlich das sagen ...
... was ich bislang ...
Asta !!!
... nie sagen konnte!
Vertrau mir!!
Vertrau mir und greif mit voller Kraft an!!!
ZZMM
Sorry, aber ...
... ich vertrau dir schon die ganze Zeit!!!

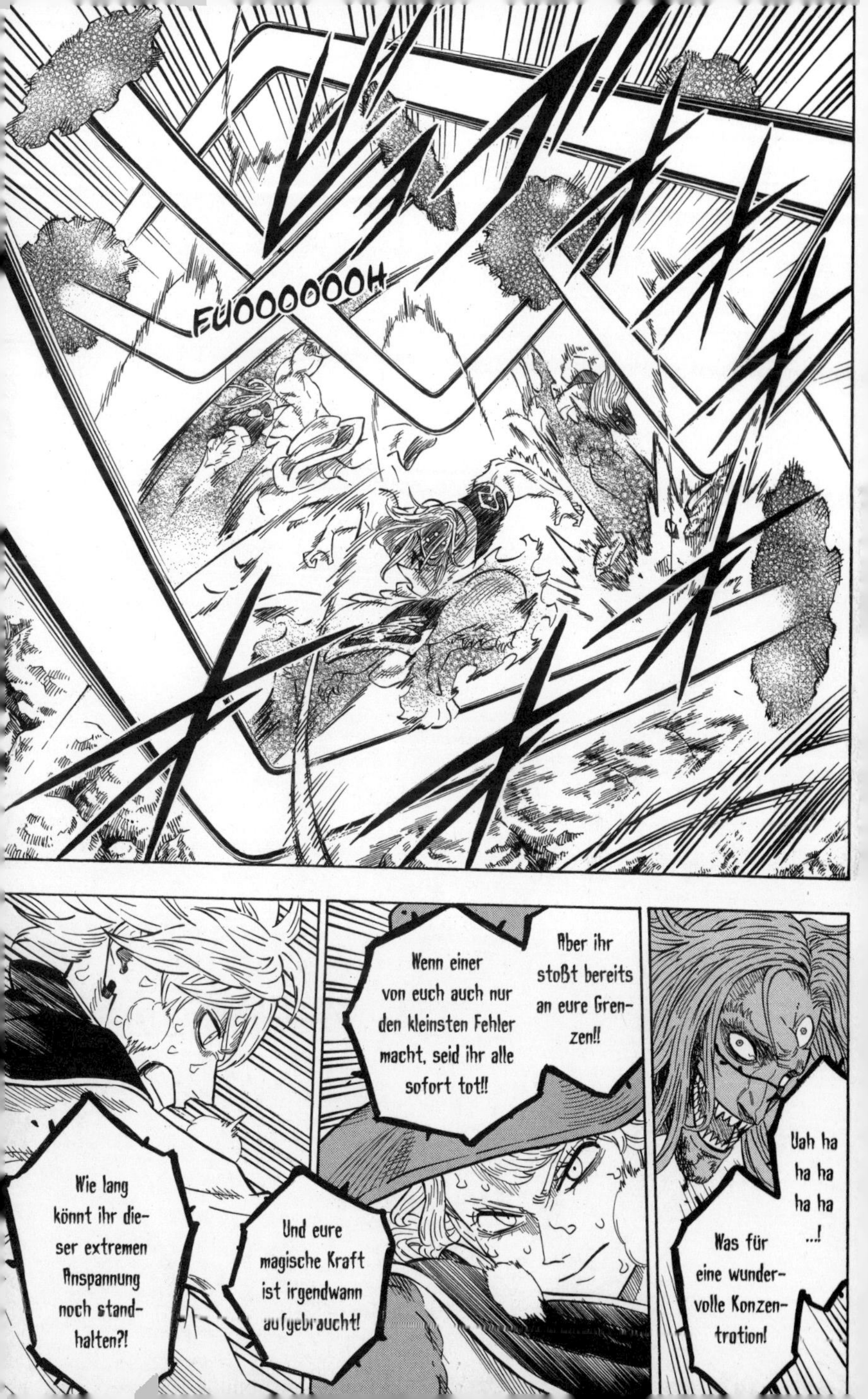

FUOOOOOOH
Uah ha ha ha ha ha ...!
Was für eine wundervolle Konzentration!
Aber ihr stoßt bereits an eure Grenzen!!
Wenn einer von euch auch nur den kleinsten Fehler macht, seid ihr alle sofort tot!!
Und eure magische Kraft ist irgendwann aufgebraucht!
Wie lang könnt ihr dieser extremen Anspannung noch standhalten?!

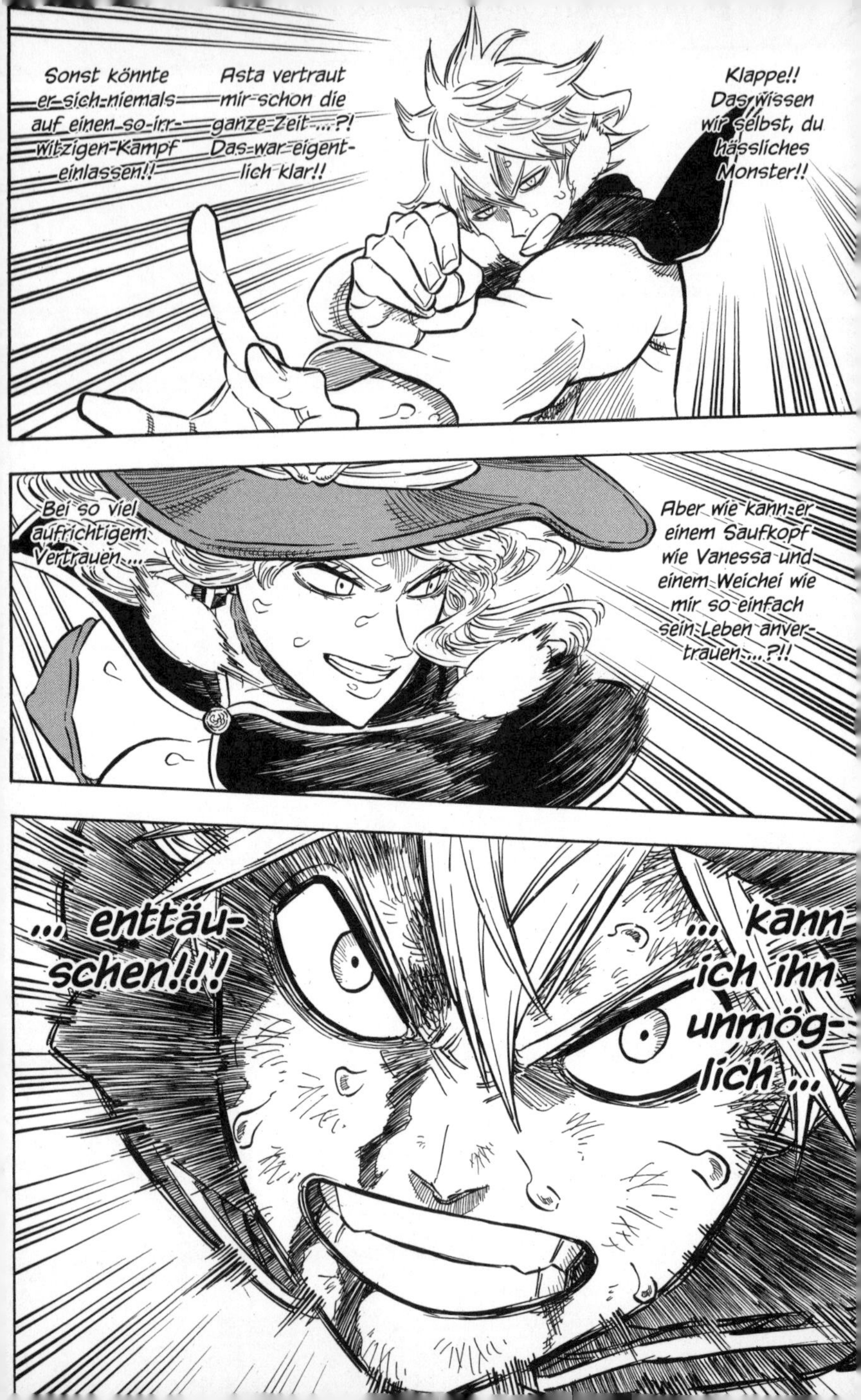
Klappe!! Das wissen wir selbst, du hässliches Monster!!
Asta vertraut mir schon die ganze Zeit ...?! Das war eigentlich klar!!
Sonst könnte er sich niemals auf einen so irrwitzigen Kampf einlassen!!
Aber wie kann er einem Saufkopf wie Vanessa und einem Weichei wie mir so einfach sein Leben anvertrauen ...?!!
Bei so viel aufrichtigem Vertrauen ...
... kann ich ihn unmöglich ...
... enttäuschen!!!

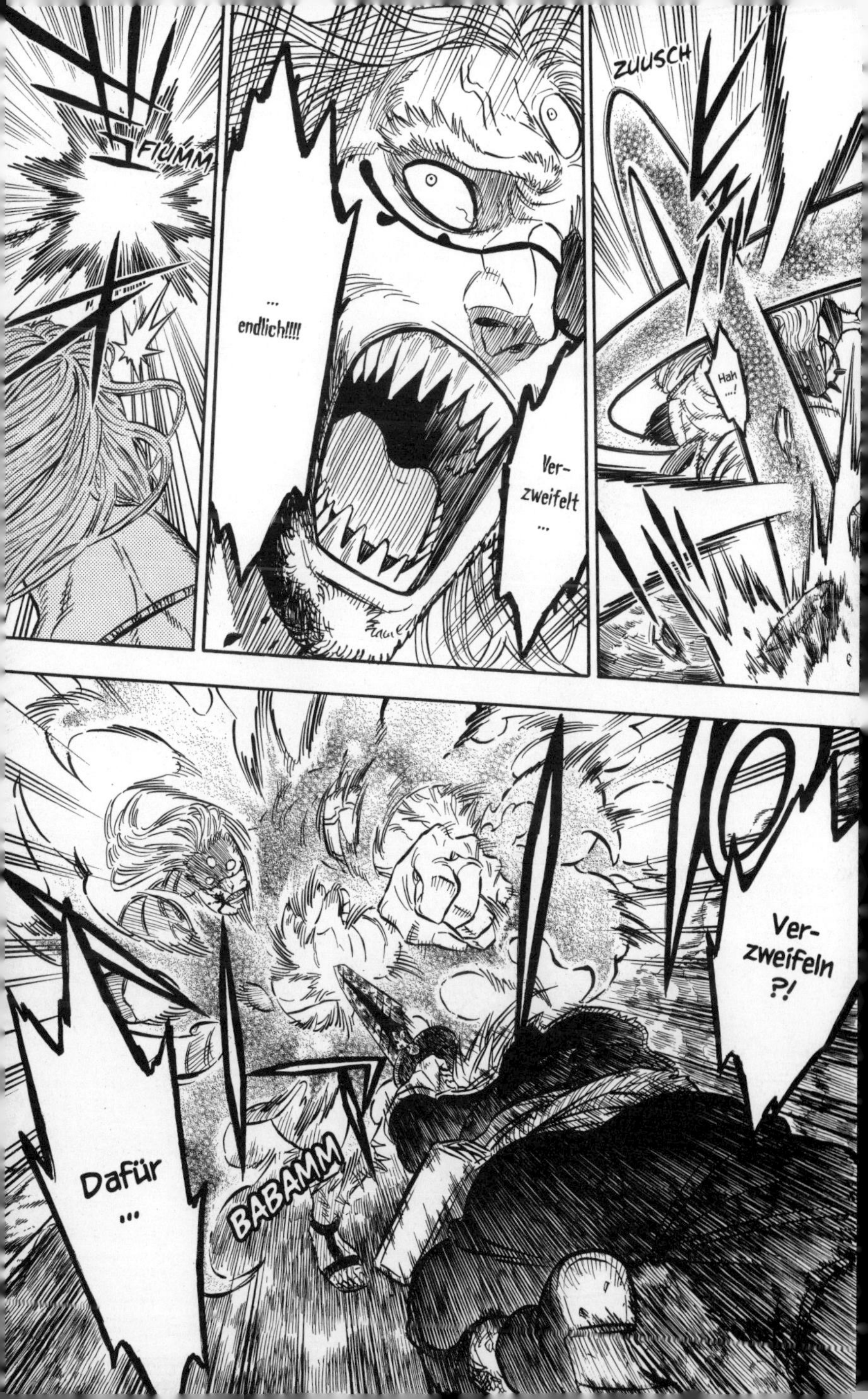
ZUUSCH
Hah ...!
Ver-
zweifelt
...
...
endlich!!!!
FIUMM
Ver-
zweifeln
?!
BABAMM
Dafür
...

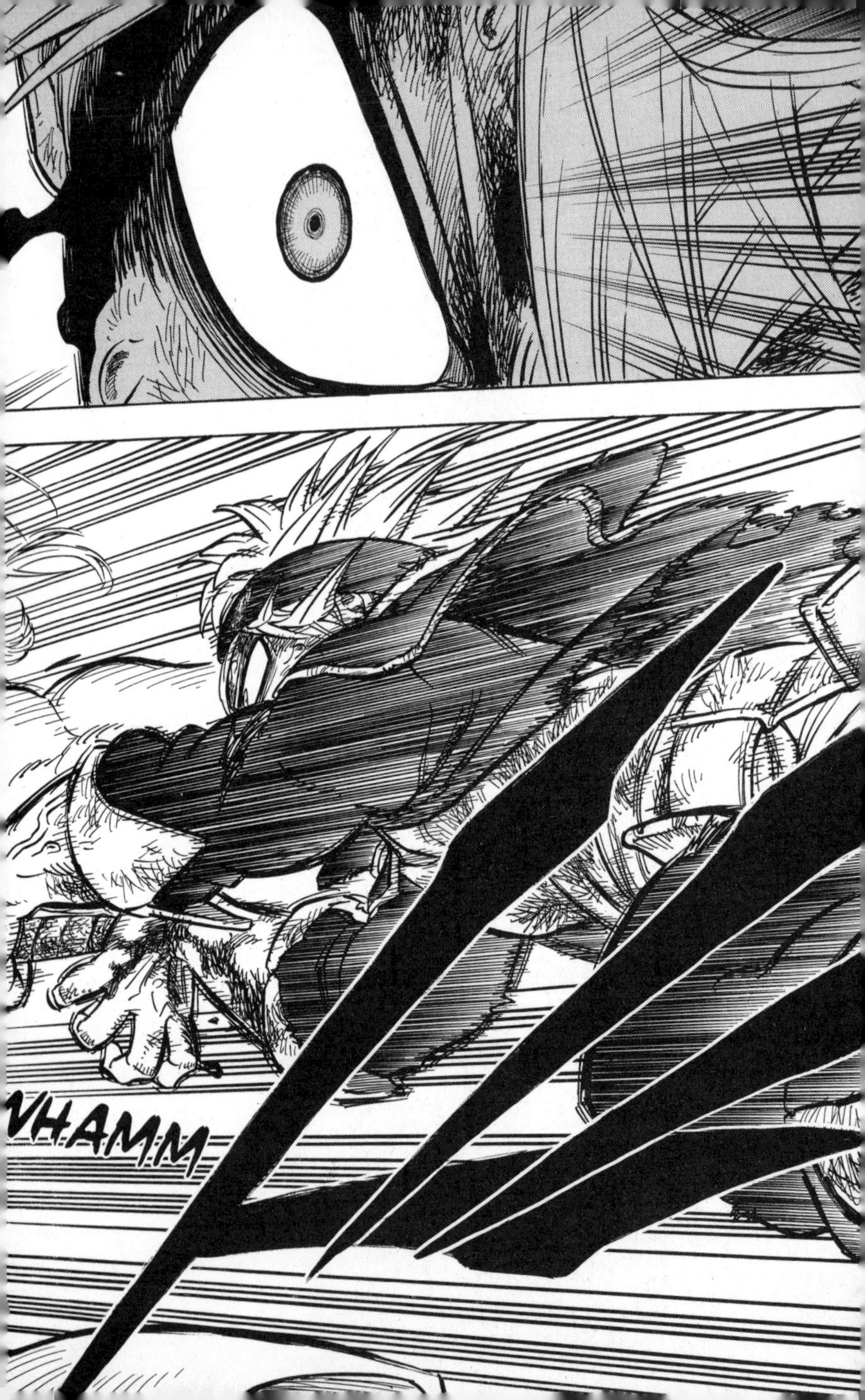
VHAMM

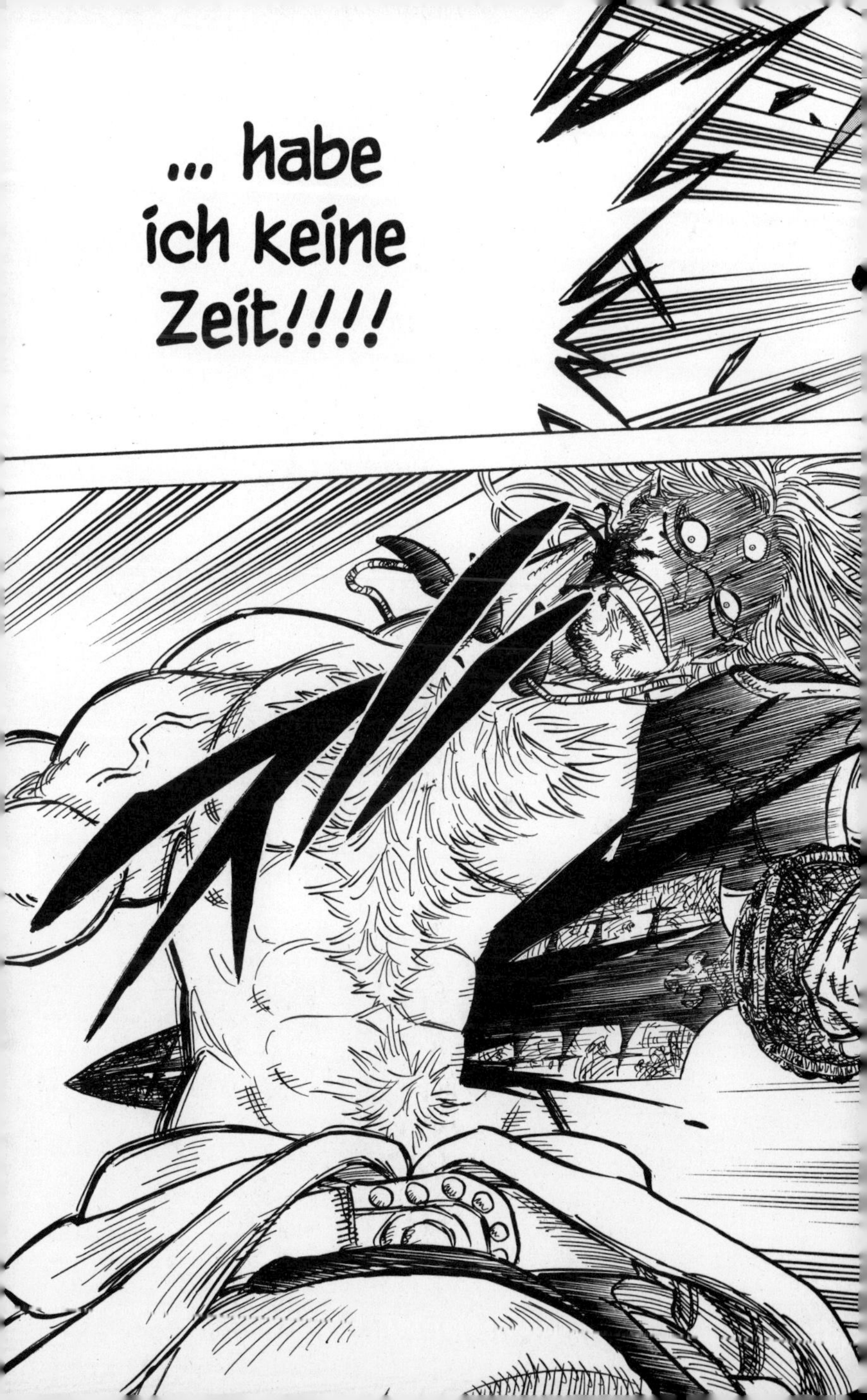
... habe
ich keine
Zeit!!!!

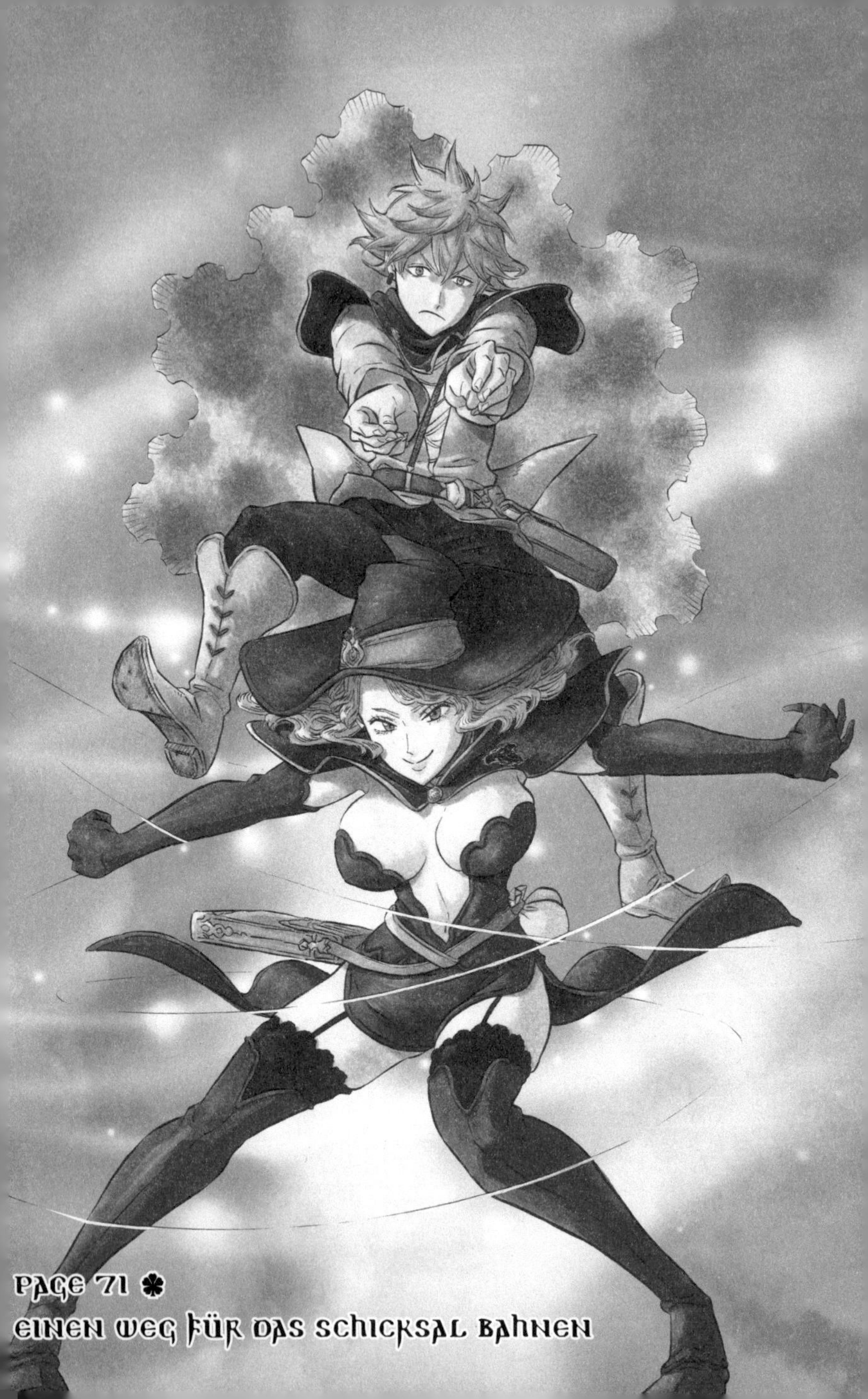

PAGE 71 ✤
EINEN WEG FÜR DAS SCHICKSAL BAHNEN

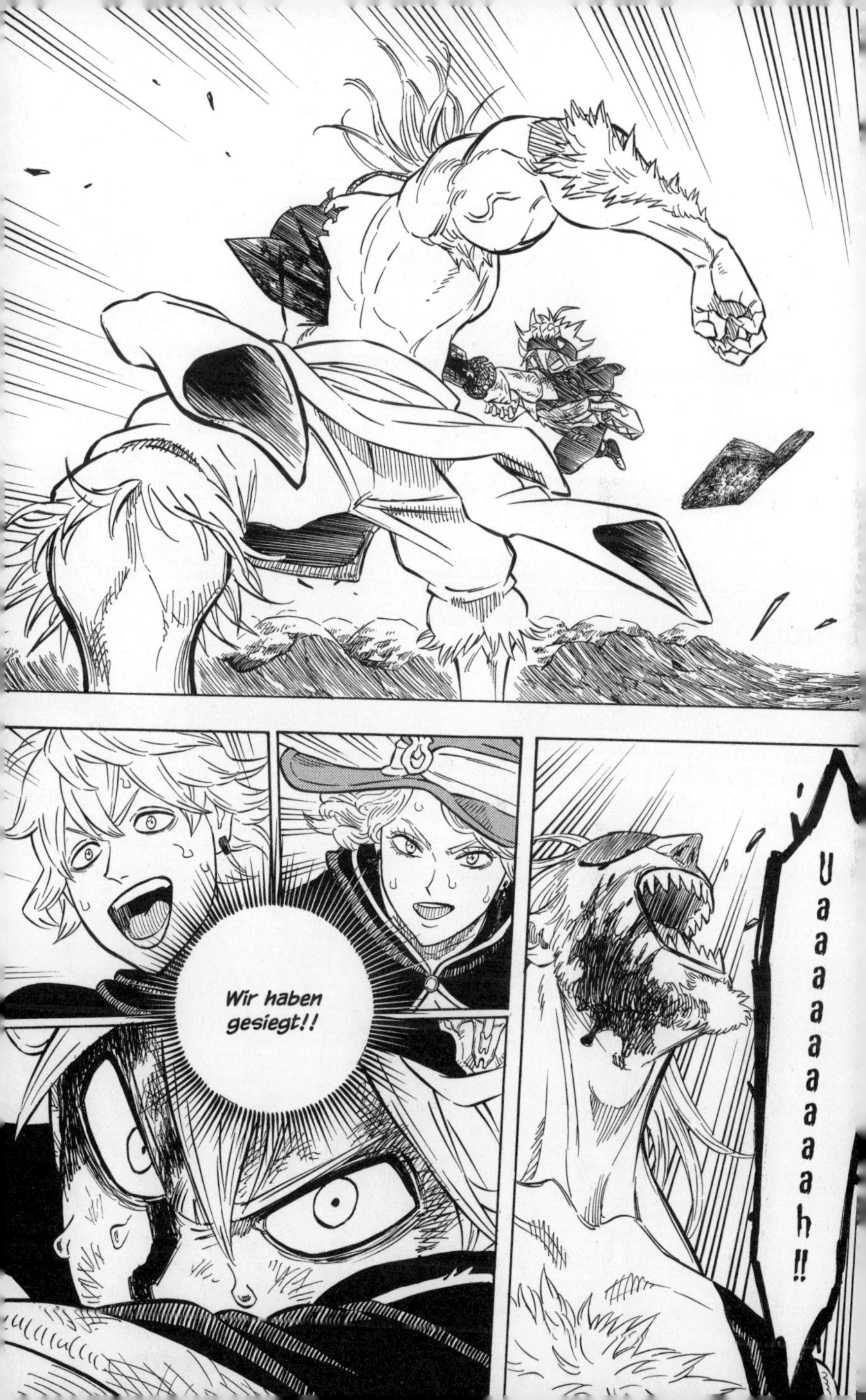

Wir haben gesiegt!!
Uaaaaaaaaaaah!!

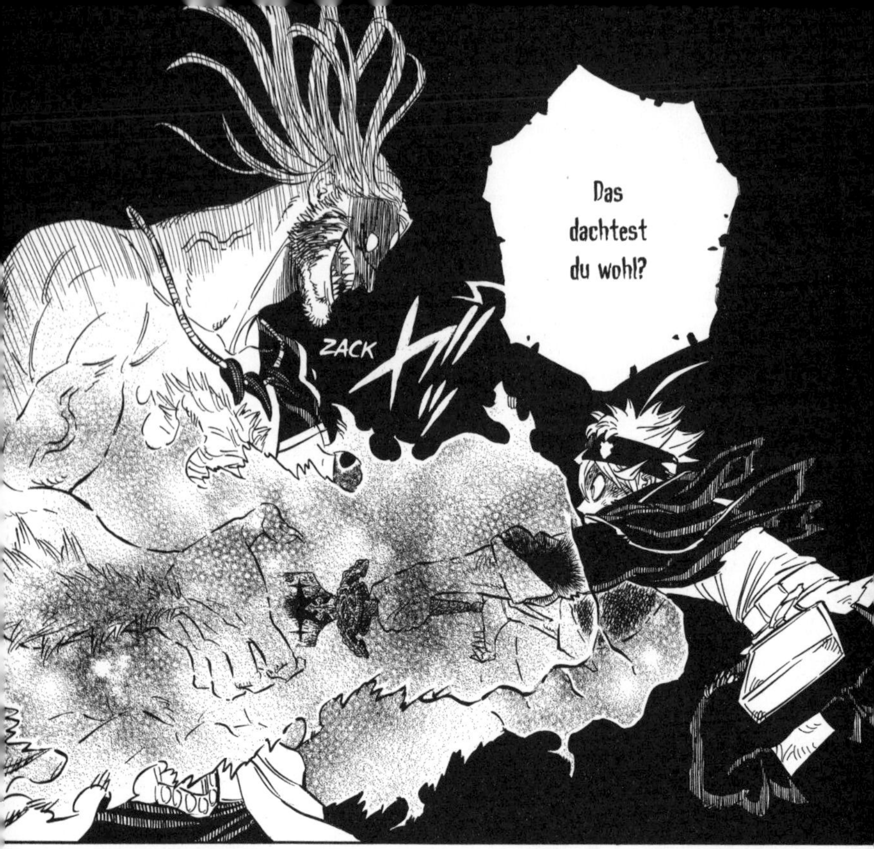
Das dachtest du wohl?
ZACK

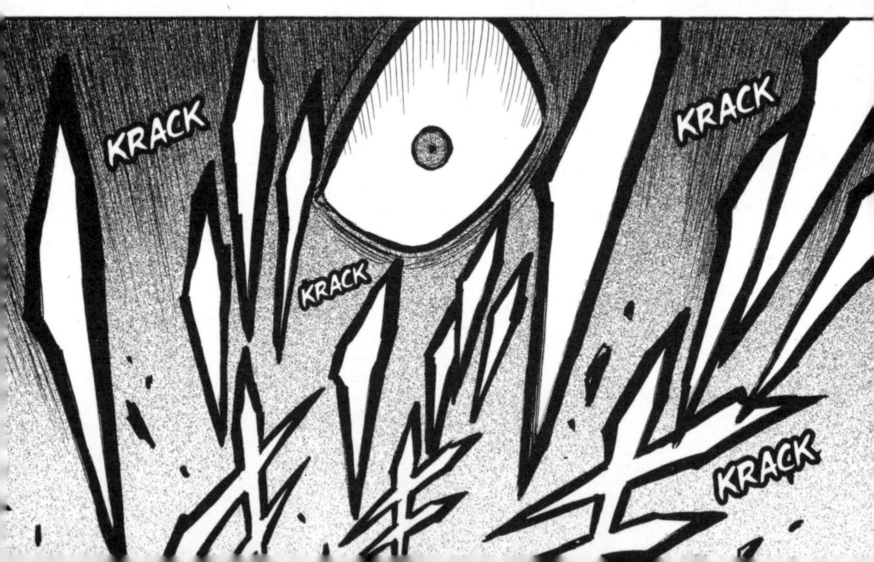
KRACK
KRACK
KRACK
KRACK

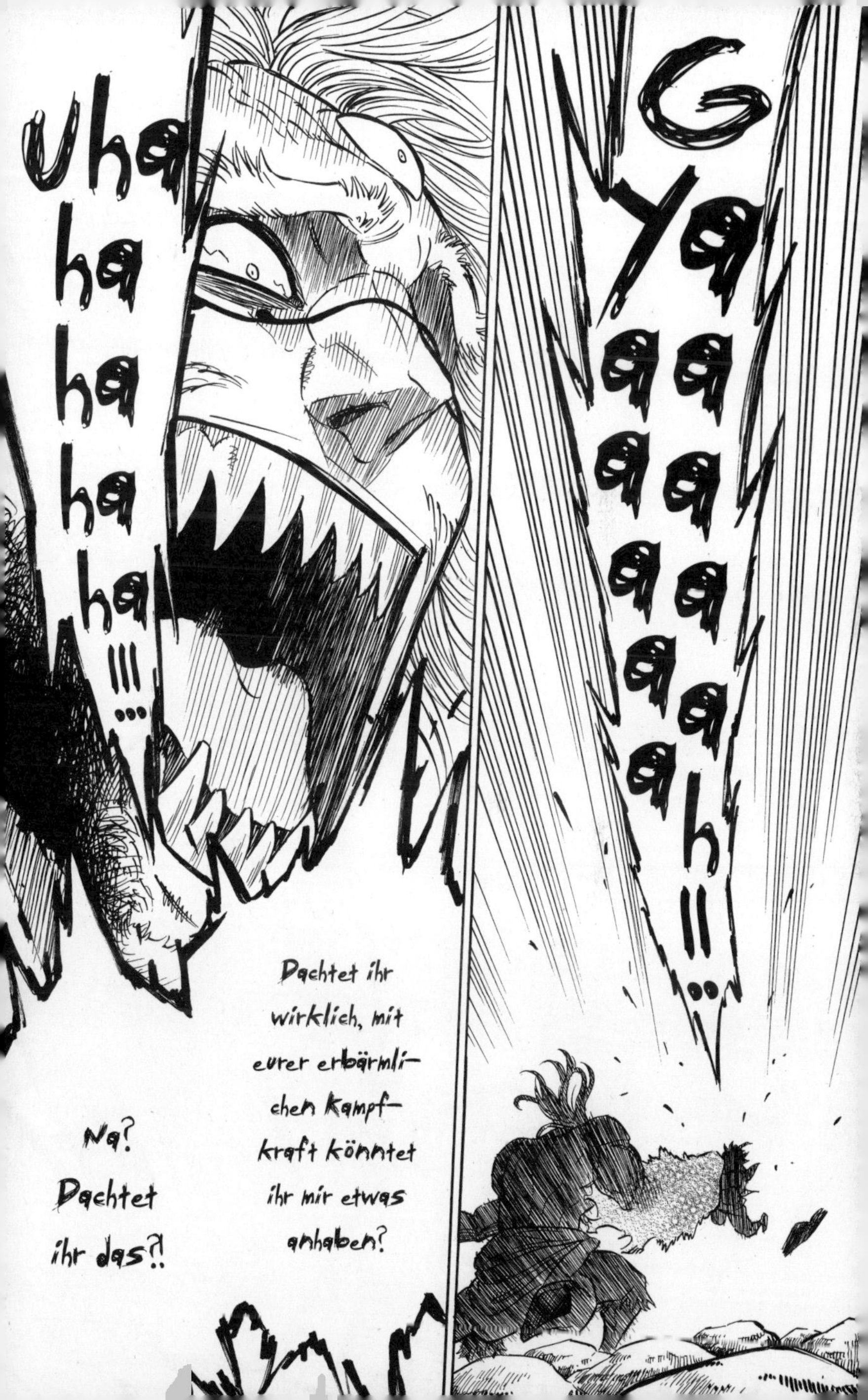
Gyaaaaaaaaaaaaah!!..
Uhahahahahaha!!!...
Dachtet ihr wirklich, mit eurer erbärmlichen Kampfkraft könntet ihr mir etwas anhaben?
Na? Dachtet ihr das?!

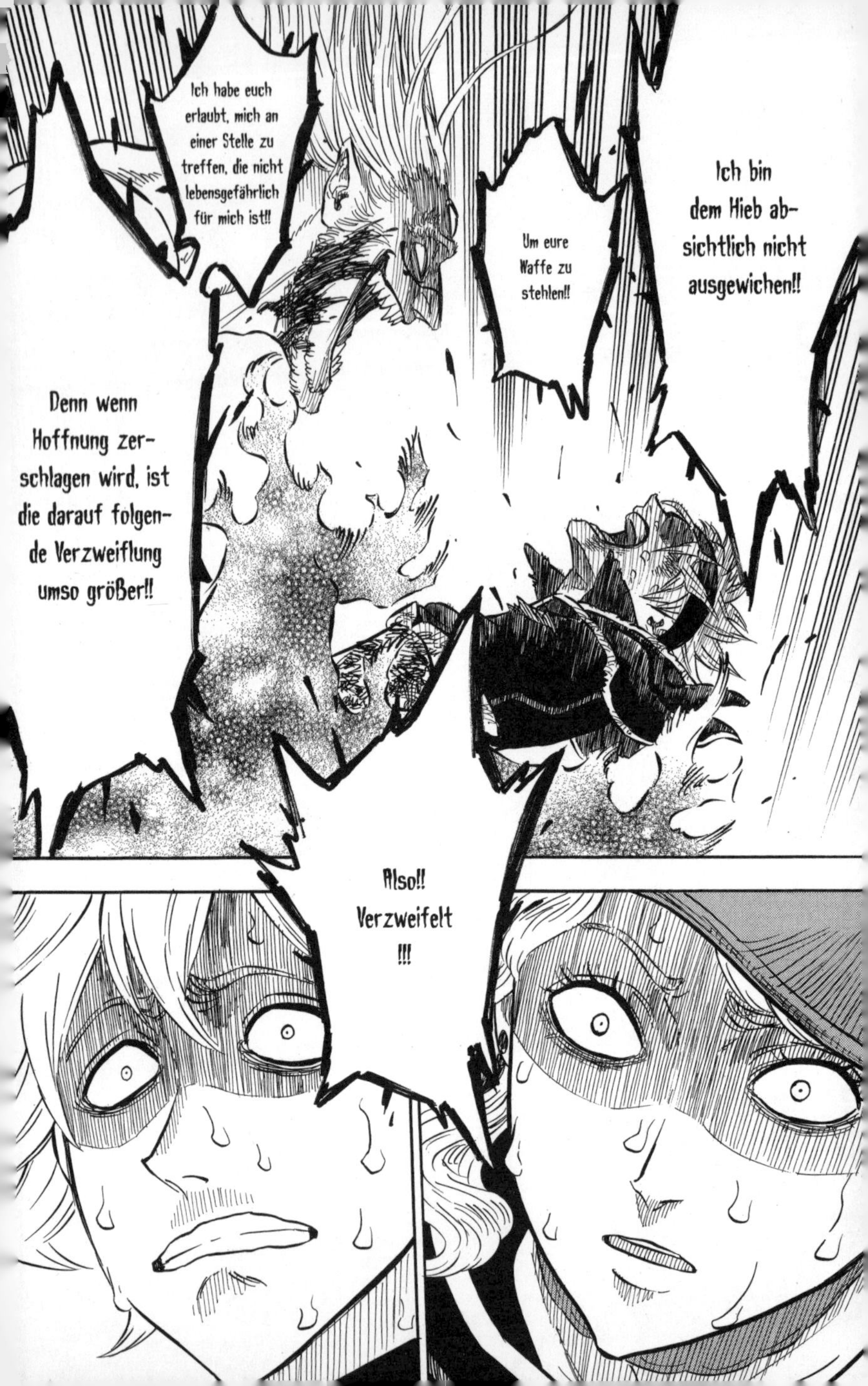
Ich bin dem Hieb absichtlich nicht ausgewichen!!
Um eure Waffe zu stehlen!!
Ich habe euch erlaubt, mich an einer Stelle zu treffen, die nicht lebensgefährlich für mich ist!!
Denn wenn Hoffnung zerschlagen wird, ist die darauf folgende Verzweiflung umso größer!!
Also!! Verzweifelt !!!

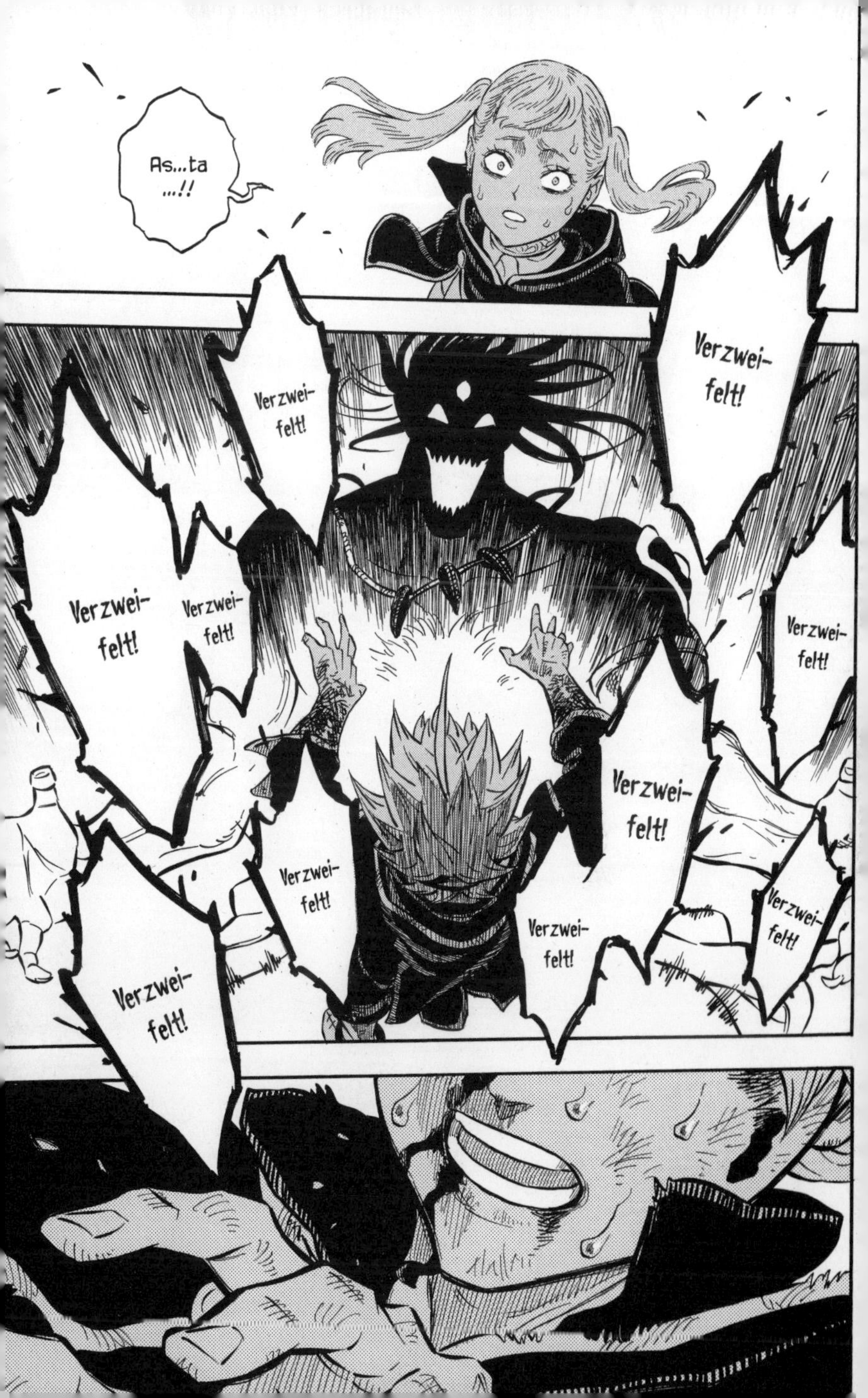
As...ta ...!!
Verzwei-felt!
Verzwei-felt!
Verzwei-felt!
Verzwei-felt!
Verzwei-felt!
Verzwei-felt!
Verzwei-felt!
Verzwei-felt!
Verzwei-felt!
Verzwei-felt!

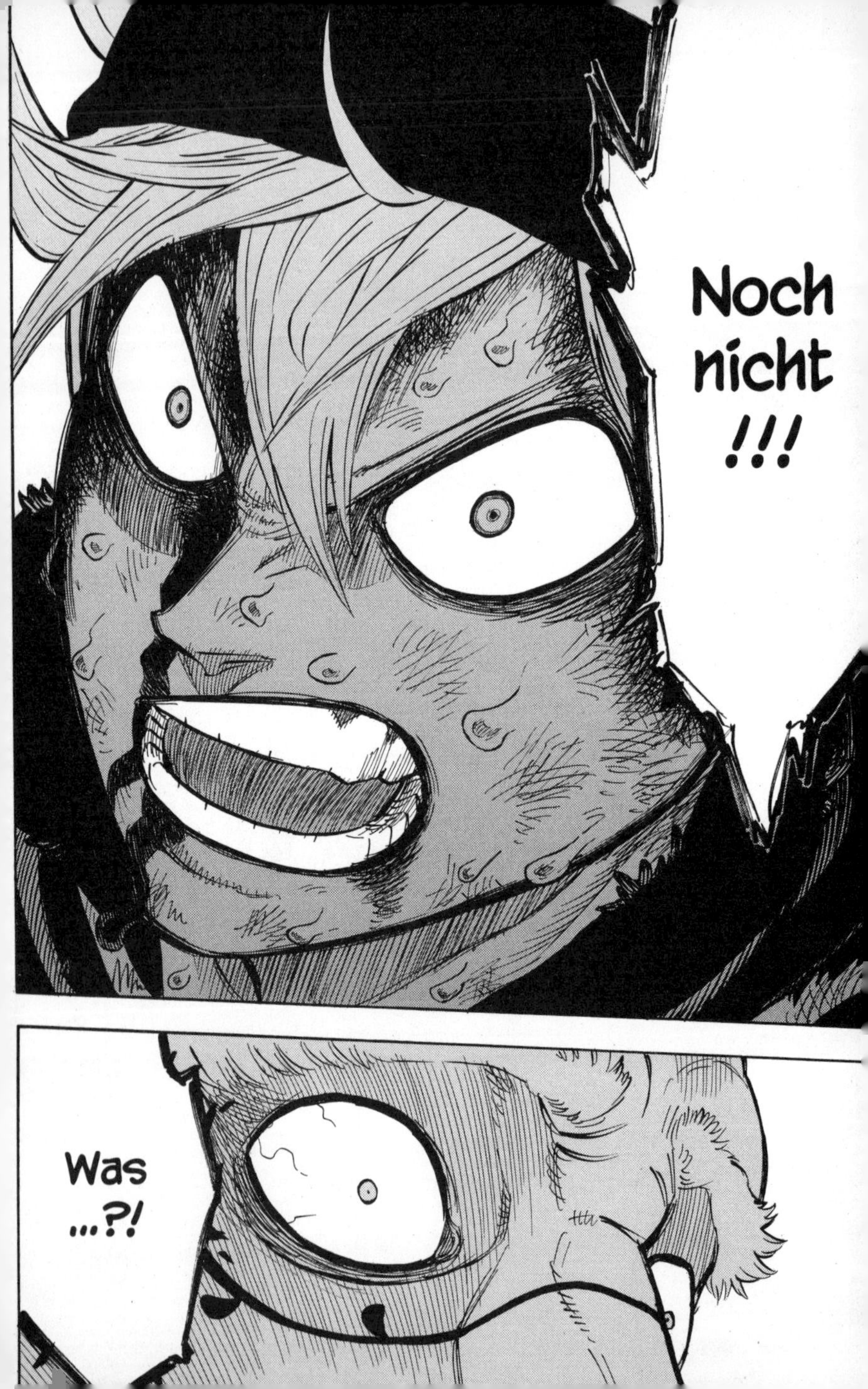
Noch nicht !!!
Was ...?!

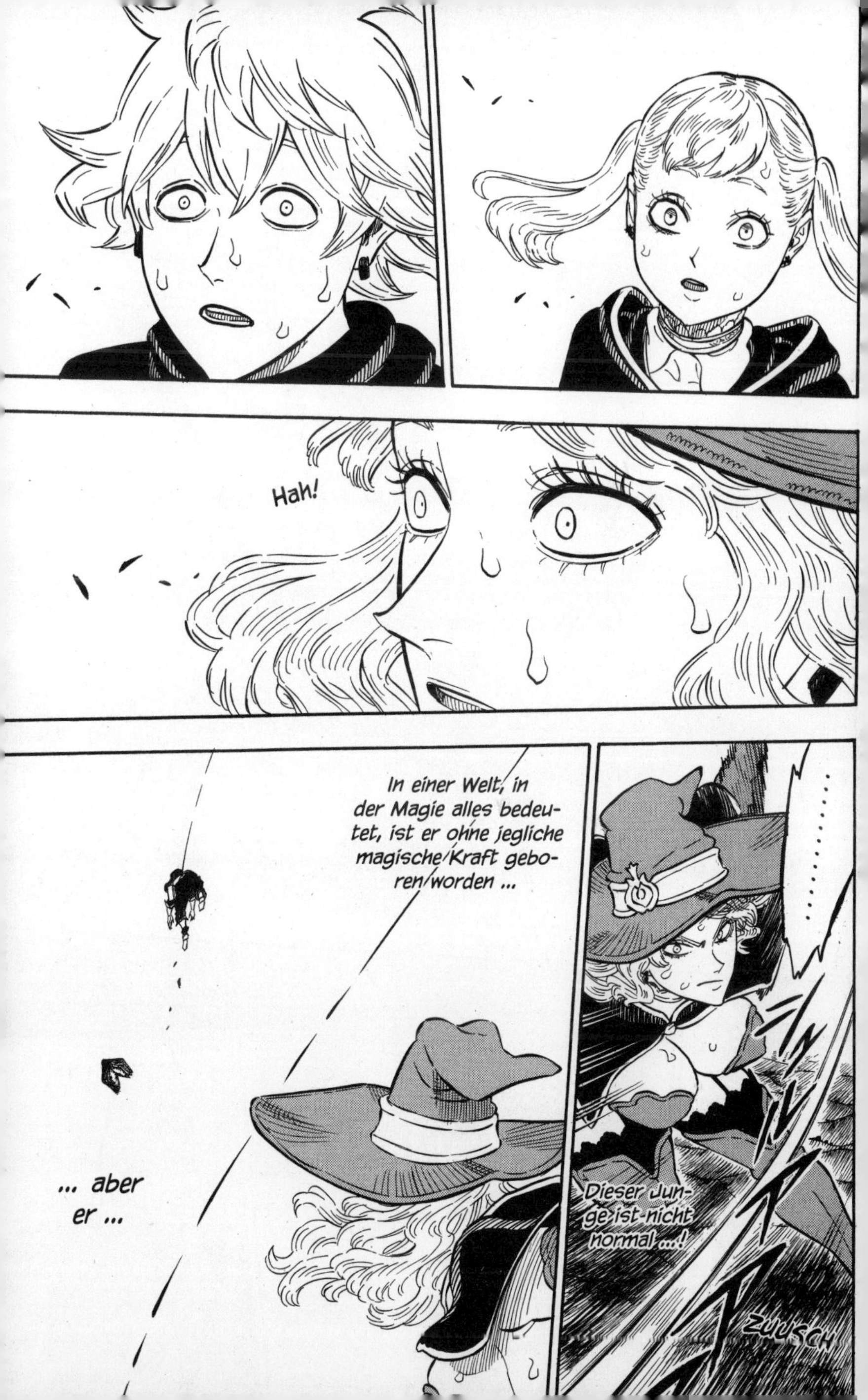
Hah!
In einer Welt, in der Magie alles bedeutet, ist er ohne jegliche magische Kraft geboren worden ...
...
Dieser Junge ist nicht normal ...!
ZUUSCH
... aber er ...

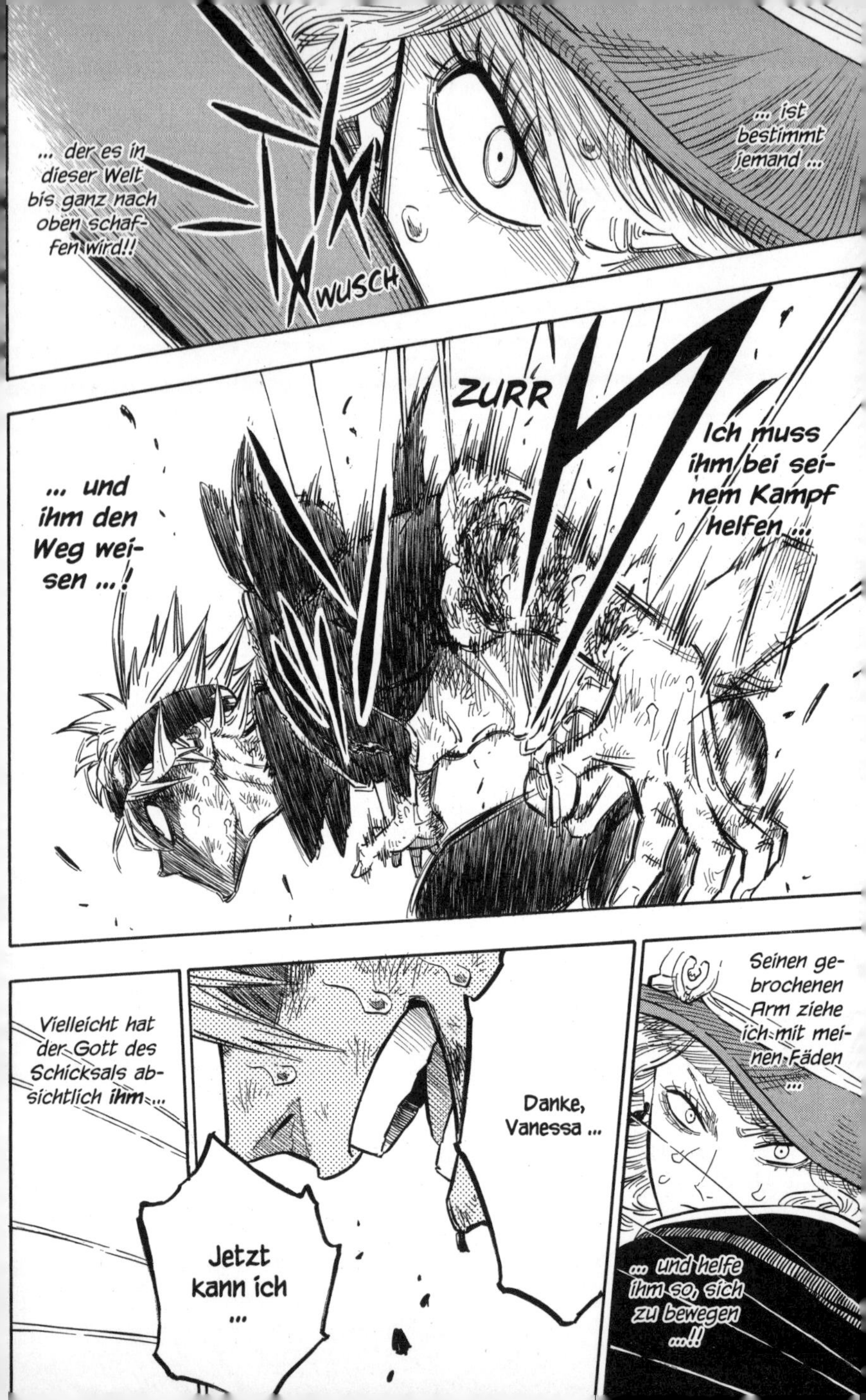
... ist bestimmt jemand ...
... der es in dieser Welt bis ganz nach oben schaffen wird!!
WUSCH
ZURR
Ich muss ihm bei seinem Kampf helfen ...
... und ihm den Weg weisen ...!
Seinen gebrochenen Arm ziehe ich mit meinen Fäden ...
... und helfe ihm so, sich zu bewegen ...!!
Danke, Vanessa ...
Vielleicht hat der Gott des Schicksals absichtlich ihm ...
Jetzt kann ich ...

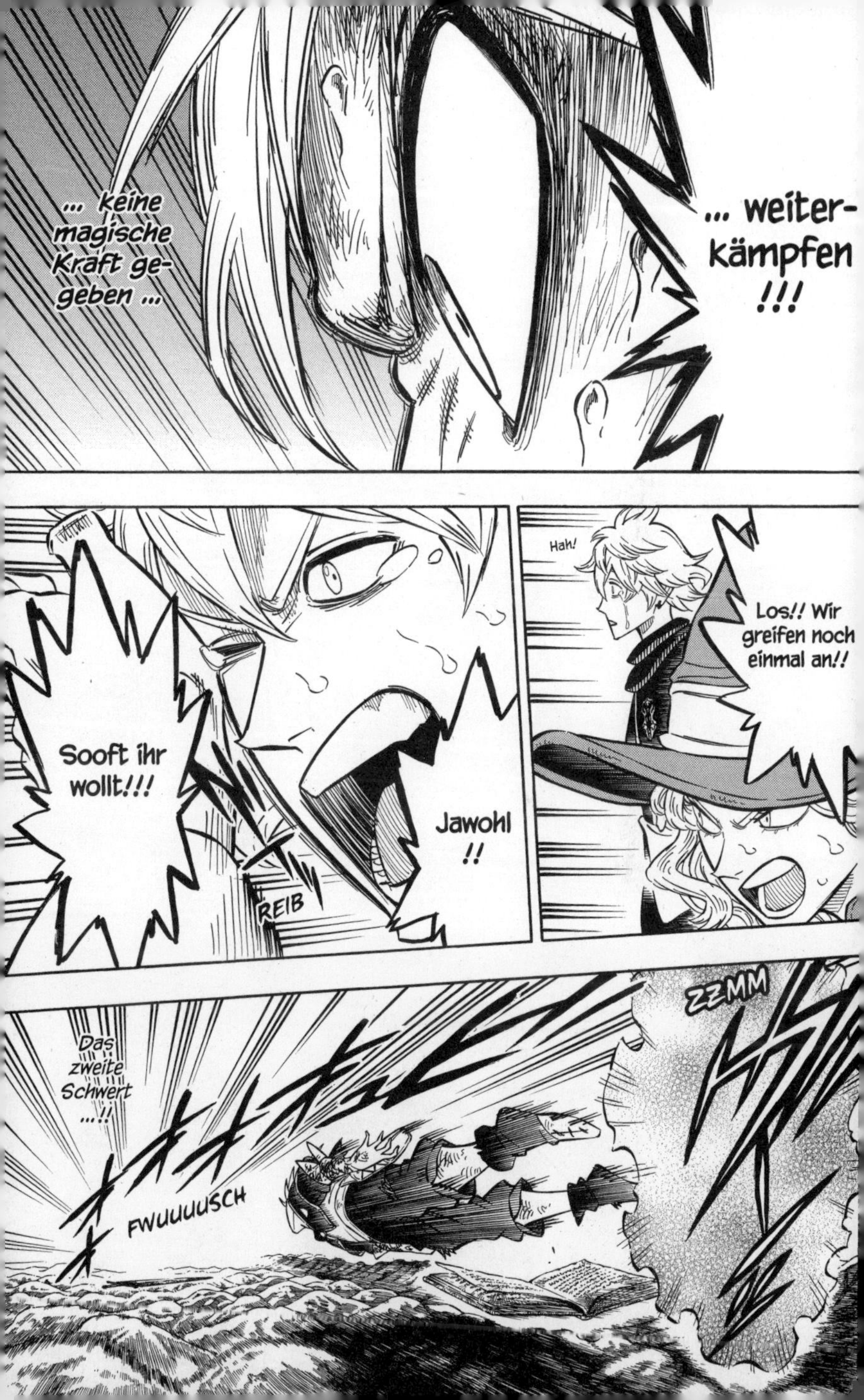
... weiter-
kämpfen
!!!
... keine
magische
Kraft ge-
geben ...
Hah!
Los!! Wir
greifen noch
einmal an!!
Jawohl
!!
Sooft ihr
wollt!!!
REIB
ZZMM
Das
zweite
Schwert
...!!
FWUUUUSCH

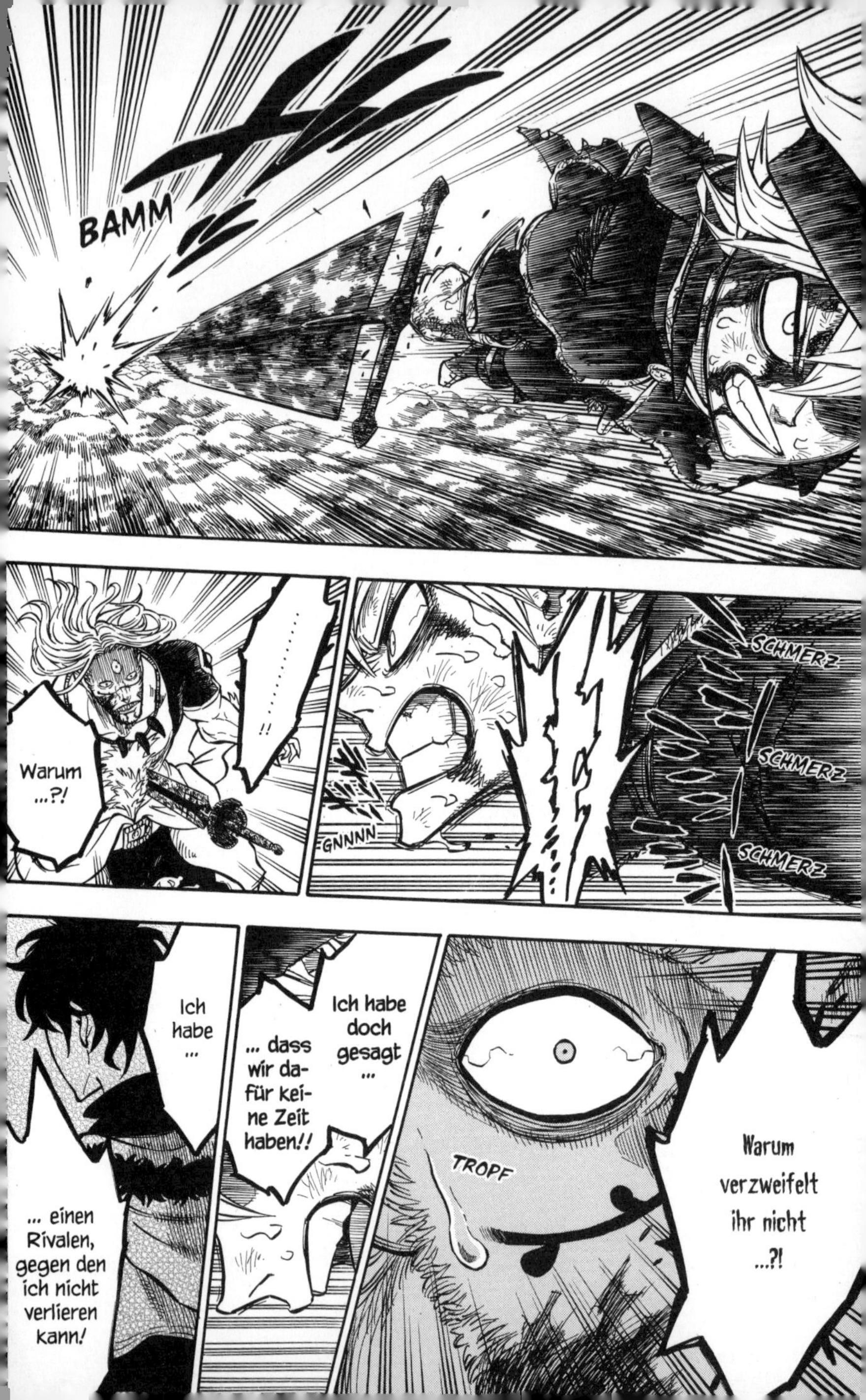
BAMM
SCHMERZ
SCHMERZ
SCHMERZ
GNNNN
......!!
Warum ...?!
Warum verzweifelt ihr nicht ...?!
TROPF
Ich habe doch gesagt ...
... dass wir dafür keine Zeit haben!!
Ich habe ...
... einen Rivalen, gegen den ich nicht verlieren kann!

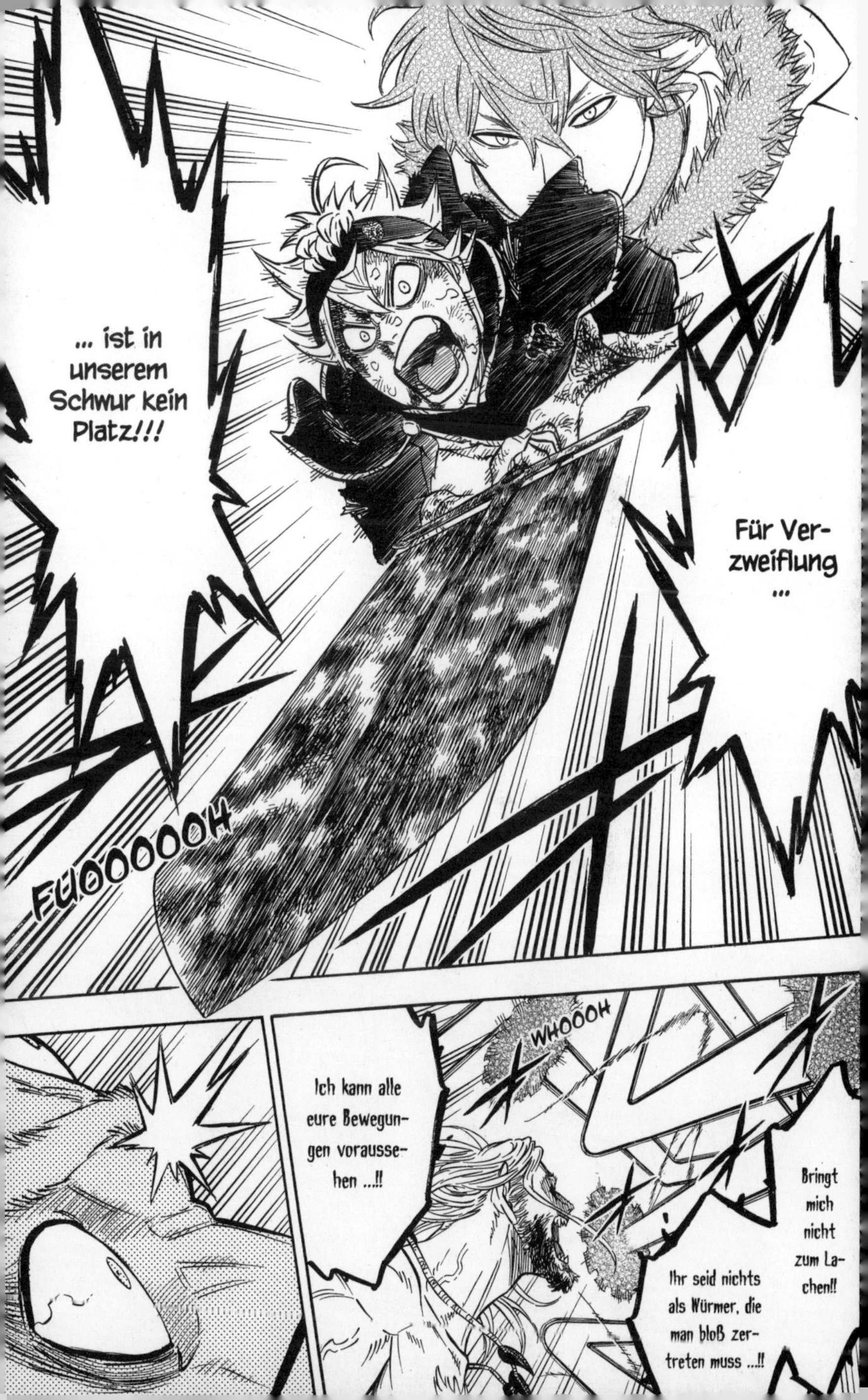
Für Verzweiflung ...
... ist in unserem Schwur kein Platz!!!
FUOOOOOOH
WHOOOH
Bringt mich nicht zum Lachen!!
Ihr seid nichts als Würmer, die man bloß zertreten muss ...!!
Ich kann alle eure Bewegungen voraussehen ...!!

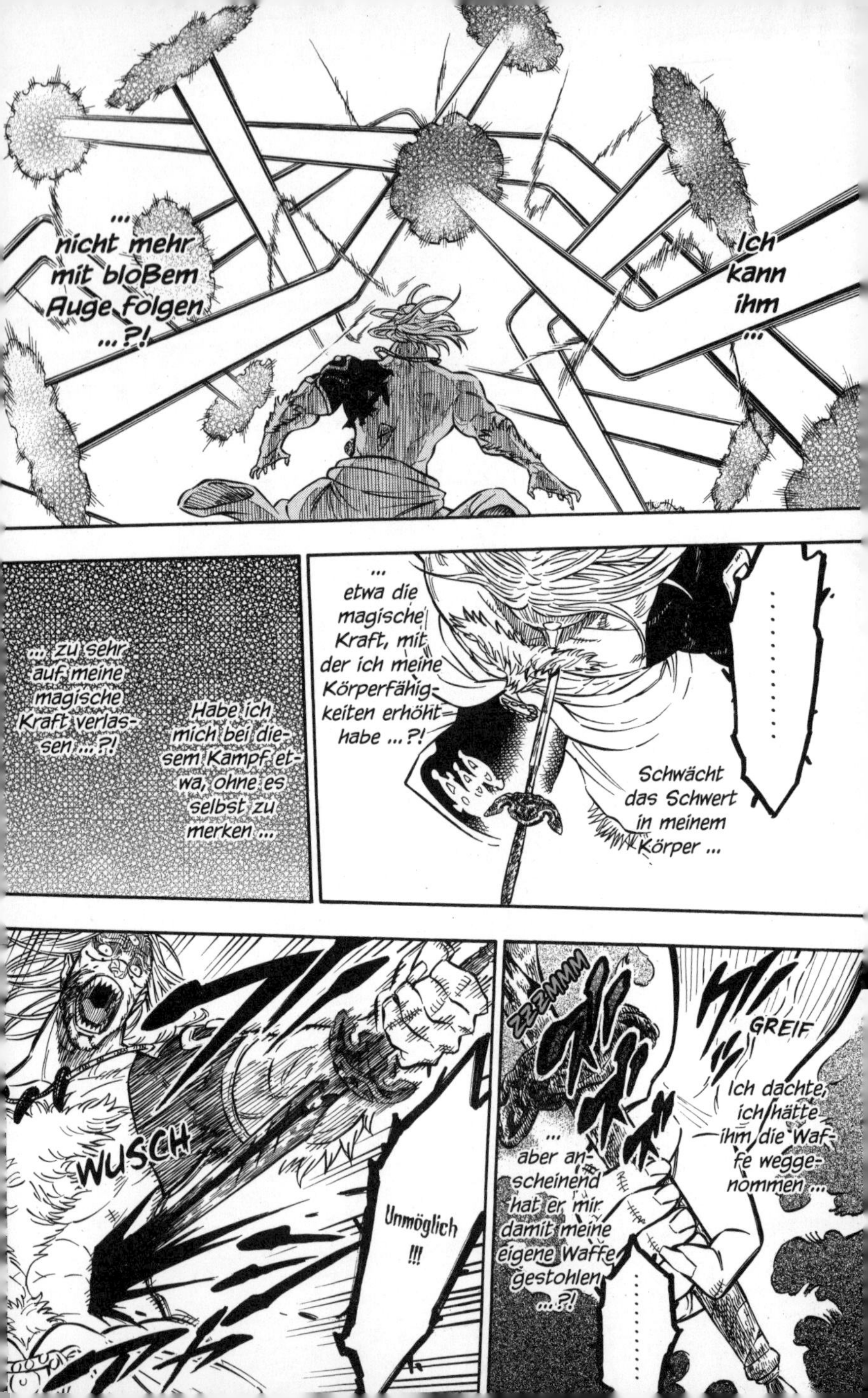

Ich kann ihm ...
... nicht mehr mit bloßem Auge folgen ...?!
....
Schwächt das Schwert in meinem Körper ...
... etwa die magische Kraft, mit der ich meine Körperfähigkeiten erhöht habe ...?!
Habe ich mich bei diesem Kampf etwa, ohne es selbst zu merken ...
... zu sehr auf meine magische Kraft verlassen ...?!
ZZZMMM
GREIF
Ich dachte, ich hätte ihm die Waffe weggenommen ...
... aber anscheinend hat er mir damit meine eigene Waffe gestohlen ...?!
......
Unmöglich !!!
WUSCH

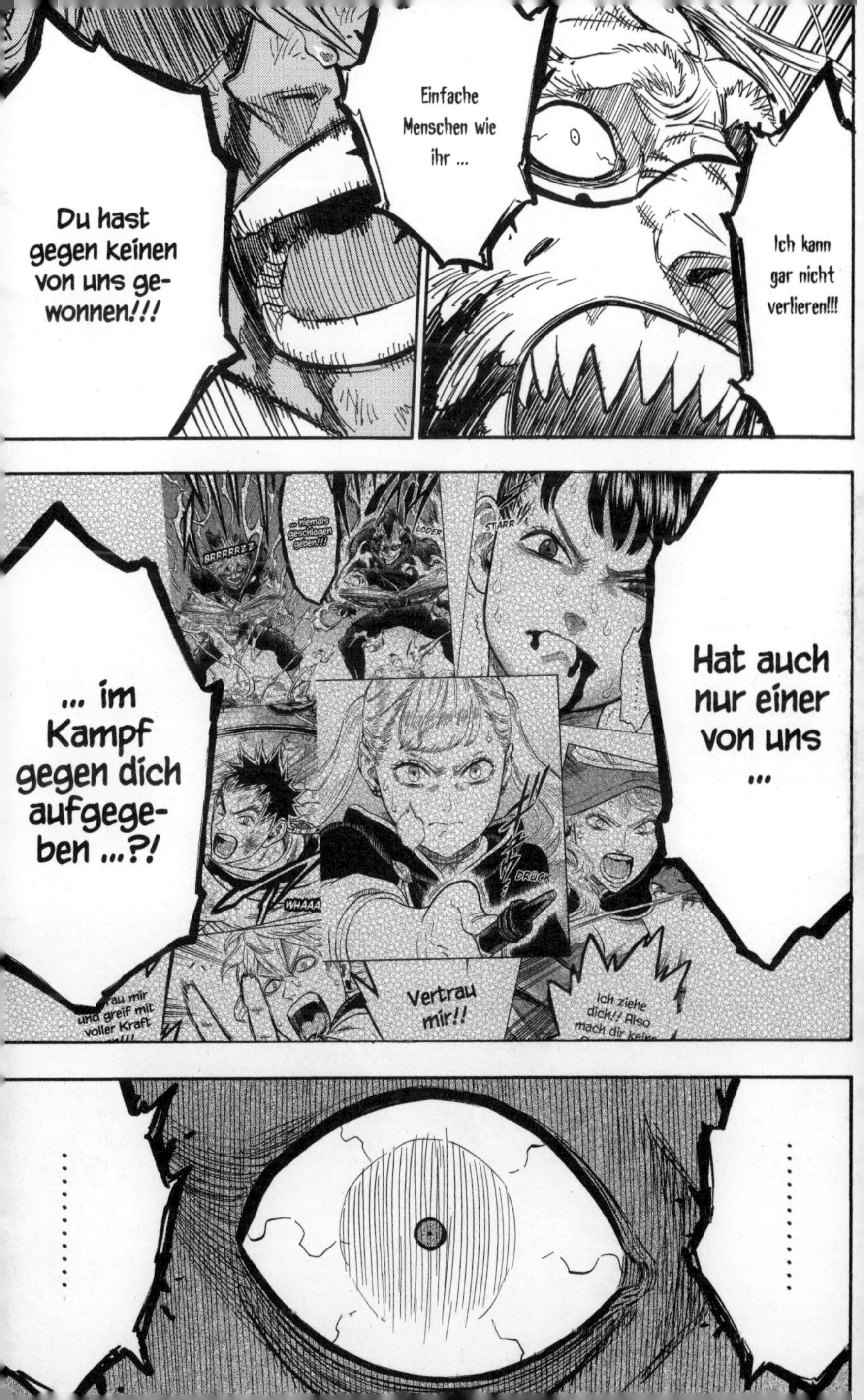
Ich kann gar nicht verlieren!!!
Einfache Menschen wie ihr ...
Du hast gegen keinen von uns gewonnen!!!
Hat auch nur einer von uns ...
STARR
LODER
... niemals geschlagen geben!!!
BRRRRRRZZ
DRÜCK
WHAAA
Ich ziehe dich!! Also mach dir keine
Vertrau mir!!
und greif mit voller Kraft
... im Kampf gegen dich aufgegeben ...?!
......
......

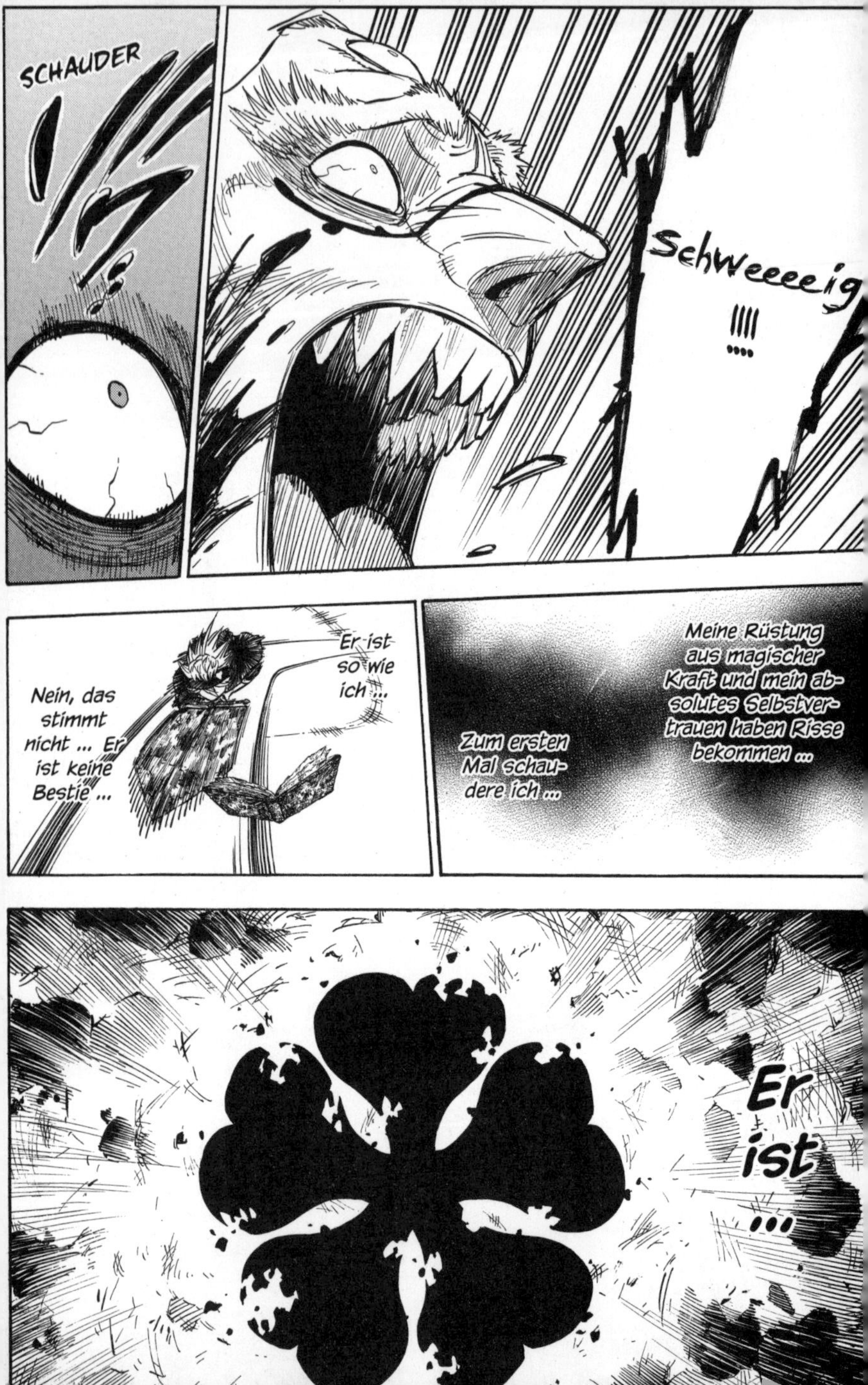
Schweeeeig!!!!
SCHAUDER
Meine Rüstung aus magischer Kraft und mein absolutes Selbstvertrauen haben Risse bekommen ...
Zum ersten Mal schaudere ich ...
Er ist so wie ich ...
Nein, das stimmt nicht ... Er ist keine Bestie ...
Er ist ...

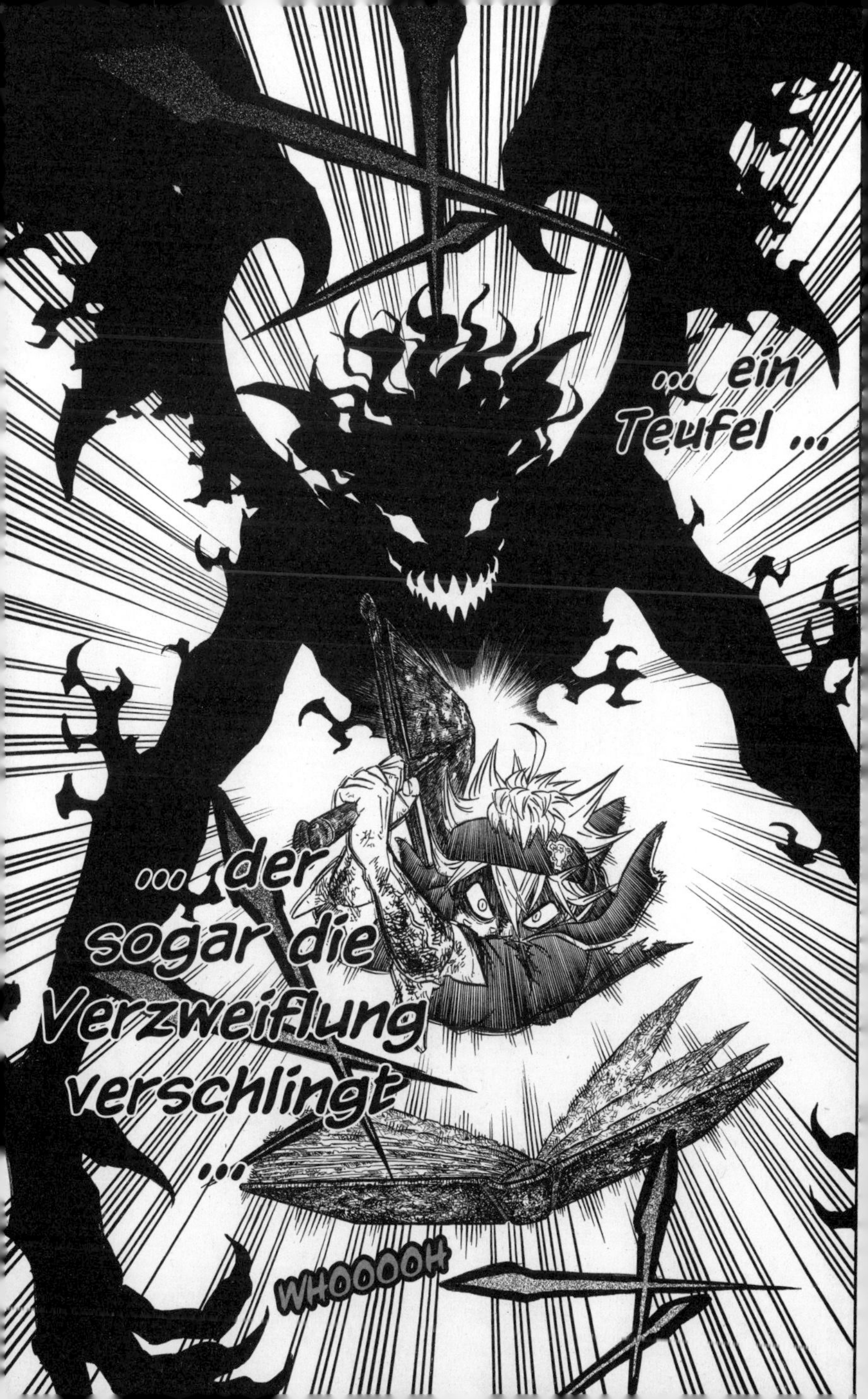
... ein Teufel ...
... der sogar die Verzweiflung verschlingt ...
WHOOOOH

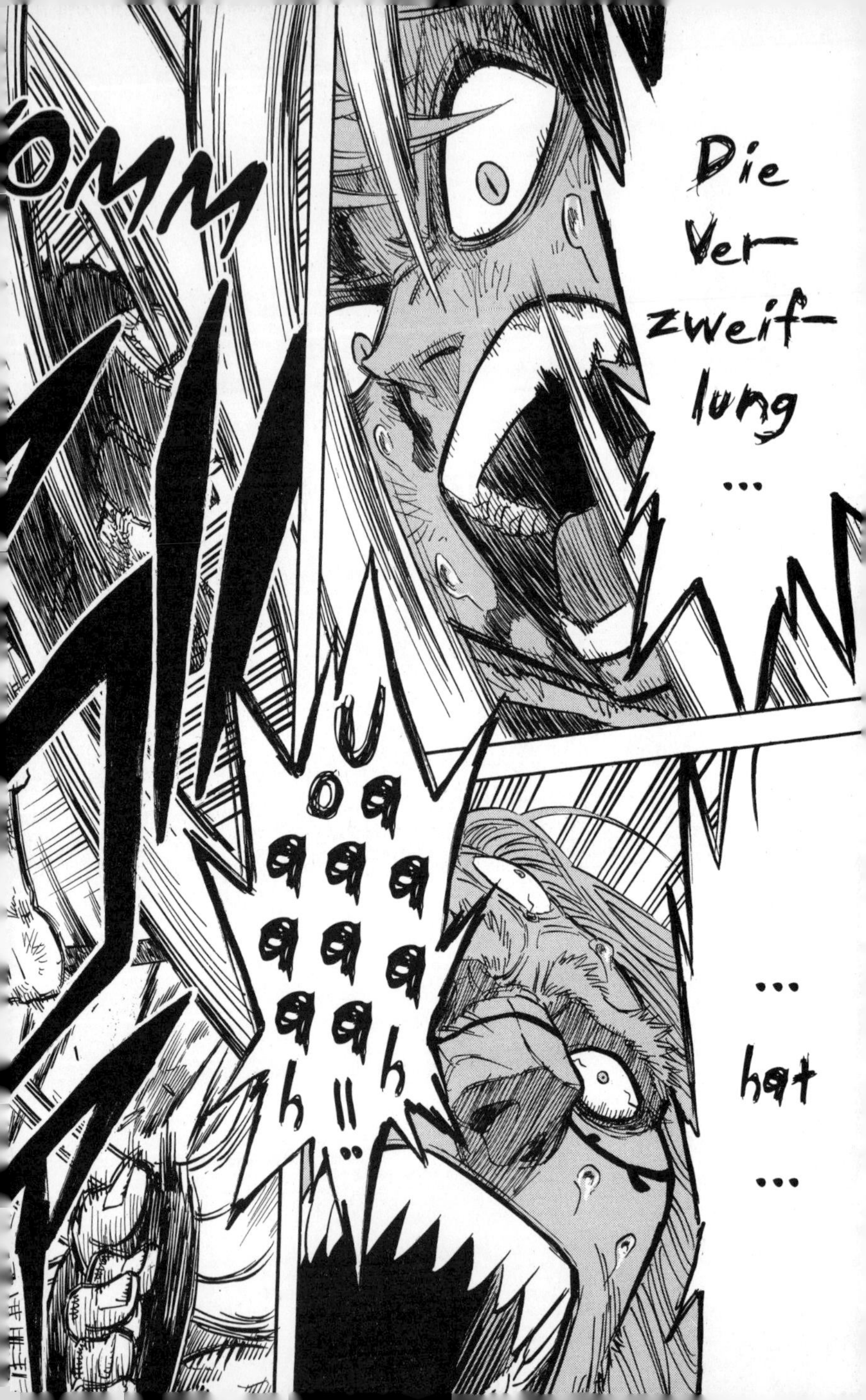
Die Verzweiflung ...
ÖMM
Uoaaaaaaaaaaaaahh!!
... hat ...

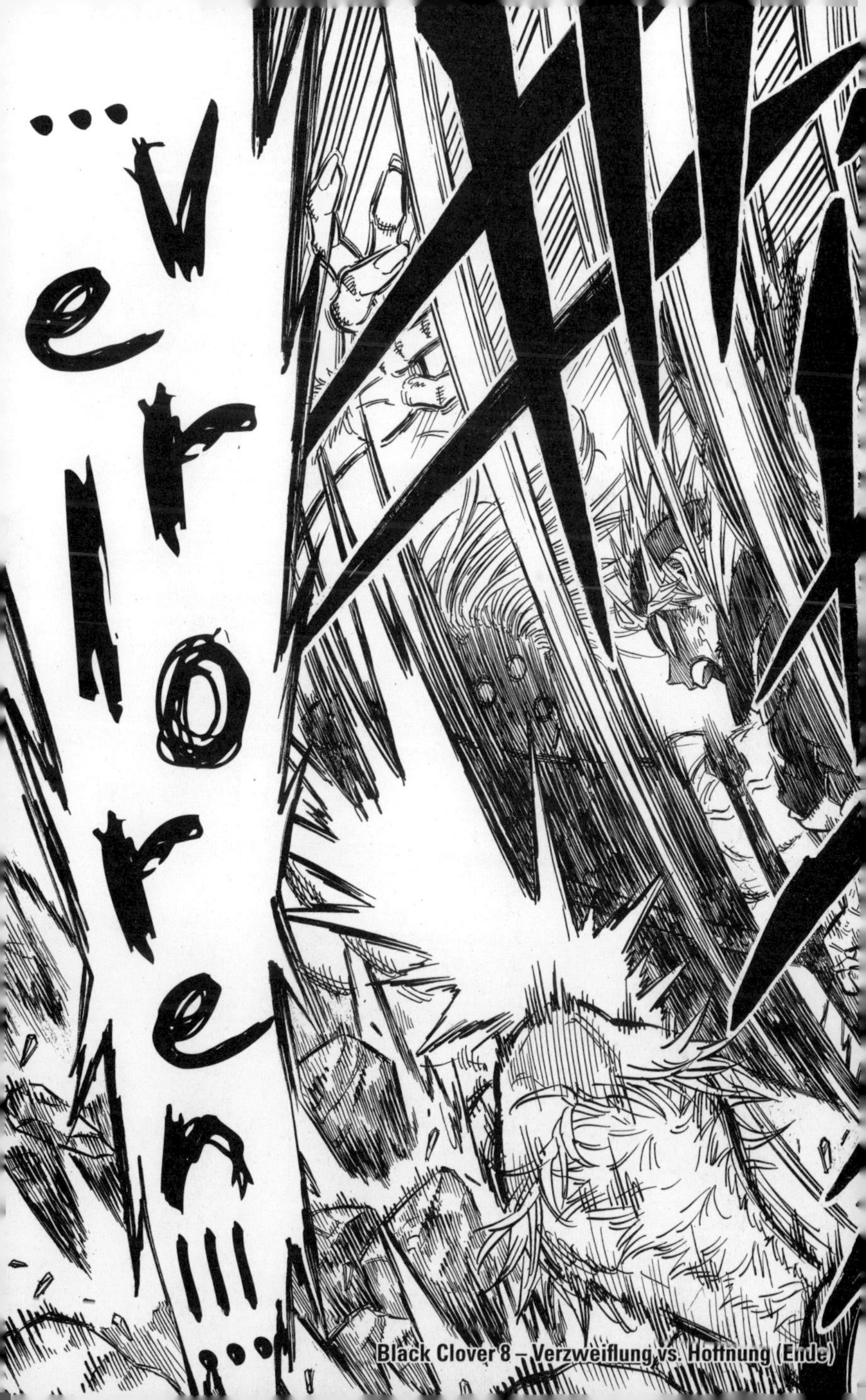

Black Clover 8 – Verzweiflung vs. Hoffnung (Ende)

Der Mangakaorden »Unbeschriebenes Blatt«

Thema diesmal: Was für eine Magie würdet ihr gern mal benutzen?

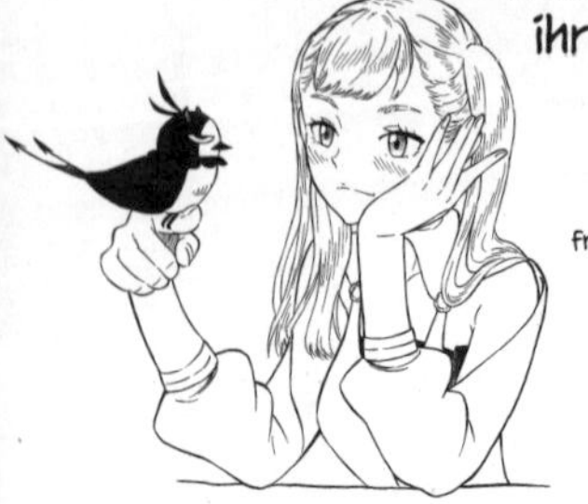

Magie, mit der ich auf der Straße Stars treffen kann.
Hayato Goto

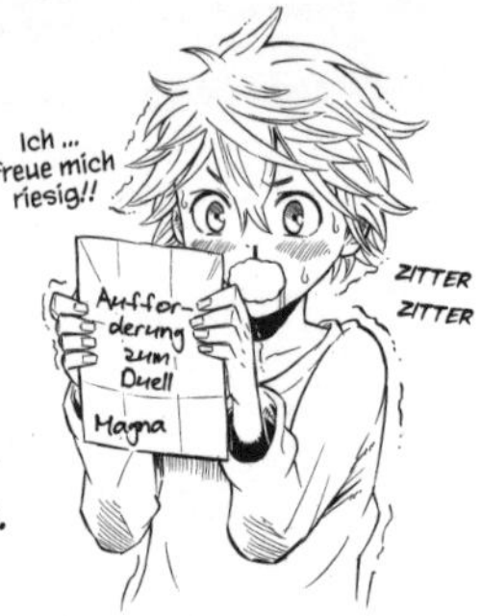

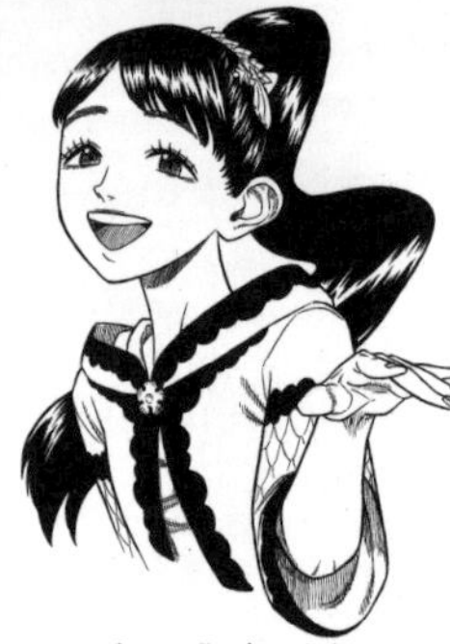

Magie, mit der ich eine Lidfalte bekomme!!
Kou Shimameguri

Der ganz normale Alltag besteht bereits aus Magie. Magie, die mich beliebt beim anderen Geschlecht macht.
Asahi Sakano

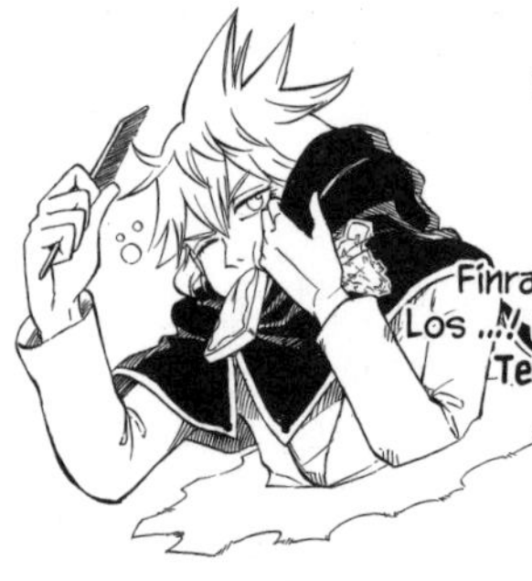

Finrals Raummagie. Los ...!! Ab nach Kyoto ...!
Teruaki Mizuno

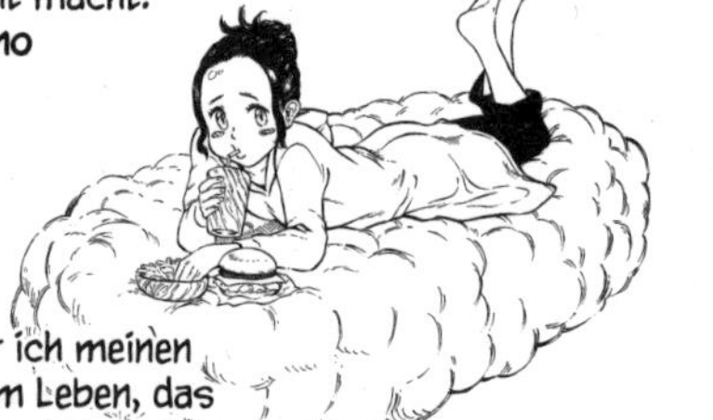

Magie, mit der ich meinen Traum von einem Leben, das nur aus Essen und Schlafen besteht, verwirklichen kann!!
Genya Hori

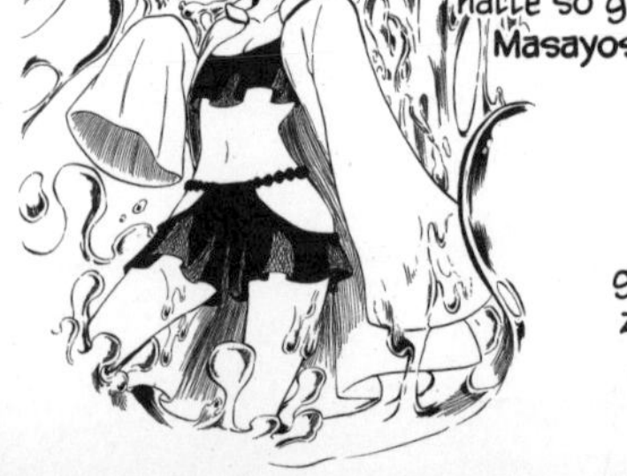

Magie, die mir hilft, Freunde zu finden. Ich hätte so gern Freunde ...
Masayoshi Satosho

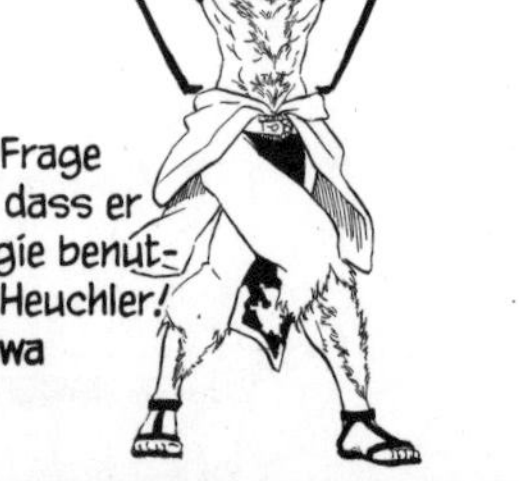

Wer auf diese Frage nicht antwortet, dass er gern Gueldres Magie benutzen würde, ist ein Heuchler!
Koki Ishikawa

Zeit-Fesselmagie »Chrono Stasis«! Wenn ich diese Magie auf die Redaktion und die Druckerei anwende, kannst du ewig weiterzeichnen, Meister Tabata!!!
Redakteur Katayama

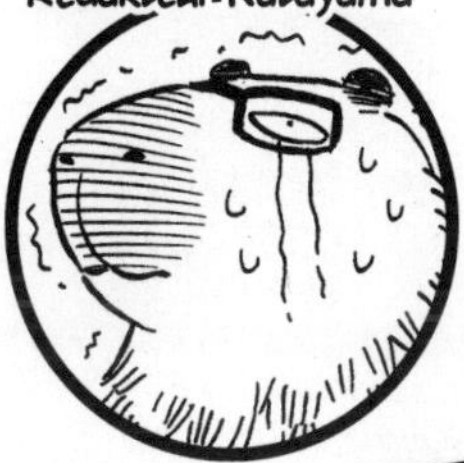

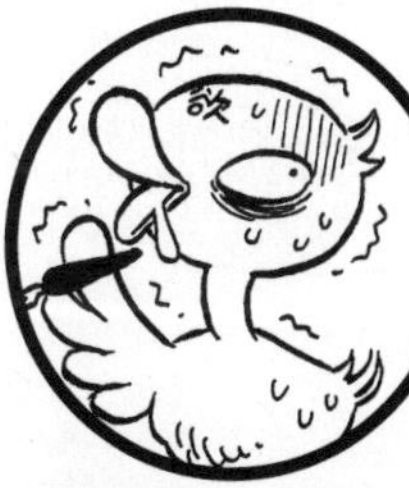

Magie, die mich in Lichtgeschwindigkeit Manga zeichnen lässt.
Ordensanführer Tabata

Magie, mit der ich immer weiteressen kann, ohne zuzunehmen.

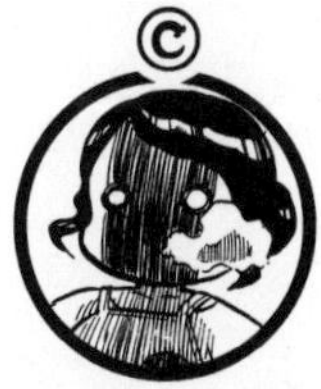

Eine Magie, die macht, dass meine Tochter (ein Jahr und fünf Monate alt) meinen Küssen nicht ausweicht ...
Comicredakteur Tomiyama

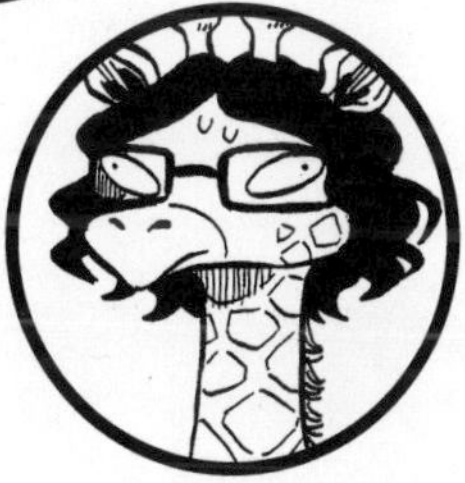

Magie, mit der ich immer weitertrinken kann.
Designerin Iwai

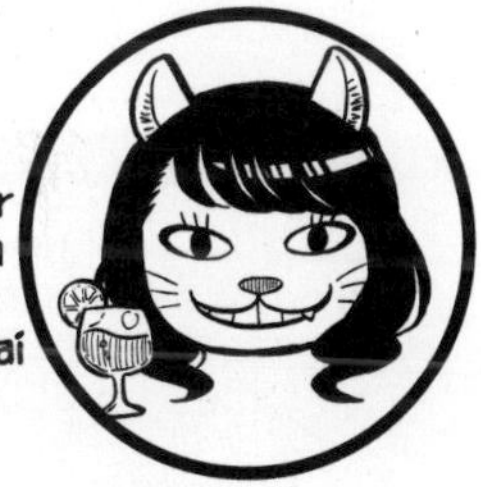

Nachwort

Es ist kaum zu glauben!
Für die Jump Special Anime Festa 2016 wurde aus Black Clover ein Anime gemacht!!
Yeaaaaah!

Als ich das meiner Mutter am Telefon erzählte, war sie ganz aus dem Häuschen!!

Ich verschanze mich immer in meinem Kämmerchen, zeichne Manga und kriege dabei gar nicht richtig mit, was in der Welt um mich herum passiert ...

Ich freue mich schon sehr darauf, Asta und seine Freunde als Animefiguren in Bewegung zu sehen, und strenge mich weiterhin beim Zeichnen des Mangas an!

Ein kleiner Zusatz!

Hier seht ihr die Skizze des Posters, das dem Magazin *Jump GIGA 2016/2* beigelegt wurde und Noelle und Mimosa zeigt! Die beiden Mädchen im Bikini haben mehr Durchschlagskraft als jede Magie!!

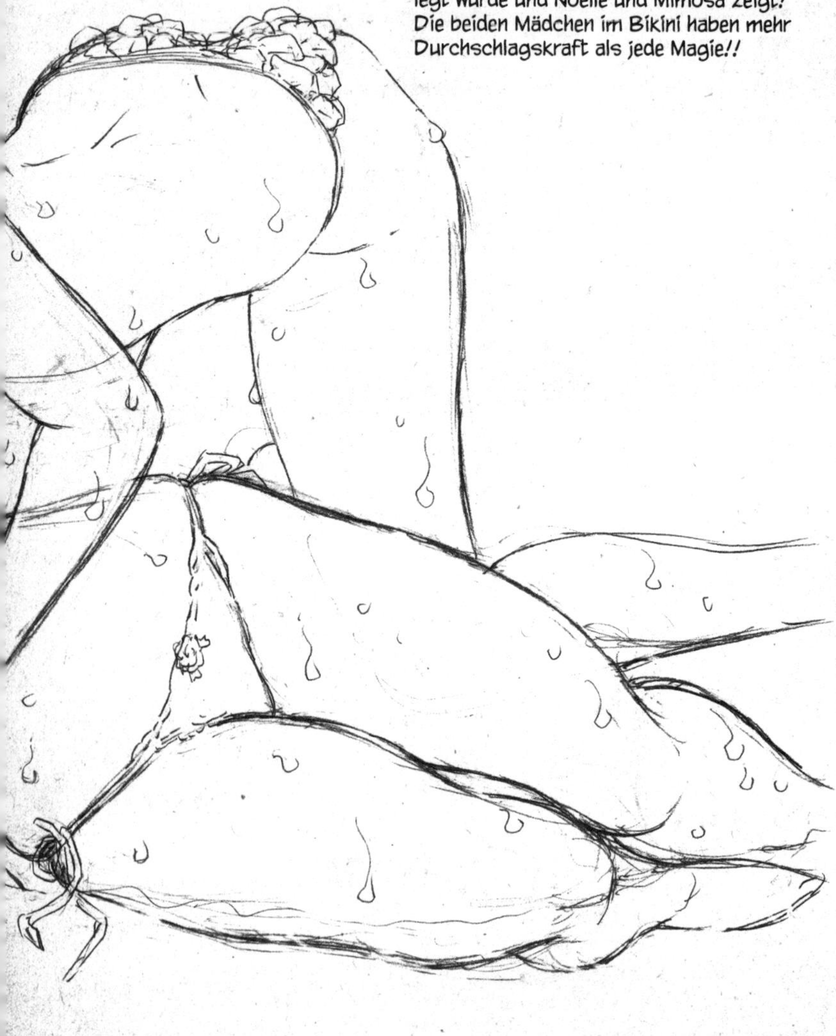

BLACK CLOVER

Verzweiflung vs. Hoffnung

8

Yûki Tabata

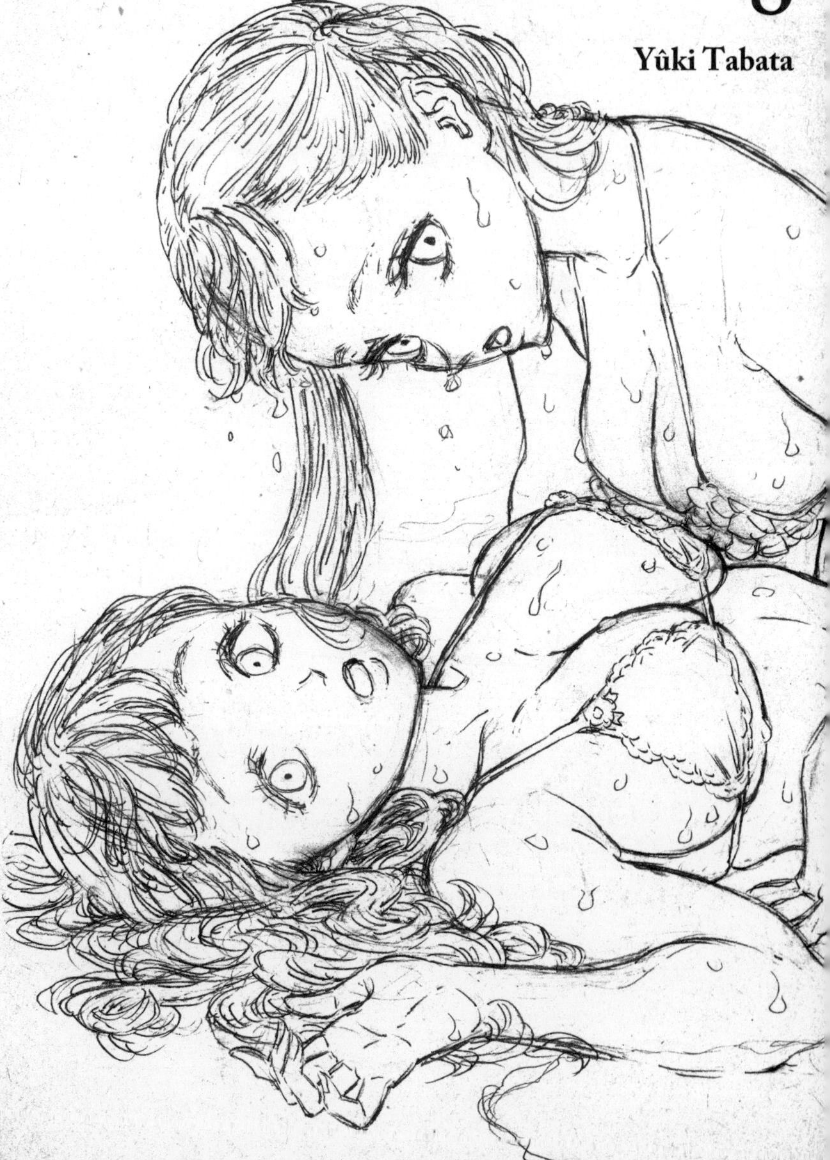

TOKYOPOP GmbH
Hamburg

TOKYOPOP
6. Auflage, 2024
Deutsche Ausgabe/German Edition

Aus dem Japanischen von Luise Steggewentz

First published in Japan in 2015 by SHUEISHA Inc., Tokyo.
German translation rights in Germany, Austria and German-speaking Switzerland arranged by SHUEISHA Inc. through VME PLB SAS, France.

Redaktion: Sabine Scholz
Lettering: Vibrant Publishing Studio
Herstellung: Annika Meyer-Wülfing
Druck und buchbinderische Verarbeitung:
CPI–Clausen & Bosse GmbH, Leck
Printed in Germany

MIX
Papier
FSC® C083411

Wir achten auf die Umwelt.
Dieses Produkt besteht aus FSC®-zertifizierten und anderen kontrollierten Materialien.

ISBN 978-3-8420-3679-6

www.tokyopop.de

SUGINAMI ON DUNGEON DUTY

Robinson Haruhara / Yuki Sato / Naoki Saito

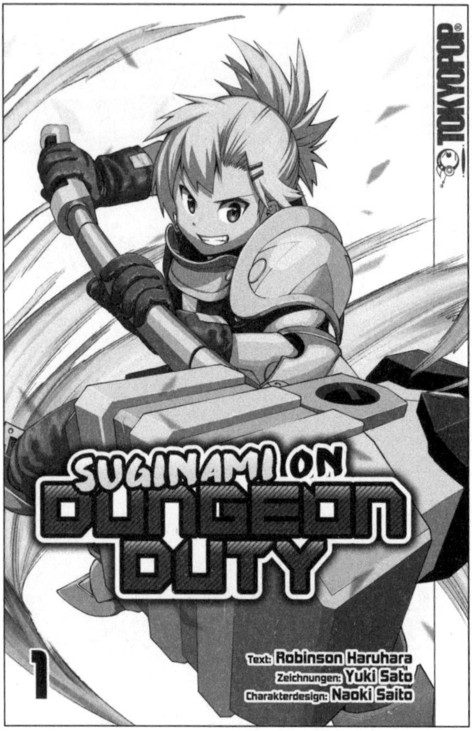

Der Azubi mit dem Jet Hammer

Yuma träumt schon seit seiner Kindheit davon, ein Held zu werden! Als Neuling in der staatlichen Dungeon-Abteilung, deren Beamte sich dem Kampf gegen Monster aus Parallelwelten verschrieben haben, kann er sich nun endlich beweisen. Während seiner Probezeit wird ihm der erfahrene Yonaga, der jedoch von seinem jugendlichen Tatendrang so gar nichts hält, an die Seite gestellt. Kann Yuma ihn im Kampf gegen Knochenfürsten und Finsterflüsterer von seinen Heldenqualitäten überzeugen?

TOKYOPOP®

www.tokyopop.de

DEATH NOTE

Tsugumi Ohba / Takeshi Obata

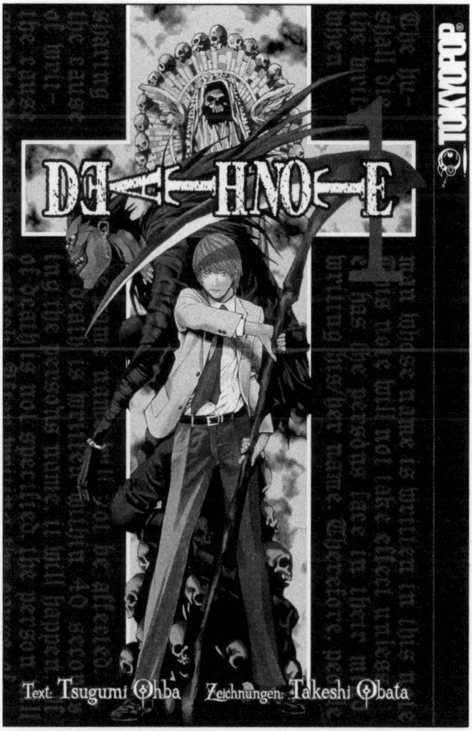

»Der Mensch, dessen Name in dieses Heft geschrieben wird, stirbt«

Eines Tages lässt der Todesgott Ryuk dieses unheimliche Heft – das Death Note – in die Menschenwelt fallen. Es gelangt in die Hände des Musterschülers Light Yagami und schon bald ist diesem klar: Er will die Gesellschaft von allem Bösen befreien. Es entbrennt ein gnadenloser Kampf zwischen ihm und seinem Gegenspieler L, einem Meisterdetektiv, der seine wahre Identität geheim hält.

TOKYOPOP®

www.tokyopop.de

PLATINUM END

Tsugumi Ohba / Takeshi Obata

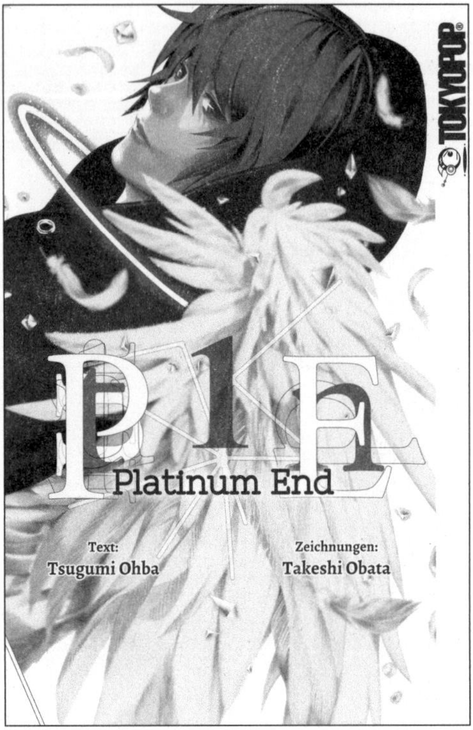

Auf der Suche nach dem Glück!

Das Leben von Mirai Kakehashi ist der reinste Albtraum. Daher beschließt er, Suizid zu begehen, und stürzt sich von einem Hochhaus. Doch kurz vor seinem Aufprall findet er sich in den Armen des weiblichen Engels Nasse wieder. Diese gibt sich als sein Schutzengel zu erkennen und hat es sich zum Ziel gesetzt, Mirai glücklich zu machen. Dafür verleiht sie ihm besondere Fähigkeiten, doch ganz uneigennützig sind ihre Absichten nicht ...

TOKYOPOP®

www.tokyopop.de

BAKUMAN.

Tsugumi Ohba / Takeshi Obata

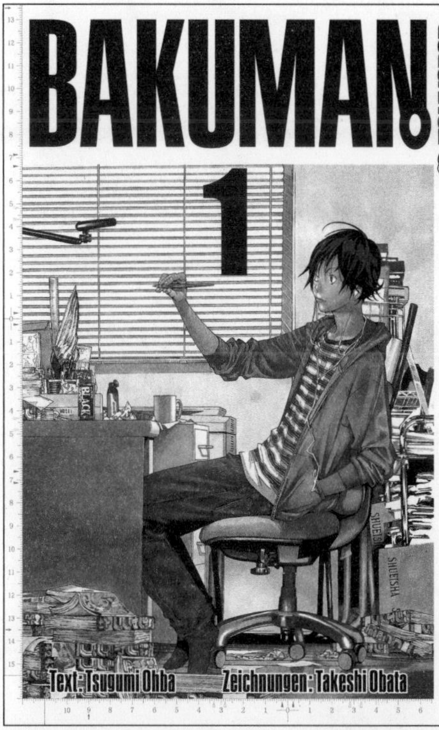

Zwei Meister fallen vom Himmel!

Er hat Talent, ist fleißig und will es schaffen: Moritaka Mashiro ist auf dem Weg, Japans Manga-Nachwuchszeichner Nummer eins zu werden! Doch er tut es nicht nur für Ruhm und Ehre, sondern möchte auch das Herz eines Mädchens erobern und damit schaffen, was seinem großen Vorbild versagt blieb ... Als hätten sie selbst Pate gestanden, erzählt das *Death Note*-Erfolgsduo Takeshi Obata und Tsugumi Ohba den Aufstieg zweier Manga-Autoren!

STOPP!

Dies ist die letzte Seite des Buches!
Du willst dir doch nicht den Spaß verderben
und das Ende zuerst lesen, oder?

Um die Geschichte unverfälscht und originalgetreu mitverfolgen zu können, musst du es wie die Japaner machen und von rechts nach links lesen. Deshalb schnell das Buch umdrehen und loslegen!

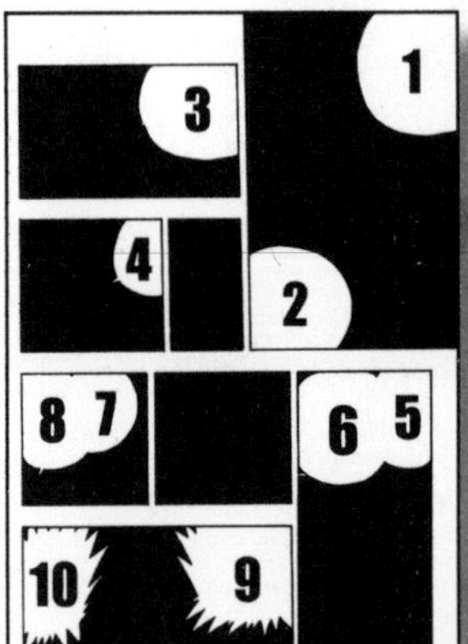

So geht's:

Wenn dies das erste Mal sein sollte, dass du einen Manga in den Händen hältst, kann dir die Grafik helfen, dich zurechtzufinden: Fang einfach oben rechts an zu lesen und arbeite dich nach unten links vor. Viel Spaß dabei wünscht dir TOKYOPOP®!